台湾研究系列

民进党政治生态研究

陈星　吴宜　著

九州出版社 JIUZHOUPRESS 全国百佳图书出版单位

图书在版编目（CIP）数据

民进党政治生态研究 / 陈星，吴宜著. -- 北京 ：
九州出版社，2019.7
ISBN 978-7-5108-8167-1

Ⅰ．①民… Ⅱ．①陈… ②吴… Ⅲ．①民进党－研究
－台湾 Ⅳ．①D675.874

中国版本图书馆CIP数据核字(2019)第128698号

民进党政治生态研究

作　　者	陈星　吴宜　著
出版发行	九州出版社
地　　址	北京市西城区阜外大街甲 35 号 (100037)
发行电话	(010) 68992190/3/5/6
网　　址	www. jiuzhoupress.com
电子信箱	jiuzhou@jiuzhoupress.com
印　　刷	三河市九洲财鑫印刷有限公司
开　　本	787 毫米 ×1092 毫米　16 开
印　　张	14.5
字　　数	235 千字
版　　次	2019 年 8 月第 1 版
印　　次	2019 年 8 月第 1 次印刷
书　　号	ISBN 978-7-5108-8167-1
定　　价	46.00 元

序

本书名为《民进党政治生态研究》，具体而言，作者借用了系统论和生态学的学理资源，从政治生态的视角，研究民进党的政治决策、权力结构调整乃至其整体的行为取向——三者之间如何互动？以及这三者与两岸关系及社会环境又有何种形式的关系？唐人杜牧在其《注孙子序》中说，"丸之走盘，横斜圆直，计于临时，不可尽知，其必可知者，是知丸不能出于盘也。"以此来看民进党，其战略与政策变迁如"丸之走盘"，走"横斜圆直"哪条线？首先取决于内部结构的互动，但不论怎么走，终究"丸不能出于盘"，即摆脱不了"盘"即两岸关系与社会环境的制约。本书的主要内容就是分析内、外部因素对民进党政治生态及发展走向的约束机制，与以往的研究相比，或能提供一个新的研究视角，乃至提供一个对民进党政治行为更有解释力的分析框架。

在历史研究领域，年鉴学派提出的长时段研究模式已经成为经典范型，因为长时段的研究更便于从结构视角探讨事物发展的基本路径，如果放在长时段中去考察具体事件及短期变化，更能够看清楚可能的发展趋势。本书也采用了这种长时段、大视野的路径，作者把民进党的派系变迁、其两岸诉求和政策变化等问题，都放在民进党与国民党博弈以及台湾政治变迁的长过程中去考察，得出的结论就更具逻辑上的自洽性，也更加具有解释力。

对台湾各政党而言，政治行为的轴心是对权力与资源的争夺。本书的理论分析主要围绕这个轴心展开。在台湾的政治变迁中，理念固然很重要，但理念最终需要权力和资源的支撑才能落实。就民进党来说，党内有多少"理念者"尚可存疑，而对资源分配权的争夺则一直是该党的核心关切，从民进党内部的派系纷争，到台湾社会的族群问题和后来的蓝绿对抗，以及一定程度上的统"独"问题，与资源分配权的争夺均有密切的关联。相较而言，台湾社会分歧的建构以及话语系统的重构，均带有随附性特征，是资源分配权争夺的外化形式。

毋庸讳言，民进党自成立到两次执政，无论是对台湾政治系统还是两岸关系，均有举足轻重的影响。作者从政治生态分析的视角，认为民进党的发展路径具有逻辑上的稳定性，而将该党的发展路径及其内在逻辑清楚地勾勒、描述出来，则可以为判断民进党今后的政治走向提供一定的理论依据。本书透过这样的逻辑观察，认为随着台湾政治生态结构的变化，民进党的发展态势也会发生相应变化。台湾的政治格局经历了长期嬗变之后，现已进入政治结构的快速转变期，其中政党体系的变化尤其明显。长期以来，民进党与国民党是互为镜象的存在，当年做在野党时，毕竟有更强势的国民党压着，民进党还能自我检讨和调整其行为举止乃至政策诉求，而今在国民党无法恢复元气的情况下，民进党自恃没有敌人或者敌人极度衰弱，行事方式变得更为粗暴，吃相更加难看，引发的外部冲突也更为突出、激烈和复杂。这些又反过来促成民进党内部的矛盾突显，其支持基础、内部派系结构以及论述结构都会有相应变化，该党的结构稳定性也不可避免地减弱。同时，台湾政治系统也因这种变化而出现相应的调整，震荡性不时高过稳定性，第三势力的生存空间扩大，政坛各方正在激烈的博弈与变迁中寻求新的平衡点。

本书初稿我在一年多以前就读过，当时是作为国家社科基金的评委，为本书做结项鉴定，因为本书其实是源自国家社科基金支持的一项研究课题。因为是匿名送审，所以在审读这部著作时，虽其行文风格有"似曾相识"之感，但真的不知、也不想多花心思去探知作者为何人，只记得当时还纳闷哪里冒出这么一位专家，其提交的论著布局合理、逻辑严谨、资料较充实、评断有分寸，读后印象颇佳！直到前几日陈星持此文向我索序，才知道作者原来是自己的学生！"士别三日、当刮目相看"！陈星是 2010 年毕业的，当年那个稚嫩的博士生，八年后已成为出版了四部专著的正教授，作为他的老师，深感欣慰！在送上祝福和贺喜之余，也深感后生之可畏、可敬及可学！

以上多为赞扬之词，然而凡事皆有两面，再好的作品也难免不足或瑕疵。以我苛刻的眼光来挑剔，本书的行文风格过于偏重"学术性"的彰显，如果能写得更简洁、更直白、更清晰些，可能更利于读者理解作者的本意。至于作者的一些论断，无疑是能"自圆其说"的，然而也存有商榷的空间，见仁见智，就交给读者们公评吧！

是为序。

黄嘉树

2018 年 5 月 10 日，晨 6 时 30 分

目　录

导言：关于方法论的简单说明

"民进党政治生态"系指民进党作为台湾政坛上现实政治存在的实然状态。民进党政治生态的基本结构包括权力结构的实然状态、资源分配格局的变化、民进党与政治语境的互动等三个方面。这三者是层层递进的关系。权力结构是最为直观的政治生态结构，主要表现为派系结构以及派系之间的关系，在民进党政治生态结构中，这种关系是最不稳定的，正如经常看到的那样，民进党的派系旋生旋灭，像走马灯一样你方唱罢我登场。派系结构变化受到资源分配格局变化的影响，能否获得足够资源是决定派系生死的命门。特定资源分配规则决定了相应的派系结构特征。民进党 2000 年上台之前，"派系共治"是该党运作基本且是极为重要的规则。出现这种情况的原因主要在于党内的资源分配渠道当时并不单一，党内也没有形成强大的政治权威。及至 2000 年上台之后陈水扁一人独大，"派系共治"自然也就失去了必要的结构支撑，故民进党有"派系解散"的决议，而在此之前民进党内的派系生存状态及派系类型已经出现了根本性转变。民进党与政治语境的互动指该党与社会、与其他政党的互动关系。这是民进党政治生态变迁研究中最为基础同时也是最容易被忽视的部分。民进党与台湾社会的互动主要表现在受到传统政治文化影响形成了独特的草根性格，同时又通过话语建构加强了对台湾社会的影响与渗透。由于草根社会的支持是民进党与国民党进行政治竞争的重要依托，所以与基层沟通良好的政治人物往往会在民进党政治结构中具有稳定的影响力。民进党与国民党的互动对民进党的动员模式、党内各个派系互动的形态等均会产生较大影响。可以看出，民进党政治生态是一个动态变化的现实存在，而其变化受到内外部因素不同程度的影响。

民进党政治生态研究的一个重要面向是讨论其发展趋势问题。民进党政治生态发展趋势研究的重要性自不必言，这是判断台湾政局发展走向的重要组成部分。本书试图在民进党政治生态实然分析的基础上，以结构分析的方法对该党政治生态发展趋势的"应然"进行探讨。

在信息爆炸的时代，对趋势研究的方法论进行检讨是一个不得不面对的问题。由于科技的进步，我们每天接触到的信息量在以几何指数的速度增长，这些信息的出现到底对趋势研究会产生什么样的影响？从现实情形来看，信息快速增长催生了类似大数据分析之类分析工具和分析方法的出现。大数据的分析方法强调"相关性"分析及其在趋势预测中的功能。如相关学者所言，通过大数据分析，"从事物彼此的相关性当中，我们可能无法了解某件事情'为何如此'，却能够知道事情'正是如此'"。[①] 不过大数据的分析方法有一个前提，即历史资料可以预测未来，也就是说历史只能以连续性向前发展，如果出现断裂的情形则完全无法预测。可以看出，大数据分析对未来趋势研判的依据是事物自身发展走向的"路径依赖"，一旦这种路径依赖出现变异，大数据分析的准确性将会大打折扣。以此而言，利用大数据分析进行趋势研判与利用少量关键信息进行趋势研判在实质上没有什么区别，所差异者不过是二者处理的信息数量及处理信息的方式有所不同而已。不过对一般的趋势分析者而言，信息的大量增加确实是趋势分析的一个重大挑战。大陆的涉台研究已经告别了当年信息匮乏的格局，进入到信息泛滥的时代。从一般意义上说，信息的大量增加并非一定是好事，就趋势研究来说也许根本不需要如此海量的信息。有学者指出，在现在每天大量增长的信息当中，大部分信息都只是噪声而已，而且噪声的增长速度比信号快得多。"有太多假设需要验证，有太多数据需要发掘，但客观事实的数量却是个相对恒量。"[②] 易言之，现在的情形是，客观事实本身并没有发生变化，然而关于事实本身的描述却成倍增加，这意味着在趋势研判中甄别信号、剔除噪声的任务随着信息本身的增加也会出现快速增长。

在流动和易变的信息流中，寻找稳定趋势发展脉络的难度事实上是增加了。从方法论的视角来看，结构分析可能是消解信息量剧增困扰比较简单和有效的途径。其实结构分析长期以来一直是趋势研究和判断中的重要方法，《孙子兵法》云："兵者，国之大事，死生之地，存亡之道，不可不察也。故经之五事，

---

① ［英］麦尔荀伯格、［英］库基耶著，林俊宏译：《大数据》，（台湾）天下远见文化出版股份有限公司，2013年，24页。

② ［美］纳特·西尔弗著，胡晓姣、张新、朱辰辰译：《信号与噪声》，中信出版社，2013年，24页。

校之以计而索其情：一曰道，二曰天，三曰地，四曰将，五曰法。"① 这是比较典型的结构分析范例，即通过对"道""天""地""将""法"等基本结构的解析，大致可以判断一个国家的实力，进而可以判断与之开战的取胜概率。一般来说结构属于事物存在状态中的"骨架部分"，具有相对稳定性，其内部关联性也相对稳定，这种特征会提高趋势研究的准确程度。同时结构研究也有一个特点，即相对于纷纭复杂的现象层面来说较为简单，依据结构特征判断趋势的可操作性比较强。老子曾言"万物并作，吾以观复。夫物芸芸，各复归其根"。② 老子此言说的是"大道至简"的基本思想。用现代的语言来说，所谓"至简"，即要从"根"上去思考问题，如此在大多数情况下会使思考过程得到简化并可以提高趋势分析的效果。西方有学者在进行经济预测和趋势判断时发现，"模型越复杂，预测越糟糕"。③ 其实从常识也可以理解，模型越复杂，中间涉及的逻辑链条会越多，出问题的机率也就越大，趋势研究失真的可能性也越大。

本书并不打算建构分析模型，事实上本书的分析路径及框架是个殊性的，只有在分析本文所指涉问题时才能保证有较强的解释力。这里不想在分析模型建构问题上展开太多争论，也不反对分析模型建构。我们想强调的是，特定的分析模型可以解决特定的问题，一个分析模型如欲在进入新的语境下还能保持较强的解释力，则必须对该分析模型进行改造以适应新的语境，有时这种改造工作与重新建构分析模型所费的力气其实差不了多少。同时，如果接受了一个分析模型，就必须接受这个分析模型与生俱来的前提和预设，一旦分析模型运行的语境发生较大改变，而分析模型的前提与预设及分析模型本身无法相应调整，则有可能导致分析模型的解释力下降。更有甚者，在有的政治学方法论那里，分析模型建构和定量研究往往被画上等号，就更有可能出现问题。事实上就政治科学方法论而言定性研究与定量研究很难进行切割处理，因此有研究者认为，"政治科学方法论的概念应足够广泛，应超越政治科学方法论领域的虚幻感，以往将政治科学方法论定义为政治统计学是过于狭隘了。或许可以将方法论理解为应用认知论，就像应用哲学研究一样。认识到存在多种社会和政治研

---

① 《孙子兵法》，始计篇。

② 《道德经》，第十六章。

③ ［美］纳特·西尔弗著，胡晓姣、张新、朱辰辰译：《信号与噪声》，中信出版社，2013年，338—339页。本书多处出现"预测"的概念，这与"趋势研究"涵意大部分情况下是重叠的，本书认为在"对事物未来发展方向进行判断"的意义上两者可以通用。

究的哲学,就会认识到,这些哲学一般是与政治现象学和政治理论相关联的。"①
社会现象与自然现象不同之处在于其不可重复,所以在大多数情况下对一种现
象的分析只能采取个案处理的态度。如索罗斯所说,"人对世界的理解天生就是
不完美的,知识并不是我们不可企及的东西,但当它涉及我们所参与的事件时,
我们就不能完全依据知识做出判断和决策。知识与事实是相联系的,但我们决
策所涉及的事件却与事实无关"。② 这里涉及的一个重要哲学观点就是:过去的
经验未必可以作为未来趋势判断的基础,趋势分析还必须从现象和事件本身出
发展开。所以我们认为模型建构不是不可以,重要的不是模型本身,而是模型
所蕴含的学理资源,这是可以拿来利用的。就方法论的层次上说这已经上升为
哲学层次的问题,而不是简单的技术性问题了。

趋势分析还涉及一个重要问题即语境还原。不管是什么样的现象和事件,
都是在一定语境中发生,也只有回归到这个语境对其进行分析才会有意义。"语
境"(context)本来是语言学领域的一个概念。一般的解释是:语境即"语言环
境"。这个概念主要有两层含义:(1)话语的现实情境,即运用语言进行交际的
具体场合,一般包括社会环境、自然环境、时间地点、听读对象、作(或说)
者心境、词句的上下文等项因素。广义的语境还包括文化背景。语境是人们理
解和解释话语意义的依据。(2)专指某个语言成素(主要是句子)出现的"上
下文"。③ 近年来,"语境"一词开始在历史学、哲学、政治学等学术研究中频繁
出现,已经成为学术研究的一个较为主流的话语工具。在政治哲学和政治思想
史的研究中,甚至形成了以语境重构为主要方法论依据的历史研究学派,该学
派主要以包括波考克(J. G. A. Pocock)和斯金纳(Quentin Skinner)等思想家
在内的英国剑桥学派为代表。他们强调政治思想系由论述所构成,论述之所以
可能,必须掌握该论述所运用的语汇及观念之"语境"。这派学者所致力从事的
历史分析,即在于辨识以及重构政治思想家同时代的"语境"范围与样态,然
后进一步检视思想家如何在此种脉络上,提出自己的理论系统。剑桥学派的主
要观点是,一个文本或观念系统的提出,唯有在重构语境的基础上,方有可能

① [美]古丁·克林格曼主编,钟开斌等译:《政治科学新手册》(上册),生活·读书·新知
三联书店,2006年,1134页。

② [美]乔治·索罗斯著,王宇译:《开放社会——改革全球资本主义(修订版)》,商务印书
馆,2011年,3页。

③ 辞海编辑委员会编:《辞海》,上海辞书出版社,2000年,481页。

理解行动者提出这些观念时，空间所为为何。[①] 在这个意义上说，语境重构的研究及理论已经具有了学术范式的功能。[②] 语境分析是本研究的一个重要原则，本文力求回到当时的语境理解民进党政治生态变迁问题。

在具体的语境中去分析，因果关系才有可能更加清晰，趋势发展的逻辑才会更明了。社会科学涉及的最重要逻辑关系就是因果关系，在特定语境中自变量与因变量的特征才能被恰当定义。菲利普斯·夏夫利认为，因变量之所以称之为因变量，是因为根据特定的理论，它被看成是由其他因素引起的结果。它的形式取决于其他因素的形式。同样，自变量之所以被称为自变量，是因为根据特定的理论，自变量不为其他因素所决定。[③] 上述两种变量的特征只有在特定语境中才能被清晰定义。不过对于社会科学而言因为现象或事件各个部分的关联性往往会比较复杂，所以即使回归语境，也会遇到因各种干扰因素的存在，出现因果关系失真的情形，对于这个问题我们借鉴历史学研究中"孤证不立"的做法来处理，即通过不同逻辑链条的互证来确立因果关系，当然这并不是说如此就一定会达到因果关系的真实，只能说在最大程度上减少失真的概率。

本研究借用政治系统分析和生态学的学理资源，以民进党内部政治结构的互动以及民进党与政治环境的互动为基本视角展开分析。此举的一个基本预设就是台湾岛内政治结构变化对民进党政治生态发展趋势有着决定性的影响。正如刘国深教授所指出的那样，"我们在讨论台湾政治变迁的原因时，必须首先还原台湾政治、经济、社会发展的内在逻辑关系，大陆的影响、两岸间的互动、国际环境因素都会对台湾政治变迁造成一定影响，但总体上看并非是决定性的，我们不能用'外部'的逻辑关系去诠释台湾内部的政治变迁。"[④] 两岸关系和美台关系当然会对民进党政治生态产生较为重要的影响，但相比岛内结构因素而言其影响并非决定性的，这个问题文中还会进一步说明。

① 萧高彦著：《史金纳〈现代政治思想的基础〉导论》，见昆丁·史金纳著，奚瑞森、亚方译：《现代政治思想的基础·卷一·文艺复兴》，（台湾）左岸文化，2004年，8页。

② 陈星：《台湾民主化与政治变迁——政治衰退理论的视角》，九州出版社，2013年，34页。

③ ［美］W. 菲利普斯·夏夫利著，新知译：《政治科学研究方法》，世纪出版集团上海人民出版社，2006年，17页。

④ 刘国深：《当代台湾政治分析》，九州出版社，2002年，277页。

第1章 基本概念及分析框架

1.1 政治生态的基本概念

政治生态理论汲取了生态学的学理资源，将其应用于政治学问题的分析，开拓了政治学研究的视野。政治生态理论强调对政治系统整体性和内外部结构间互动性的分析，这一理论范式是社会生活日益复杂化背景下分析方法革新的尝试，同时也是社会科学各个部分之间整合趋势的反映。近年来政治学界对政治生态问题的讨论日益增加。随着现代科技进步以及由此引发的社会与政治结构变化，政治组织的基本结构和各个部分之间的互动模式都发生了既深且巨的变化，突出特点是社会具备了越来越多的自主性，社会基础影响上层建筑的路径和方式也随之而变。社会规划、教育开展、基层自治等方面的因素对政治发展产生了越来越重要的影响，政治学研究中自下而上的研究路线得到了强化，不同学科的整合对政治学理论研究也变得日益重要。[1]强化学科整合、拓展研究领域、创新研究方法并在这些基础上形成政治学理论研究新突破，已经成为政治学界较为一致的认知，政治生态理论在这种理论整合和研究路径创新的背景下出现并发展起来。

1.1.1 政治生态的两个层次

政治生态理论滥觞于1937年出版的赫伯特·廷斯领的经典著作《政治行为》，该著作奠定了政治生态分析的基本结构。1961年美国夏威夷大学东西方文化研究中心教授里格斯出版《行政生态学》一书，试图用"经济生态环境"的概念对行政结构及其运作模式进行分析。中国大陆的政治生态研究发轫于

---

[1] J. E. Brassert, "Power Politics" Versus "Political Ecology" ,Political Science Quarterly, Vol. 71, No. 4 (Dec., 1956), pp. 553-568.

1989 年王沪宁的《行政生态分析》一书，该著作尝试把生态学的理论和方法运用于行政学研究。此后，王邦佐等撰写的《西方政党制度社会生态分析》和《中国政党制度的社会生态分析》分别于 1997 年和 2000 年问世。这两部著作运用社会生态分析方法，将政党制度置于广阔而复杂的社会环境系统之中进行考察，以政党制度与社会生态系统相互作用的视角，探索政党制度形成、发展与演变的规律。[①] 2007 年大陆学者刘京希出版《政治生态论——政治发展的生态学考察》一书，对政治生态理论进行了比较系统的论述。同时，自 20 世纪 90 年代以来有关政治生态研究的相关论文不断涌现，[②] 推动了政治生态理论不断向前发展。

　　政治生态的研究范式首先表现为一种价值观照，是对既有政治运作模式反思的结果。传统政治学理论以权力为中心的政治分析范式在当前社会分化加剧而且社会意识多元化的格局下解释力已经开始减弱，并相对失之于简单。同时，权力分析范式所隐含的权力斗争以及资源分配权争夺带来的价值失序等后果也越来越多地被提及。于是，强调政治系统和社会环境协调发展的生态政治理论应运而生。赵健雄认为"人类在认识到地球的生态问题之后回过头来用类似的态度观照自己"，这才产生"政治生态"这个词。"大家开始觉得就像自然界万物共生共存一样，人与人之间也应当取这种态度，尤其在争斗激烈的政治领域，太强的排斥性往往危及排斥者本身的存在。"[③] 相比较古代社会政治生活之暴力性质而言，现代民主社会更多强调一种类似"市场化"的规则。按照熊彼特的定义，"民主方法就是那种为做出政治决定而实行的制度安排，在这种安排中，某些人通过争取人民选票取得作决定的权力。""民主政治的原则因此仅仅意味着，政府的执政权应交给那些比任何竞选的个人或集团获得更多支持的人。"[④] 在现代民主制下，社会和政治的多元化是非常自然的现象，多元化社会的不同

---

　　① 张伯玉：《日本政党制度政治生态分析》，世界知识出版社，2006 年 11 月，37—38 页。

　　② "政治生态"与"政治生态学"的概念需要区分清楚。一般来说政治生态既指政治系统内各个部分互动的实然状态，同时也包括政治系统与系统外部环境进行能量交换的应然状态。政治生态学则是借用政治学与生态学等学理资源对政治结构进行研究和理论归纳后形成的理论体系和分析范式。政治生态学分析的是一般的政治生态问题，而我们在谈及政治生态时往往会指涉个别政治系统的特有特征。

　　③ 赵健雄：《政治生态》，《读书》，1994 年 3 期。

　　④ ［美］约瑟夫·熊彼特著，吴良健译：《资本主义、社会主义与民主》，商务印书馆，1999 年，395—396 页，400 页。熊彼特是较早对西方现代民主制度进行理论总结和归纳的学者，他的民主政治模式对现代西方社会的政治模式发展产生了深远影响。

部分如何"共存"成为政治学讨论的重要内容。生态学强调对生态系统内各个部分相互关系及系统本身与外界环境关系的观照，这些学理要素被政治学吸收，成为政治生态研究的重要学理资源。

政治生态理论的分析视角表面上看来主要集中于政治系统的运作问题，背后事实上是政治体系达到良治的价值观照。刘京希认为，政治生态理论试图对政治如何才能实现生态化发展进行探讨，寻求政治的生态化之路，以实现生态化政治的理论理想。政治生态理论的学术理想和实践价值，在于实现政治理念、政治制度、政治行为以及政治与社会甚至自然之间关系的"绿化"。[①]所谓"政治生态化"主要指政治系统的运作能够达到内部自洽及与外部环境的协调发展。对一般政治系统来说，既要实现内部各个子结构之间的功能性协调，使政治系统实现较为稳定的发展，同时又能够保证政治效率的实现。需要指出的是，各个子结构之间功能协调的实现可以有多种表现形式，既可以是在统一领导机构的安排下实现，也可以通过各个组成部分之间的博弈来实现，但不管以何种方式实现功能协调，总体上应该保持系统整体的相对平衡性和稳定性，尽管在很多情况下稳定性是通过动态平衡来实现。同时，政治系统与其它系统之间保持顺畅的能量交换机制，即要保持对环境的弹性和适应性，以保持政治系统自身的活力。上述目标的达成事实上可以使政治系统自身生存与社会良治的价值诉求达成逻辑上的一致性，进而可以实现政治与社会的协调发展。

政治生态理论的价值观照使其和一般系统分析有一定区别，不过从方法论的视角来看，系统论仍是政治生态分析的核心理论要素。政治生态揭示的是政治活动主体和客体之间相互制约、相互影响、相互促进的关系。某一特定地区政治生态环境往往受到文化、制度、社会监督、民主力量和社会转型等因素的影响。[②]可以看出，无论是政治系统内部结构之间的相互作用还是政治系统与环境之间的能量交换，基本上都沿袭了系统分析的学术理路。一般认为系统分析理论把政治当作一系列发生在社会环境内但又区别于社会环境的互动模式。系统分析理论之下又可以分出两个派别：一是大政治系统理论，它以伊斯顿(D.Easton)和卡普兰(M.Kaplan)等为代表，强调政治系统的模式性互动，其研究重点为系统内各个部分之间的互动关系；二是结构功能分析，其研究重点为

---

① 刘京希:《政治生态论——政治发展的生态学考察》，山东大学出版社，2007年，7页。

② 卜幼凡主编:《安徽社会科学年鉴 2008—2010》，时代出版传媒股份有限公司安徽人民出版社，2013年，210页。

政治系统内运行的结构特征与功能实现之间的关系，主要代表人物是阿尔蒙德 (A.Almond) 和梅尔顿 (K.Merton)。[①] 政治生态理论继承了大系统论与结构功能主义的学理资源，既强调系统自身运作的特征，同时也强调系统结构的功能实现。不过政治生态理论不同于上述政治系统分析之处在于，其在方法上不一定针对整个政治系统展开宏观分析，而是可以在不同层次上对不同政治结构或子系统进行中观和微观分析。

政治学视阈中政治生态分析往往集中于政治系统内部以及政治系统与社会系统之关系的探讨，出于简化分析范式的需要很少涉及政治系统与自然的关系。这种简化并不是因为自然系统与政治系统的关系不重要，而是由分析对象的性质及主要分析面向决定的，在许多政治现象分析中自然系统不会成为产生有意义影响的变量，自然系统也就不会在分析框架中出现。分析政党政治生态主要涉及政治系统与社会生态系统的关系，即一个国家或地区为什么会在长期的政治实践中形成现有的政党制度，这与其社会生态环境密切相关。这里讲的社会生态环境，是指影响政党制度形成和发展的政治、经济、文化诸因素。[②] 目前一般意义上的政治生态分析大都如此，即重在对系统结构及其相互关系以及与社会系统的关系分析。以此言之政治生态分析与一般生态系统的分析有较大区别，同时由于政治生态范式处理的是人与人之间的关系，更增加了这种分析的差异程度。有的学者认为社会生态和政治生态问题从宽泛的意义上讲，主要是指价值取向（value-oriented）基础上的人与人的关系处理，以及人在处理与自然关系时的价值取向调整。从狭义的角度来说，主要是指不同社会整合（integration.）及解构（dis-integration）现象之原因间的相互关联性。后者不仅涉及不同人群不同文化的问题，也涉及不同行为模式及政治态度的问题。[③] 以此可见政治生态理论虽然借用了生态学分析的学理资源，但在分析范式上已经形成了较明显的区隔。

就政治生态理论的价值观照与方法论两个层次的关系而言，刘京希认为一定意义上说生态化的政治机制是政治理论借鉴生态学的科学而衍生出的政治形式。"这种政治形式，在完美而系统的意义上说，目前在世界上尚不存在，它是

① 俞可平：《政治与政治学》，社会科学文献出版社，2003 年，153—154 页。
② 张伯玉：《日本政党制度政治生态分析》，世界知识出版社，2006 年 11 月，18—21 页。
③ Rudolf Heberle, *On Political Ecology, Source: Social Forces*, Vol. 31, No. 1 (Oct., 1952), pp. 1-9.

超现实的，因为它源自于一种理论推导和理论创新，而不是对政治现实的抽象。因而，至少就当前而言，它只能被称为一种政治乌托邦，或者是一种生态化的政治观。"[①] 因为这个原因，政治生态在政治学的分析范式建构中作为方法论的意涵更为重要。

1.1.2 作为分析方法的政治生态理论

目前大陆学者研究政治生态问题时采用的方法主要有以下几种：一是比较的方法，主要从政治生态的概念、功能、各阶层的政治态度等不同面向上进行比较分析，形成各自的观点。二是系统分析的方法，包括一般政治系统分析和结构—功能分析；三是实证的方法，主要采用调查问卷、个别访谈等手段，从各社会阶层的政治态度方面进行微观研究和实证分析；四是文献研究法，主要是对国内外涉及政治生态研究的理论和文献资料进行梳理和评价。[②] 在这些方法中，以系统的结构和功能分析为大宗，也是政治生态理论方法论内涵的重要支撑点。

政治生态概念被引入政治分析之初，主要用来分析政治环境和社会环境对政治行为的影响，而学界这时多采用"政治生态学"的概念。《布莱克维尔政治学百科全书》将其分为广义和狭义两个层次，从广义上讲该术语主要被用于描述环境对政治行为的影响，比如群体的组织生态学；从狭义上讲，该术语指同政治地理学紧密相连的空间领土环境与政治行为关联性的研究。政治生态学的特点在于试图测定不同环境对于这些环境周围的、一种或多种被看成是特征相似的个人或团体所产生的影响。[③] 这里的"环境"涵盖了自然环境与社会环境两个层面，其中主要是指社会环境，指涉一定人群身处其中的社会文化背景、社会心理特征对这一人群政治取向可能产生的影响。《布莱克维尔政治学智典》对"政治生态学"的解释为"领土环境对于政治行为所展现的影响。举例来说，选举研究指出，特定社会人口团体集中之处，会显现更一致的投票忠诚度。居住在以劳动阶级为主之郊区的劳动者，比起与中产阶级同住一区的劳动者，前者

---

① 刘京希：《政治生态论——政治发展的生态学考察》，山东大学出版社，2007年，4页。

② 唐正繁：《近年来我国关于政治生态问题的研究综述》，见《中国特色社会主义与贵州发展——纪念中国共产党成立九十周年理论研究研讨会论文集》，本文为结集出版之论文集中的一篇，发表时间为2011年7月23日，在中国知网上可以查到全文，但无法查到其出版单位。

③ ［英］戴维·米勒等编，邓正来译：《布莱克维尔政治学百科全书·政治生态学》，中国政法大学出版社，2002年，599页。

更倾向于投给左翼政党"。① 这里所谓的"领土环境"其实主要指涉内容仍为社会环境。随着理论研究的不断深入，政治生态理论和政治生态学的区别也变得更加明显，政治生态理论取政治生态学联系与结构功能分析的方法，至于分析内容则早已大异其趣。

从较为宏观的视角来看，有的学者将政治生态分析的内容分为三个层次：（1）政治体系内生态，主要指政治体系与诸次体系之间的纵向关联与互动，以及诸政治次体系间的横向关联与互动；（2）政治体系与社会环境间的关联与互动；（3）政治体系通过社会环境与自然环境间的关联与互动。② 这三个层次形成了一个范围逐渐扩大并且相互关联的完整系统，各个子系统因为与其它子系统的相互作用而在一定程度上具有了整体性。这些系统各自具有相对独立性，但同时又具有一定的整体性，在相互影响中形成了系统的运行机制，并据此完成政治系统的功能实现。也有学者从简化分析框架的角度出发，将政治生态分为两个层次，认为政治生态是政治系统或政治体系内部各要素之间以及政治系统与其他社会系统之间相互作用、相互影响、相互制约所形成的生态联动关系。据此政治生态可以区分为政治内生态与政治外生态，前者系指政治系统或政治体系内部各要素之间的生态联动，后者则是指政治系统或政治体系与其他社会体系之间的生态联动。③ 这里将政治体系与子系统之间的互动关系、政治子系统之间的互动关系进行了简并。不过无论是两个层次还是三个层次的分析范式，均将政治分成不同的系统和子系统，围绕各个不同层次系统间相互作用及政治系统功能实现机制展开分析。

在许多学者的分析框架中，"政治生态"事实上主要指涉政治体系的基本结构及其相互关联性。余敏江在讨论体制改革时说，"任何行政体制改革都是在一定的政治生态中进行的，政治生态决定着行政体制改革的性质与方向，规定着行政体制改革的方式、方法和力度，而政治生态的无序与失衡是行政体制改革走入困境的根本原因。"④ 他把这种影响改革的政治生态归纳为政治制度生态、

---

①　[英] Frank Bealey 著，张文扬、周群英、江苑新、陈立、高谊等译，《布莱克威尔政治学智典》，（台湾）韦伯文化国际出版有限公司，2007 年，337 页。

②　郑言：《〈政治生态论〉评介》，《政治学研究》，2007 年第 3 期。

③　丁忠甫、郑林：《当代中国政治生态问题研究刍议》，《哈尔滨学院学报》，2010 年 9 月，第 31 卷第 9 期。

④　余敏江：《仇和之治的政治生态逻辑及其启示》，《江苏科技大学学报（社会科学版）》，第 10 卷第 1 期，2010 年 3 月。

政治文化生态和政治经济生态等三个方面，基本上涵盖了政治系统的主要层面，但在一定程度上忽略了社会生态对行政改革产生的影响。胡连生在谈到当代西方社会政治生态的演化及其趋向时则认为，当代西方社会政治生态的演化，实质上是西方社会由工业文明进入到后工业文明的必然反映。"解意识形态化"趋势、"绿化"趋势和官民界限模糊的趋势很有可能预示着后工业社会的政治走向。① 从方法论上说这里强调两个层次的内涵：一是从发展与变化的视角去讨论系统运作的问题；二是从系统内部因素运作模式改变的角度讨论系统的结构功能更新与转化。显然这里的"政治生态"所指是政治系统内部的结构性变化以及与社会生态变化之间的能量交换，通过这种交换，政治系统可以实现较为平稳的运行。

在另外一些学者的分析中，"政治生态"指涉内容为政治系统的存在及其延续，当然也包括维护这一政治系统的基本手段。在谈及中国古代的政治生态时有学者认为，"一个政权的政治生态常常与政权的合法性问题息息相关，其合法性直接牵涉到政局的稳与乱、朝政的宽与猛、君臣的亲与疏以及民心的向与悖"。② 这里的"政治生态"概念涉及政治体系各个部分的协调发展以及由此带来的相对稳定性，既包含有政治系统各个部分相互作用的意涵，同时也涵盖对其功能实现的基本评价，在一定程度上带有价值判断的色彩。赵炜在对中国古代政治生态的论述中则将政治生态直接简化为"基本稳定的政治结构"，他认为传统社会政治生态的特质表现为强大的创制立法的政治能力、完善的政治理论体系以及成功的意识形态化等特征，还表现在家族以一种伦理力量有效地自我运转并进而构成社会生活和政治生活的基质，也表现在以刑维德的治理手段对政治文明产生的固化作用。③ 这里"政治生态"的概念在内涵上显然又有进一步的扩张，社会基础及社会统合机制以及意识形态的内涵都成为重要内容，如果从这个角度来说，政治生态其实隐含着政治系统内部运转以及与外界的能量交换过程，并加入了政治文化等方面的影响因素，使分析框架更为复杂。

总体上说，政治生态的核心内涵是政治系统"目前的状态"，即政治系统存在和运作的基本状态。目前大部分涉及政治生态的研究大都指涉这一意涵。同

---

① 胡连生：《当代西方社会政治生态的演化及其趋向》，《南京师大学报（社会科学版）》，第5期，2011年9月。

② 肖永明、戴书宏：《"天人合一"与古代中国的政治生态》，《江南大学学报（人文社会科学版）》，第12卷第1期，2013年1月。

③ 赵炜：《传统社会政治生态之文明特质》，《学术论坛》，2006年1期。

时，政治生态作为一种分析方法而言主要是围绕着对"关系"的分析展开，即系统内各个部分之间的关联性以及政治系统与环境之间的关联性。显然，政治系统不可能脱离环境而单独存在，必须与外部环境进行能量交换，这里的"外部环境"除了自然环境以外，还包括经济、文化、人口、科技进步以及微观层面的社会个人和组织的心理等方面的内容。政治体系以社会为存在前提，靠社会提供经济和文化资源而发展；同时，政治体系的权力输出又以社会环境为对象，以满足社会发展要求为目的。① 政治体系与外部环境的关联性主要通过政策输出以及随后的反馈过程完成，通过这一过程，形成了一个比较完整的循环系统，从而保证政治系统的维护与更新。

1.1.3 政治生态分析的理论层次及其关联

政治生态首先表现为一种政治秩序，具体来说就是政治秩序的基本存在状态，这也是政治生态研究的价值指向之一。政治生态理论追求通过系统内部及系统之间的功能协调实现政治系统的优化，从而实现秩序的价值。秩序自古以来即为大多数政治思想家不断宣扬的价值。不管思想家的理论系统属于哪个流派，也不管他们建立秩序的手段是什么，秩序确实是众人一致承认的价值。政治起于人群的聚合，人群各有不同的利益与传统，因此如何在特定领域内维持公共秩序是政治的首要考虑。这里所讲的"秩序"，当然不是仅仅指刀剑法令强行创造的秩序，也包括其它各种方法所促成的共同规范。② 不同的秩序存在样态形塑了不同的政治生态，而这些政治生态中各个部分之间相互作用的方式也不一样，因此造就了政治生态模式的多样性。特定政治生态模式能够存在和延续，既与寄生其中的政治系统的历史传统有关，也与社会组织形态有关，与该社会对政治和社会问题的一般性认知更是密切相关。尤其是社会秩序观的形成及延续，对维持政治系统合法性有着至关重要的影响。一旦特定秩序观被质疑甚至颠覆，社会的不稳定也随之而来。以此言之，对政治生态的分析主要可以围绕着以下诸层次展开。

系统内各种要素的关联性。无论是政治系统内部还是政治系统与外部环境之间，系统各个组成部分之间的相互关联、相互影响以及其表现特征都是政治

---

① 宋哲仁：《从新加坡的政治生态变迁看人民行动党执政文化的转型》，《理论观察》，2012年3期。

② 江宜桦：《自由民主的理路》，新星出版社，2006年，286页。

生态分析最基本的观照对象。按照丁忠甫等人的说法，政治生态思考和探索的问题是制度、法律、观念、生活方式、宗教信仰、风俗习惯等环境因素对政治系统的影响，寻求的是一个于政治发展有利的社会环境，倡导的是民主、法治、效率和稳定，关注的是：公众对体制、法律政策的认同程度和对政府的亲和力；政府对公众的影响力和号召力；政权交替的方式和频率，政府营造天时、地利、人和环境的手段与方法。① 政治生态的存在是多要素彼此之间互动的结果，这些要素的关联性往往以多次博弈的形态表现出来。以政治文化与政治系统的关系为例。② 政治文化是影响政治运行的社会心理纽带。一方面，政治文化作为一种特殊心理价值形态，为政治系统的运作设定基本前提、目标和规则。人们的政治取向往往是促成政治系统改革、调整，发展变化的动力，人们对特定政治价值、政治态度的认同和支持是政治系统稳定性的基本量度之一。另一方面，政治系统及其运作作为政治文化的物质载体，在政治文化的形成和发展中起着重要作用。一定的政治文化总是附属于特定的政治系统，它随政治系统的发展而改变，因此政治系统往往有针对性地对政治制度、政治符号、运行规则进行调整，从而影响社会成员的政治取向，加深社会成员对政治系统的认同，从而达到维持政治系统协调运行的目的。③ 政治系统中各个部分的互动、博弈以及相对平衡的实现构成了政治生态变化的主要内容。

相对均衡性。政治生态一旦形成，就会在一定程度上具备自我平衡与再生的能力，这是政治生态的重要调节机制。在一定范围内，政治生态总是有追求相对均衡的倾向，这是政治生态保持稳定的重要前提。这种平衡性表现为一旦政治生态中的一个要素发生变化，其它要素也会相应调整，从而使政治生态得以维持。不过，这种平衡性是相对的，政治生态理论追求均衡，但又不怕非均衡，不拒绝非均衡，只要这种非均衡是相对的、适度的因而是可控的，那么它就是符合政治生态法则的。④ 这意味着政治生态的相对平衡有一定的边界，突破了这一边界，可能导致系统崩溃，从而使整个政治系统进入重构过程。正是因

---

① 丁忠甫、郑林：《当代中国政治生态问题研究刍议》，《哈尔滨学院学报》，2010 年 9 月，第 31 卷第 9 期。

② 这里采用的是阿尔蒙德的"政治文化"概念，即"政治文化是一个民族在特定时期流行的一套政治态度、信仰和感情。"见 ［美］加布里埃尔·阿尔蒙德、小 G·宾厄姆·鲍威尔著，曹沛霖等译：《比较政治学——体系、过程和政策》，上海译文出版社，1987 年，29 页。

③ 万斌、丁友文：《论和谐政治生态系统与政治宽容调节机制的构建》，《浙江社会科学》，2012 年 7 期。

④ 刘京希：《国家与社会关系的政治生态理论诉求》，《文史哲》，2005 年 2 期。

为政治生态有追求相对平衡的倾向，政治生态本身具有一定的自组织能力，即在没有外部命令与干涉的条件下，依靠组织内部的相互默契和协调行为，从而构成达到某一结果的联合行动，也就是靠系统内部的协调，自发地出现新的稳定结构。[①] 因此对政治系统来说，虽然单个人、单个组织的行动是没有规律的，但整个系统在更高层次上是有规律的。

兼有确定性与不确定性。尽管不同政治系统各要素之间发生关联作用的方式不同，但就关联性本身而言却具有普遍性。在一定程度上说政治生态发展的确定性和不确定性均是通过系统内部的关联性得以实现。系统演变的确定性主要来自于行为者对已有关联性结构的充分了解和判断，在此基础上对政治系统本身的运行规则进行一定干预和介入并使发展方向的可预测性增强；不确定性则是因为对政治系统内部的关联性不太确定或者是因为采取了对政治系统不恰当的干预措施导致系统发展的可预测性减弱。由于政治生活和社会生活本身的复杂性，政治生态发展的不确定性往往大于确定性。易言之，政治生活和社会生活中诸多不可预测的因素都会给政治生态带来不确定性。这说明政治生态的发展是非线性的，因为行为者的行为取向在很多时候表现出随机性和较强的不可预测性，政治生态自然不可能按照线性方向发展，这也意味着作为分析方法的政治生态理论有其解释力上的局限性。但这种缺陷是上述分析框架的内生性特征，无可避免。众所周知，任何分析框架都不可能将所有影响政治生态的因素完全纳入分析视野；退一步说，即便这些因素可以被容纳进一个分析框架，由于这些要素自身所具有的不确定性，必然也会带来结果的不确定性，不确定性还是不可避免。也正是因为如此，在考虑政治生态作为一种分析框架时要注意其使用的基本范围以及约束条件。

自适性。相对均衡性主要是政治系统针对内部结构进行的自我调整，以增强自身的自主性。自适性则是针对外部环境要求进行的调整，目标是适应环境的变化，通过不断学习和经验积累的过程，增强政治生态系统的适应能力。这种情形是政治生态作为系统的题中之义。夏美武认为，引入政治生态概念的意义，不只是为了有别于传统经验主义或从局部政治要素和政治现象考察入手来观照政治的视角转换，而是把政治体系及其运动过程看作一个由各种政治要素组成的活的机体，并站在人类及自然界中其他物种的立场，从机体的内在联系

[①]　于芹章、司光亚、胡晓峰、董忠林：《国际政治生态演化模型框架研究》，《系统仿真学报》，2005 年 11 期。

和运动规律出发,将政治纳入社会、自然等生态系统中进行综合考察。这是一种从非政治的因素来观照政治形态,试图从自然生态与政治社会生态中找出彼此兼容的形态特征,适时移植自然生态体系中的合理元素,用来改进并完善政治系统和社会结构。①政治生态的自适性特征增加了其复杂性,它与相对均衡性一起,构成了政治生态自身的更新系统,使政治生态在一定时期内可以保持一定的活力。相反,如果政治生态的自适性出了问题,无法根据环境的变化调整自身,则政治生态离崩溃就不远了。

政治生态开始的起点与变迁过程对政治生态的发展同等重要。政治生态的起点决定了其基本规则和制度架构的基本样态,进而形成了政治生态能够运作的基本语境,而政治生态的演变过程则体现了其自身通过自适应过程寻求平衡的能量交换过程。就起点而言,不同的规则体系决定了政治生态的基本样态。一般认为在政治生态系统中,基本的游戏规则影响着政治行为体的生存和发展策略,如对绩效目标的选择、竞赛手段的选择等。因此在极权体制、威权体制、多元竞争体制以及种种过渡、混合体制之中,有着不同的游戏规则。②游戏规则事实上就是政治生态得以存在和发展的内在驱动力和黏合剂,不同的政治情境形成不同的游戏规则,不同的游戏规则又形成不同的政治生态。就政治生态的过程而言,不同的自适应措施对政治生态的影响显然是不一样的,而这些措施的出台又受到特定的政治权力结构、利益分配结构以及意识形态和政治及社会认知结构的影响,这些过程是政治生态的自我实现过程,不同的自适应取向会影响到政治生态的发展路径,进而会对政治生态的未来发展产生累积性影响。

1.2 政治生态视角下的政党政治研究

政治生态体现的是政治系统的结构性特征,政治生态的基本样态与政治系统的整体性、稳定性密切相关,这也是政党得以存在并形成政党政治的基本前提。同时政党政治又是政治生态的重要组成部分,其存在样态及发展与政治生态的变迁互相影响,政党政治的运作规则也是在这个过程中逐步形塑并沉淀下来。这里所说的"运作规则"既指成文规则同时也涵盖不成文规则,例如政党

---

① 夏美武:《政治生态建设的困境与出路——基于当代中国政治现实的生态视角分析》,《苏州大学学报(哲学社会科学版)》,2012 年 1 期。

② 庄礼伟:《多元竞争环境下的马来西亚政治生态》,《东南亚研究》,2011 年第 2 期。

文化及基本行为模式等。这些规则共同构成了政党政治能够持续运作的基本框架，使政党的行为、政党互动模式及政党政治的发展方向具有一定的可预期性。大致来说，政治生态视角下的政党政治可以从三个面向上展开分析：政党内部的基本结构、政党之间的互动及其模式、政党与社会之间的联结方式等。

1.2.1 政党内部基本结构

关于政党政治的讨论中，政党一般作为基本分析单位出现，其中又以政党在政治系统中的功能及其实现为主要分析面向，研究题域则集中于政党与政治机构的关系、政党作为政治体系重要组成部分所承担的功能及其实现对政治系统可能产生的影响等方面。上述政党政治的研究既在理论上预设了政党是为政治体系维持自身运转不可缺少之功能性部件这一基本命题，也预设了政党是一个独立实在、内部均质的行为主体，且只能作为一个整体与政治机构发生关系的基本命题。[①] 不过，从具体语境出发讨论政党政治时，政党却表现出纷繁复杂的样貌，不同时期、不同地域的政党展现出千差万别的存在形态。作为政党政治的基本分析单位，政党的存在形态决定了政党政治的基本样态。政党不可能是一个独立实在的实体，内部结构也有很大差异，作为整体行动的能力也不可一概而论。所以我们在讨论政党政治问题时，首先应该讨论政党的内部结构及其影响下的政党功能实现问题。政党内部结构决定了政党存在的实然形态，也决定了政党在政党政治生态乃至在政治系统中的基本坐标。

在竞争性的政党体制下，政党内部结构最为显著的特征就是派系的存在，萨托利将其称为"宗派"。[②] 派系的存在符合政党作为利益整合和利益表达工具的一般逻辑。这里的"利益整合"既指政党－社会层面意义上的利益聚合，同时也指党内不同派系群体之间的利益整合，后者更多地表现为利益的获取和分配。在党内没有绝对权威的情况下，派系的形成是政党内部利益分化与利益整合的自然逻辑结果，也是政党生存与发展过程中的普遍现象，派系之间的妥协与斗争构成了政党生态的主要内容，同时也影响到政党在政治系统中的功能实现。虽然在很多情况下政党的生存离不开派系，但显然政党与派系之间的差异

---

① 张小劲：《关于比较政党研究基本路径的历史考察及其思考》，《当代世界与社会主义（双月刊）》，2002 年第 1 期。

② 以政党结构分析的视角来说，萨托利所谓的"宗派"与我们一般意义上所说的派系在内涵上基本上是重叠的，因此本文在谈及这个问题时，除非引用萨托利的论述外，其它部分统一使用"派系"的概念。

是明显的，二者之间的关系是一个值得持续深入探讨的话题。萨托利认为，政党超越派系而成为政党，严格地讲是它们不同于派系。"现在我也可以这样说，政党竞争性的可见性归因于使其区别于宗派的那些强制因素。但政党是由次单元组成的单元，而其次单元在很大程度上是不可见的。"① 一般来说政党是在比较确定的法律框架内活动，其活动范围较为明晰，行为也有比较明显的可预期性，而派系的活动一般比较隐蔽，即使有派系存在，也往往不愿公开。故而在大多数情况下，派系虽然能在短期内保持一定的稳定性，但比较而言易变性却是一个更加鲜明的特色。从类型学来说，派系可以分为组织型派系和个人为中心的个人型派系两种，后者更加具有易变性。在一定时期内的派系生态决定了政党的基本生态，进而具有不同政治生态的政党组织在利益博弈与共生中形成了政党政治的基本样态。

派系的存在使政党分析的复杂性增加。显然派系和政党均有自己的利益，但这两种利益却并非一直都是重合的。研究都会地区政治机器的若干文献曾经指出，个人与派系的目标可能凌驾于组织的目标，而政治机器内部的精英斗争和派系冲突更是屡见不鲜。因为上述原因的存在，从理性角度出发强调的"组织整体利益"往往是难以达成的目标。再者纵使原先敌对的精英与派系得以勉强整合成为结盟团体，也不能够确保领导精英会为了组织的共同目标而捐弃个人利益。② 派系之间的博弈模式是影响政党凝聚力和影响力的重要因素，有时甚至会影响到政党的生存与发展。但派系斗争是否会引起政党的分裂却并不总是派系自己所能决定的。一般来说，派系追求自身利益最大化是普遍的趋势，对于派系领袖来说同样也是如此。从这个角度上说，派系斗争是否会引起政党的分裂主要取决于其内部的资源分配模式以及外部条件的约束，这些约束包括政党的动员系统是以什么样的方式与社会进行联结、支持者的政党认同是否高于对派系领袖的个人认同等。如果支持者对派系领袖个人的认同高于政党认同，显然派系领袖拥有更强的讨价还价能力，甚至具备了脱离政党的条件，这种情况下政党出现分裂的可能性就会显著增强。相反，如果支持者政党认同度比较高，派系领袖会被迫留在政党内部而不是脱离政党，在这种情况下派系坐大一般不会造成党的分裂，从而维持一种"斗而不破"的状态。

从政党的内部分层来看，派系领袖构成了政党的领袖集团，事实上构成了

① ［意］G·萨托利著，王明进译：《政党与政党体制》，商务印书馆，2006年，160—161页。

② 吴重礼：《政党与选举：理论与实践》，（台湾）三民书局股份有限公司，2008年，73页。

政党的上层结构，而党员中占据最大比例的则是下层党员。政党形成以后，随着政党组织化程度的加强，政党内部必然形成领导者与被领导者两个人群的区隔。领导集团对政党决策及发展的影响显然要超过基层党员，在这个意义上说双方已经出现了不平等，这就是米歇尔斯所谓的"寡头统治铁律"，他认为组织是寡头统治的温床。"在任何组织中，无论它是一个政党、工会组织，还是其他任何类型的协会，贵族化倾向是显而易见的。组织的结构在赋予自身稳定性的同时，却使组织化的大众发生了深刻变化，完全改变了领导者与被领导者之间的关系地位。组织使得政党或专业工会分化为少数领导者和占人口大多数的被领导者。"[①] 虽然米歇尔斯仅是基于德国当时的有限个案做出的判断，但现实生活中似乎很难找到证明此一论断不成立的反例，在政党组织中更是难以觅得这种反例的存在。在"领袖集团－普通党员"的二分结构下，政党领导阶层之间的博弈主要表现为派系的斗争与合作，而领导阶层与广大普通党员之间却表现为建构"寻求支持－政治忠诚回报"的交换关系。在东亚社会，政党领袖与普通党员和支持者之间的互动主要以"恩庇－侍从"结构的形式存在，政治精英通过政治利益的分配来换取支持者的忠诚回报。在现代社会，政党领袖要维持他们在党内的权力，就必须在一定程度上对党员的要求进行回应，对党的积极分子和中层领导甚至要做出比以前更多的回应。所以在现代政党政治中，政党精英们的重要任务之一就是找到一个平衡点：一方面保持党的性质（这是普通党员提出的要求），另一方面则使政党适应更大范围内的政治博弈。换句话说，政党精英在不危及自己党内地位的前提下，将追求最大化地实现自己的目标。[②]同时，由于传播媒体的发达以及沟通渠道的拓展，领导层与被领导者的互动模式向扁平化方向发展的趋势非常明显。这种情形已经影响了政党内部政治生态的存在样态，政治领袖和基层追随者及支持者的沟通壁垒被逐步打破，从而使个人魅力对政治生态的影响加大，同时领袖集团与普通支持者之间利益交换的中介逐步减少，利益交换的效率则逐步提高。

　　政党内部结构的某一样态一旦形成，在一定时期内会具有相对稳定性，虽然派系博弈过程中不同派系你方唱罢我登场，但基本的派系结构在较长时期内

---

① ［德］罗伯特·米歇尔斯著，任军锋等译：《寡头统治铁律——现代民主制度中的政党社会学》，天津人民出版社，2003 年，28 页。

② ［法］让·布隆代尔、［意］毛里齐奥·科塔主编，曾淼、林德山译：《政党政府的性质——一种比较的欧洲视角》，北京大学出版社，2006 年，55 页。

仍会保持相对稳定，相应的派系文化及行为方式则具有更强的稳定性。这种稳定性结构在一定时期内是政党得以正常运作的重要基础，但在形势发生变化时也往往成为适应性调整的障碍，并因此引发政党危机。段志超认为产生政党危机的主要原因大致有以下诸端：政党理念缺乏感召力和吸引力，政党组织方式和运作方式与民主政治精神相违，难以得到大众支持，政党的结构、功能不能适应现实的需要，政党缺乏必要的组织生存条件和运作资源，政党腐败而导致政治生命力耗竭。[①] 在这些原因中，政党组织结构基本样态的影响显然是较为显著的，一旦政党的组织结构无法适应已经变化的环境，政党的功能实现本身就会出问题，继而会引发一系列的连锁反应，政党的政治诉求会变得模糊并且短视，同时也无法对党内的腐败行为进行有效自清。更重要的问题是，由于结构本身的稳定性，政党的改革和适应性调整也会遭到很大的阻力。在比较极端的情况下，结构性的阻力会使政党没有能力进行结构更新以适应形势的变化，当然也无法完成自身的净化，这意味着政党与外部环境的能量交换通道受阻，假以时日，链条崩解是必然的结果，到这个时候政党会出现"塌方式崩溃"，具体表现为动员能力迅速下降，内部协调困难，政党影响力快速下降，在激烈的政治竞争中迅速被其它政党势力所取代。以此看来，政党结构的相对稳定性固然是政党政治能够进行正常运作的重要基础，但如果政党不能根据形势发展与变化适当调整结构与政策，这种稳定性则会变成"政党老化"的代名词，会使政党在竞争中快速被淘汰。

1.2.2 政党之间的互动

政党政治的一个重要内容就是政党之间的互动，一个社会的政党互动模式往往决定了政党政治的基本样态。某一政党势力的兴起一般会挤压其它政党的生存空间，从而引起连锁反应，使其他政党不得不进行政策或组织结构调整以加强竞争力。从这个意义上说一个政治系统内的政党之间其实是互为外部环境的关系，某一政党的变化极有可能引发其他政党的结构变迁。也正是因为如此，政党竞争成为政党政治生态的一个重要组成部分。在竞争性的政治环境下，政党之间的互动通常以选举竞争的方式表现出来，当然这里预设的前提就是以竞争性选举为中心的代议制存在。对政党来说争取执政权和资源的分配权是永远

---

① 段志超:《政党政治危机与当代政党政治的发展形态》,《求实》, 2009 年 1 期。

不变的基本诉求，取得足够的执政资源是政党能够生存的前提和基础，所以只要条件许可，政党一般都会选择最为廉价和最有效的办法实现自己的目标。这意味着政党政治和政党竞争兼具推动社会整合和加速分裂的双重面向。社会整合面向系指，政党对社会利益诉求进行综合，再借助由政党之间竞争与合作所组成的责任政府制定政策，然后通过政策输出来满足社会大众的诉求。可以看出，政策制定及实现的过程同时也是社会内聚力培育的过程。政党政治的分裂面向系指政党在政治动员过程中的政策诉求、身份区隔以及建立在此基础上的政治动员对社会可能造成裂解的后果，在社会分歧明显的社会尤其如此。可以看出，政党政治到底是推动社会走向整合还是走向分裂与政党政治的结构与特征密切相关。① 至于哪一种面向最终会取得压倒性的优势，主要取决于社会分歧的结构、政党的能力、政党的政治动员手法以及政党对自身定位的基本判断等方面因素的影响。如果分裂社会的政治动员能够扩大政治优势，政党就有推动分裂的冲动，社会整合的面向则会被压缩到角落，否则社会整合的努力会受到欢迎，社会分裂的政治动员会遭到唾弃，社会整合的政治动员则会成为主流。整体来看政党的互动模式涵盖了政党定位、政党区隔、政党攻防、政党学习等诸多方面的内容，而互动模式本身则具有历史性、地域性特征，也就是说很难找到带有普遍意义的政党互动模式理论范型。

传统的政党互动模式研究往往强调意识形态区隔对于政党互动的关键性意义。萨孟武认为"政党的区别在于目标（主义），而不在它们对于现实问题所决定的政策。目标所说者为将来方能完成的事物，政策所说者为目前可以获得的事物"。② 在萨孟武的时代政党政治确实表现出这种特征，但是随着全球化和信息社会的发展，政党政治的意识形态色彩开始淡化，而各种不同意识形态相互之间的渗透也不断加强，更使意识形态区隔变得模糊起来。这种趋势使政党开始破除意识形态的樊篱，在各种意识形态之间相互影响甚至互相接近、互相渗透的情况下，一味强调意识形态的特殊性，往往很难吸引民众。因此执政党要想保证自己的执政地位，就必须对自己的意识形态做出调整。③ 这就使政党不得不寻找新的途径来动员民众，以扩大支持基础。此外应该提及的是，随着

---

① 叶麒麟：《社会整合、政党政治与民主巩固——基于制度可实施性的分析》，《浙江社会科学》，2012 年第 12 期。

② 萨孟武：《宪法新论》，中国方正出版社，2006 年，11 页。

③ 付杰：《试析美国两大政党处理与政治生态关系的经验》，《当代世界与社会主义》，2006 年 1 期。

全球化的推进，许多传统的意识形态概念本身也发生了变化，例如随着现代社会的发展以及社会福利的提升，"阶级"概念在社会分析中的使用逐步减少，相应地更为细化的"阶层"概念的使用则逐步增多。当然这并不意味着意识形态区隔已经消失，相反在世界范围内意识形态区隔的建构仍然大量存在，这些建构多以族群、种族等身份认同为基础建构起来，有时经济议题也可以成为意识形态建构的主要质料，但这种情形相对较少。一般来说，现代政党政治在意识形态区隔问题上更多表现出"特定议题意识形态化"的趋势，即在政党区隔中并没有先入为主的意识形态，政党在政治动员中往往针对特定议题进行不间断的观念建构，进而形成比较完备的符号系统，经过这种长期建构以后，这些议题基本会具备意识形态的特征。在台湾政治中，民进党对"台独"和"主体性"符号系统的建构就是典型个案。

这里涉及的一个问题就是政党竞争中存不存在"中间路线"的问题，即政党的政策有没有可能向"中间"靠拢的问题。安东尼·唐斯在谈及意识形态对政党政策取向的影响时说，两党体制并非一定能够导致政党路线趋同的结果，如果投票人的偏好使其集中于意识形态光谱的两端，那么政党在意识形态上将保持截然相反的态度。[①] 在唐斯看来，政党的路线向何方调整显然是由选民的基本认知决定的。在排除意识形态影响、以"理性人"预设、同时预设社会中存在较为一致共识的前提下，政党的政策诉求确实会有向"中间"靠拢的可能。但现实运作中的政党政治情况往往不是这样，特定议题的意识形态化操作使社会出现分歧与对峙的可能性极大。一旦出现比较恒久和深刻的社会分歧，则会出现双峰或多峰对峙的民意结构，从而使政党"向中间靠拢"的冲动减弱。当然，如果把视野扩展到整个政治系统的宽度来讨论这一问题，这里所谓"向中间靠拢"的说法还有一个问题没有解决，即何谓"中间"？如果分析范式突破了唐斯的经济学观点，那么"中间"的范围就会空前增大，无论是经济议题还是社会议题以及意识形态议题，均有"中间"的问题，显然政党行为取向同时在这几个方向上向"中间"靠拢的可能性不是太大。这里可能出现几种情况：（1）不同政党在经济议题上的观点趋同，但是意识形态议题却选择对立与对抗；（2）意识形态议题上趋同，但是在经济议题上却选择区隔与对抗；（3）经济议题和意识形态议题均出现区隔与对抗的情形；（4）经济议题和意识形态上均出

---

① ［美］安东尼·唐斯著，姚洋、邢予青、赖平耀译：《民主的经济理论》，世纪出版集团上海人民出版社，2005年，109页。

现选择取向趋同的情形。显然，随着"中间"概念所指涉的内涵逐渐增加，可能出现的组合总数会出现几何指数式的增长。此外，在讨论政党路线"向中间靠拢"时往往会涉及"理性"概念，但经济学意涵上的"理性"与政治学意涵上的"理性"显然大相径庭。以上这些分歧表明，所谓"向中间靠拢"概念其实分析功能相当弱，在很多情况下甚至有沦为假议题的危险。

作为政党互动的结果，政党之间会相互模仿，行之有效的行为和举措会被迅速推广，笔者称这种现象为政党之间的相互"学习"。一般来说学习能力强的政党适应性也相对较强，生存能力也会很快提高。政党的"学习"过程在实践形态上是内部结构调整的过程。不过对比发现特定政治系统内每个政党表现出来的"学习"和调整能力是不同的，影响政党学习能力的关键因素是党内政治生态对"学习"与"调整"的基本态度，这种态度往往是以对党内改革的支持与否表现出来。在大多数情况下，政党内部的改革都是困难重重。概括起来说，政党能否实现自身的改革以适应形势的发展，主要取决于两个方面的因素：（1）内部利益分配结构及其强固性。政党政治的核心问题和政治的核心问题并没有什么不同，都是利益和资源的获取和分配问题。对政党而言，制度化程度越高、生存时间越久的政党，内部越容易形成利益分配格局固化的情形，这与米歇尔斯所谓"寡头统治铁律"的判断其实是一致的，寡头统治的固化其实就是利益分配格局的固化。当政党的结构调整触及这些利益分配结构时，就会遭到很大的阻力。（2）政党生存所遭遇到的危机程度。一般来说，在遭遇到较为严重的危机时，利益结构中的行为者可能从长期利益着眼，被迫放弃若干短期利益，同意进行某种程度的改革以度过危机。以上两个方面的原因使政党的学习能力参差不齐，现实中经常看到的现象就是一个政党在某些方面虽然刻意想学习其它政党的经验，但内部改革却根本无法向前推展。政党学习能力的强弱在一定程度上决定了政党的适应能力和生存能力，也在一定程度上决定了政党未来的基本生存状态。学习能力弱的政党没有办法适应形势的发展，最后不可避免地走向萎缩和消亡。

各个政党在互动中达到了某种平衡后，一定的政党体制于焉形成。从政党个殊性的逻辑出发，政党体制的个殊性是不可避免的结果。关于世界范围内政党体制相互区别的原因，社会学家和制度主义者分别提供了不同的解释。早期制度主义者把选举制度的差别看作是产生各国政党体制相互区别的原因，而社会学家却强调社会内部分层尤其是阶级分层对政党体制差异性的影响。许多年来虽然双方都开始接受对方的许多观点，但这一学术争论仍然没有止息。① 事实上上述两个方面均是政党体制形成差异性的原因，很难说哪个更加重要。从政党政治生态本身进行分析，政党体制不过是反映了一段时期内各个政党之间通过博弈达到相对均衡状态这一事实而已。比较而言社会结构变化对政党体制基本样态的影响更具有原生性，具体来说就是社会结构变化引发政党内部结构改变以进行适应性调整，这种调整往往会引发制度变化，而制度变化则又反过来影响到政党政治的基本生态，政党体制也因此改变，从而达到新的平衡。政党互动模式也正是在不断调整与协调中寻求动态平衡。当然，这里预设的逻辑前提就是政党政治的互动模式不会冲垮政治体制的基本框架，如果政治框架被打破，则政党政治本身就失去了据以调整的外在环境，而只能以新的形式重新建构平衡，这种平衡与以前政治系统内的平衡已经完全不是一回事了。

1.2.3 政党与社会之间的互动与关联

政党政治是社会发展到一定阶段的产物，其主要作用在于通过政党的有组织活动，把散落的、繁杂的个人意志聚合起来形成"公意"，并以此为基础建构国家上层建筑对国家与社会进行治理。政党通过组织公民选举和综合公民利益表达形成政纲，选举竞争中获胜的政党负责组织政府，在政纲的指导下推行公共政策，从而把公民的政治参与和政府的公共产品生产联系起来，把选举制度与代议制度连接在一起，从而确立起代议制民主。② 从治理的角度来看，政党的产生及政党政治的稳定运作是实现社会良好治理的一种方式，代议制的确立本身就有解决社会治理与政治合法性之间矛盾的意图。政党政治既然根源于社会需求，自然会受到社会环境制约。社会环境是政党政治赖以实现有效运作的外部约束，社会环境的基本样态在一定程度上决定了政党政治的发展方向，也决定了政党政治生态的基本特征和样貌。从政治生态理论的视角来看，政党通过自身的活动从外部获取资源，并通过与社会进行能量交换维持自身的活力。大体来说政党所获取外部资源的数量和质量反映了环境给政党提供支持的程度，二者基本上呈正相关关系，外部环境给政党提供的资源数量越多，质量越高，表明环境提供的支持程度越高。来自环境的支持标识出了环境与政党互动关系

---

① 王军:《西方学者政党研究方法论管窥》,《社会科学论坛》,2002 年 5 期。
② 张紧跟:《政治参与功能分析:政党研究的一种新范式》,《中山大学学报 (社会科学版)》,2000 年第 4 期。

的性质及状态。如果是正向度支持，通常表明二者不存在根本性的矛盾，二者之间的互动基本是良性的；如果是零度支持，通常表明二者的关系正处于一个临界点，各种力量博弈处于均衡状态；而如果是负向支持，则表明政党与生态环境处于交恶状态，其结果是政党灭亡或者生态环境得到根本改变。[①] 显而易见，一个政党从外部环境获取资源的能力其实决定了其生存能力，政党与社会联结能力的强弱则又对这种资源获取能力有决定性影响。

现代政党政治运作中，议题建构是政党与社会联结的最主要渠道。一般来说，政党如果要取得民众支持，合理的议题选择及包装殊为重要，即政党用什么样的议题去动员民众，或者说以什么样的议题强化自己行为的合法性和合理性，对政治动员的效果至关重要。上文已经提到，传统的政党政治一般以意识形态进行政治和社会动员，但是这种动员模式在世界上许多国家和地区已经逐渐失去了作用。有学者认为，从这些年的情况看一个政党经过选举夺取并维持住政权，主要不在于其理论、纲领和宣言如何，而在于其政绩如何。谁能在促进国家经济发展、改善人民生活方面有所作为，谁就可以得到人民的支持和信赖，就能维持住统治。[②] 需要指出的是，此处提及的意识形态弱化现象主要存在于发达国家，因此也可以认为这是民主政治发展到一定阶段后必然出现的现象，由于社会矛盾不断缓和，传统的社会分层也日益变得模糊，所以对抗性色彩强烈的意识形态区隔已经在许多国家和地区日益失去动员力。不过在广大的后发展国家和地区，意识形态化的活动还在如火如荼地进行，所以在讨论这个问题时显然不能一概而论。在不同的国家和地区，议题的选择与建构与当时的社会情境密切相关，并随着情境变化而有相应调整。以台湾为例，吴亲恩、林奕孜等人的研究表明，在台湾的选举当中，特别是全岛性的领导人选举中，政党认同、统"独"立场与国家认同一直被视为影响选民投票抉择的最重要议题，经济议题一直被认为是较为次要或不显著的变项。两个方面的原因导致了这种情形的出现：一方面是因为认同议题是政党竞争的主轴，另一方面是一直以来台湾的经济稳定成长，失业率低，所得分配也相对平等。不过公元 2000 年以后，经济发展速度开始减缓，有时甚至出现负增长的情形。随着全球化、自由贸易与区域经济融合的加深，企业将生产线外移到劳动力比较便宜的地区，使非技

---

① 靳呈伟：《政党研究的生态分析视角》，《当代世界与社会主义（双月刊）》，2010 年第 6 期。

② 高继文：《冷战后东欧国家政党政治的演变》，《山东师范大学学报（人文社会科学版）》，2002 年第 47 卷第 1 期（总第 180 期）。

术性劳工薪资无法提高。同时企业在经济整合的趋势下，市场更为扩大，富裕群体的财富较以往增加更快，上述趋势累加起来，造成了所得分配的逐年恶化，失业率也一直维持5%左右的高档。在经济成长趋缓、失业率增加与所得分配恶化的情形下，经济议题在政党选举竞争与论述中的重要性逐渐被凸显出来。[①]这意味着随着社会的发展与变化，议题建构的表现形式也有很大不同。议题建构只有符合当时的社会实际情况才会吸引到足够多的民众。

控制互动过程，强化议题传播效果是政党与社会联结加强的重要内容。现代社会议题传播主要依靠传播媒介，传媒可以其独特的方式影响到人们的社会心理取向和价值判断，这是传媒"预置议题"作用发挥效力的结果。信息化时代传媒在社会政治生活中占据了越来越显著的位置。在政党政治的运作过程中，政党尤其是执政党通过控制传媒对社会新闻、重大决策等各种信息予以有利于自身的选择、解释与评论，从而把社会的注意力集中在有利于自身竞争力提高的事情或事件上来。[②]在媒体相对开放的社会，以及在传媒竞争比较激烈的社会，议题主导权的争夺异常激烈。各个政党根据自己的需要及社会现实设定议题，力图引导社会舆论的基本走向，通过各种传播媒介扩大自己的影响。近年来随着科技发展，互联网对大众生活的影响日益加深，新交流工具的出现已经颠覆了传统的人际交流模式，"脸书"等新社交工具使人际交流空间得到了极大扩展。影响所及，政党的政治动员模式已经发生了巨大变化，报纸、电视等传统媒体在议题传播中的作用遭到弱化，议题传播呈现出扁平化和零散化趋势。政党为了适应这种变化，只能调整自己的传播策略以加强传播效果，敏感性高和调整速度快的政党无疑会在政党竞争中占得先机。不过需要指出的是，传播技术的更新在一定程度上可以强化传播的效果，但是对传播的内容却未必能产生影响。

政党与社会互动关系的另外一个重要面向是优化政党与社会大众的互动过程，增加社会大众的政治参与并力图扩大自己的支持度。社会大众对政党展开的政治动员进行反馈而政党根据这些反馈调整行为取向的过程构成了政党与社会互动的基本循环。这也是动员民众进行政治参与的过程。按照一般的定义，

---

① 吴亲恩、林奕孜：《经济投票与总统选举：效度与内生问题的分析》，（台湾）《政治学刊》，第16卷2期，2012年11月。

② 权宗田：《当代西方传媒与政党政治：互动、融合及其限度》，《华中农业大学学报（社会科学版）》，2008年4期（总第76期）。

政治参与是指普通民众通过各种途径介入政治生活，试图影响政治体系运行方式和运行规则，尤其是政治决策过程的活动。①这里显然预设了政治参与主动性，而忽略了被动性政治参与的情况。这是另外一个问题，这里不欲对这一问题展开讨论。对于许多民众来说，这种主动的政治参与会产生归属感，经常支持某一政党的民众往往不容易改变其政治支持，这些归属感强的支持群众就形成了所谓的"铁票"，他们的支持取向一般与政党的政策诉求没有太大关系，这种情况在世界许多国家和地区都可以看到，台湾地区尤其典型，国民党和民进党的"铁票"支持者对政党的支持往往与两个政党的政策诉求无关，而只和候选人及政党符号有关。

在讨论政党政治与社会的互动问题时有一个逻辑预设，即政党是上层政治建筑与社会之间较为主要的中介，这也是代议制产生的主要原因所在。这个逻辑预设事实上忽略了其他中介可能产生的作用与影响。出现这种情况的原因与这些中介结构在传统社会无法发挥上层建筑与社会之间的沟通功能有关。不过随着社会的发展与变迁，新的中介不断涌现出来，并不断侵蚀政党的功能，使政党政治出现了功能性危机。有学者在谈到美国的政党政治危机时述及这个问题，认为选举中出现的民用服务系统剥夺了政党作为激发工人政治参与诉求单一渠道的地位；通讯技术的变革，使候选人可以直接接近投票人，减少了政党作为政治信息来源的作用；原来劳动密集型的竞选让位给了昂贵的大众通讯和有目标的邮件运作，候选人直接转向职业的竞选顾问或者营销顾问。②易言之，随着社会的发展，对民众来说政党的功能并不是那么不可替代，政党社会治理的功能一旦被其它的社会组织分解以后，政党的重要性自然会相应下降。欧洲同样也出现了这些问题，在大众传媒和非政府组织的直接竞争压力下，"政党曾经作为政府与公众间重要中介，长期沟通和协调着社会抗议与公共权力之间的关系"，"然而今天它在这方面已显得力不从心了"。相比之下，一些作为挑战者甚或替代者的新中介则一跃而起，其中最抢眼的是大众传媒和非政府组织。③政治上层建筑与社会之间沟通媒介的多元化无疑使政党面临多线作战的局面，这对于政党的传统政治动员模式无疑是一个严峻挑战。

①　吴志华主编：《政治学导论》，上海世纪出版集团上海教育出版社，2003 年，263 页。
②　[美]史蒂芬·E·弗兰泽奇著，李秀梅译：《技术年代的政党》，商务印书馆，2010 年，28 页。
③　罗云力：《西欧政党政治的危机与解析》，《欧洲研究》，2004 年第 5 期。

1.2.4 政治生态视角下政党政治的运作模式

政党政治的三个基本层次构成了一个完整的系统，系统内各个层次之间相互作用的机制及稳定程度决定了政治生态的基本存在状态。有学者认为结构性的政治生态与政治发展的整体性、稳定性和制度性密切相关，可以分为主体生态、客体生态和载体生态三种。在选举政治中，主体性政治生态主要涵盖政党的制度建设、人才组织建设等，客体性生态一般包括政党的成长环境、党际关系等，而以选民为代表的公民社会则可以被视为载体性生态。[①] 这种分析范式大体也不脱政党内部机制、政党政治生态及政党生存的社会生态等三个层次的基本架构。总体而言，政治生态视角下的政党政治研究主要涵盖上述三个层面的内涵，而且这三个层面之间通过不间断的能量交换维持着政治生态系统不断更新。

政党政治的发展是一个动态过程。一方面政党不断从社会取得资源以维持自己的生存与发展，另一方面政党又通过政治动员和利益聚合功能的实现，对环境施加影响。这个双向过程不间断地进行，构成了政党政治运作的基本过程。从逻辑上说，政党存在的基本依据在于它能在一定程度上代表部分民众，或者说能在一定程度上将选民的诉求集中并表达出来；以及能在一定程度上满足选民不断变化的各种诉求。从社会及政治变迁的角度而言，对一个政党来说不管制度化程度多高以及生存时间多长，能否继续生存下去的关键在于它们能否适应急剧变革的社会，不断地自我革新和完善。[②] 社会变迁推动政党政治的发展，政党政治生态的调整又回过头来强化和巩固社会变迁的结果，使社会变迁结果以更加明晰的脉络和更加明确的形式表达出来。

需要说明的是，此处有一个基本预设就是政治系统的稳定性。在政治系统稳定的情况下，即便有政党无法适应社会的发展与变迁而消亡，系统内部很快就会出现新的替代力量。事实上，在现实政治生活中政党出现危机甚至崩溃的例子并不少见。在极端的情况下政党政治甚至政治系统本身都可能会遭遇到危机。一般来说政党政治的危机是指在以政党政治为核心的民主政治制度运转中，由于公众对参与政党选举的政治活动热情或忠诚度降低而造成政党民意基础削

---

① 范磊：《新加坡政治新生态与选举政治——基于 2013 年榜鹅东选区补选》，《当代世界社会主义问题》，2013 年 2 期。

② 宋玉波：《当代西方政党政治的新趋势》，《浙江工商大学学报》，2005 年第 6 期（总第 75 期）。

弱、整个政治体系的社会支持基础下降的情况。换言之，政党政治因为不足以
提供政治体系运行必需的民意基础和制度安排，不足以为现存政体提供深厚的
合法性保障，因而导致政党政治受质疑、生存受挑战的危机状况，是政党政治
危机的主要表现形式。[①] 政党政治危机或者系统危机不足以威胁到政治系统本
身的生存，是政党政治能够持续运转的基本前提，这也是本书将政治系统的稳
定作为基本理论预设的重要原因。

1.3　民进党政治生态及趋势研究的基本分析框架

按照前面清理的学术理路，本书对民进党的分析主要从民进党的内部结构
及各部分之间的互动、民进党与台湾政党政治的互动、民进党与台湾社会的互
动以及与两岸关系和美台关系的关联与互动等向度上展开，其中对民进党政治
生态的存在样态及未来走向起决定作用的是该党的内部结构以及由此产生的政
治意识和行为取向，同时民进党与政党政治生态、台湾社会之间的互动对该党
政治生态也会产生深刻影响，本书的分析重点主要集中于这些层面。由于篇幅
所限，本书对两岸关系及台美关系对民进党政治生态的影响做了简化处理。

1.3.1 基本制度框架及其调整

此处的"制度"系指成文的制度形式。政党的基本制度安排大致包含了党
纲、党章、组织规程、提名制度以及选举动员制度等。这些设计构成了政党活
动的基本制度框架，对政党活动形成了基本约束。制度框架在一定时间和范围
内是相对稳定的，这种稳定性往往与制度绩效有关。以制度主义的观点看来，
在制度结构基本成熟或不变的条件下，制度安排决定了制度绩效。而在必须考
量制度结构的条件下，即制度结构尚不成熟或制度变迁特别是制度结构变迁的
条件下，不但制度安排决定着制度绩效，制度结构本身也直接决定着制度绩
效。[②] 台湾政党政治尚难称成熟，所以在讨论制度绩效时必须将制度结构的变
迁考虑在内。对民进党这样一个在台湾社会激烈政治斗争中生存下来并不断发
展的政党，制度绩效是该党尤其重视的重要方面，所以该党的制度结构一方面
显示出相对稳定性，同时为追求制度绩效又显示出一定程度的易变性。也就是

---

① 段志超：《政党政治危机与当代政党政治的发展形态》，《求实》，2009 年 1 期。
② 杨光斌：《制度的形式与国家的兴衰》，北京大学出版社，2005 年，16 页。

说在政治活动中该党会选择最有效的路径去达成目标。民进党提名制度就是一个典型例子，每到选举，提名制度改革就成为民进党选举准备的重要内容。

民进党据以进行政治活动的基本制度自成立以来一直处于变化之中，党纲的修改是一个例子，自民进党成立以来，每隔两到三年就会修改一次党纲。就民进党制度变迁的基本模式来看，基本上不脱路径依赖与制度重组两个方面的内涵，这与新制度主义对制度变迁所进行的类型学分析基本吻合。新制度主义理论认为，制度变迁可以分为两个类型，一是路径依赖，突发性事件或者决定导致了制度的确立，而这种制度会存在很长时间内制约行为者将来的选择范围，包括使行动者不能进行那些最终可能更为有效的选择；一是制度重组，分为实质性制度重组和象征性制度重组。前者是把以前长期存在和较为牢固的制度原则结合在一起形成新的制度来解决现实中遇到的问题，后者指为实质性重组提供符号性支持的重组行为。[1]民进党在制度变迁过程中一方面保留了传统"台独"诉求等方面的内容，又根据社会结构以及两岸关系的变化不断对基本制度进行策略性调整，同时又在这个过程中建构起与自己基本诉求相一致的符号系统。

基本制度既是民进党政治生态变化的结果，同时也是政治生态进一步演进的平台，它提供了政治生态变化的稳定约束结构。当然制度并不是一成不变的，而是会随着形势的发展进行相应调整，制度调整的能力是政党生存能力的具体体现，也是政党适应能力的主要表征。有学者将政党"适应性"界定为政党在政治发展过程中所形成的快速适应环境挑战的能力。环境刺激和挑战无法告诉政党是否需要反应以及如何反应，它需要政党精英对外部刺激进行战略选择并付诸行动，而政党精英的选择则受政治环境以及制度结构的制约。[2]台湾自20世纪80年代进入民主化的快车道以来，社会结构和政治结构均发生了剧烈变化，这种情况对政党的适应性提出了比较严苛的要求，民进党不得不进行调整以适应形势发展，提名制度、派系博弈规则的变化即为显例。自2008年以民进党下台以来，该党为摆脱危机一方面不断调整内部的资源分配机制，以消弭可能出现的矛盾；另一方面则又通过提名制度改革将最具有竞争力的候选人推上

---

① ［美］约翰·L.坎贝尔著，姚伟译：《制度变迁与全球化》，上海人民出版社，2010年，62—72页。

② 胡荣荣：《政党适应性视角下的政治变迁——基于二战后新加坡和台湾地区的分析》，《中共浙江省委党校学报》，2012年第1期。

前台，不断增强自身的竞争力。同时，民进党通过对基本制度的调整，将主要触角伸向基层，不断加强对基层渗透的力度。2008 年民进党下台后通过了撤销基层党部并将基层动员单位与"立委"选区合并的决议，从制度上强化对基层的渗透与动员。可以认为，民进党对基本制度的调整对其在短期内摆脱贪腐阴影并恢复元气发挥了相当重要的作用。

1.3.2 派系博弈与资源分配模式的重构

派系往往和政党相伴而生，即便在强人政治下也无法杜绝派系的产生与繁衍。民进党组党之初是反国民党势力结合的大杂烩，派系林立是组党初期党内政治生态的重要特征。不过这里的"派系"与传统上国民党经营的"地方派系"在性质上是不同的。地方派系更多强调地域性以及因为利益交换而形成的政治控制。林震认为，在正常情况下，民主化的推进，必然导致台湾利益团体的复苏和兴起，从而形成利益政治格局。但是由于地方派系的私人、人情、侍从关系等非公共性质，使得地方派系不像西方的利益团体那样，具有公共讨论空间的市民社会形态。此外地方派系的运作虽然具有现代的外衣，但是内容却带有旧社会的人情和封建的色彩，因此利益只分配到人情圈可以覆盖到的范围，因而派系也不具利益团体的公共性质。[①] 国民党传统上经营的派系属于"二重侍从主义"结构下的政治设计之关键环节。[②] 民进党的派系虽然也具有侍从主义特征，却不强调地域性，而且派系活动主要以党内高层之间联合与斗争的形式表现出来，所以民进党派系既是属于全党范围的，也是属于全岛性的，同时与政治领袖以及派系组织的存在状态有密切关联。

民进党的派系事实上在党内权力和资源分配过程中起到了中介作用，甚至可以说是权力和资源分配的中枢，在民进党 2000 年上台以前"派系共治"一度成为该党较为成功的运作模式。按照萨托利的说法，"政党不是，也不应该是铁板一块的，也应该承认，派性可能有其积极的价值。但是，即便是在恰当的场合，为派性辩护也必须是正当的。认为派性验证了党内'民主'的有效性和真实性的论断很少是正确的。"[③] 易言之，派系的出现与民主诉求很少产生关联性，

---

①　林震：《东亚政治发展比较研究——以台湾地区和韩国为例》，九州出版社，2011 年，188 页。

②　［日］若林正丈著，许佩贤、洪金珠译：《台湾——分裂国家与民主化》，（台湾）新自然主义股份有限公司，2009 年，126—127 页。

③　［意］G·萨托利著，王明进译：《政党与政党体制》，商务印书馆，2006 年，161 页。

也未必真的能体现出政党的"民主"特征。也正是因为这样，派系的存在一般不会是政党成立之初进行的制度设计，而是在政治运作的实践过程中逐步形成的制度结构，其主要功能就是处理政治运作中的资源分配问题。当然这里不排除有坚持意识形态的派系存在，但是这种派系并非主流，同时由于他们也需要和其他派系结合以维持和扩大自己的影响，故而也具有民进党内派系的一般性特征。对民进党而言派系斗争基本规则逐步确立以及派系运作公开化对政党运作具有"减震"的作用，使民进党在运作中可以实施有效的损害管控，使党内斗争不致引发党的分裂，从而将内部斗争产生的损害减至较小的程度。

民进党内各个派系之间关系纷繁复杂，但他们都互相作为对方的镜像存在。只要党内存在着资源分配博弈，派系斗争就不可能消亡。一般而言，派系的产生缘于党内政治人物"抱团取暖"争取更多政治资源的动机，因此一旦一个派系出现，必然会推动其它政治人物组建派系进行抗衡，这种描述大致粗线条地勾勒出了民进党内派系发展轨迹的一般性机制。以"新潮流系"为例，作为民进党内最具战斗力的派系，"新潮流系"始终坚持"老二哲学"，强调自己是民进党最忠诚的派系，以扮演"防腐剂""推进器"的角色自我期许，但党内斗争又往往由它发动，在资源和利益的争夺中毫不手软。有学者对"新潮流系"这种行为特征有传神的描述：在党内权力分配中"新潮流系"惯以"哀兵"姿态出现，却又经常成为最大的获利者。"新潮流系"纪律严明，内部管理严谨，计票滴水不漏，被党内形容是"一群踢着正步进去开会的人"。[1]"新潮流系"的存在使其它政治人物危机感增加，组织派系与之对抗，以求在政治斗争中保持基本优势就成为不得不为的选择。同时，"新潮流系"为避免树大招风引起其它派系的攻击，往往保持相当低调的态度，但是这种低调并不能避免其它派系的疑忌，"新潮流系"受到其他派系攻击甚至被其他派系联合"围剿"的情形在民进党派系博弈中也屡见不鲜。

民进党内的派系结构在该党不同发展时期表现形态是不一样的。在党内没有绝对权威的时代，"派系共治"是民进党的一个重要特色，资源分配也大致按照派系之间的实力对比为依据展开。不过一旦党内政治生态发生变化，强势的政治领导人出现，派系生态和派系结构会随之发生剧烈变化，甚至发生颠覆性改变。2000年陈水扁上台后，随着其政治权威不断加强，"派系共治"事实

---

① 李伯顺：《民进党"新潮流系"剖析》，见夏萱主编：《台湾研究论集》，海潮摄影艺术出版社，2003年，120页。

上已经失去了生存的土壤，于是派系之间几经协调与折冲，最后达成了"解散派系"的"共识"。然而"派系解散"的决议并不能实质上终结派系的运作，只要党内存在政治资源的争夺，派系就不可能被实质解散。许多派系虽然被宣布"解散"，但仍在运作。2007 年民进党初选中派系斗争强度反而有所增加，甚至出现了"排蓝民调"这种以陈水扁为中心的主流派系强力打击其它派系的行为。有学者认为，民进党在 2007 年的"总统"和"立委"初选中首次采用"排蓝民调"。从交易成本政治学的角度看，"排蓝民调"的制度设计在客观上虽有降低交易成本的效果，然而实质却是民进党内某些政治势力和政治人物以实现最大胜选利益为借口，修改党内初选政治市场的制度规则，来谋求实现党内政治权力和利益资源的再分配。[①]一旦陈水扁的政治权威消失，受主流派系压制的其他派系重新又开始活跃起来，同时新的派系不断从旧有结构中分化出来，派系博弈规则也开始重构。2008 年以后，蔡英文在党内的地位逐步提高，民进党的派系结也随之发生变化，2014 年之前，"传统"派系相当活跃。[②]2014 年蔡英文在民进党内取得较大主导权之后，党内派系重组的速度也相应加快，蔡系势力快速崛起，而原有派系格局则被逐步调整。

1.3.3 党际互动与民进党政治生态

民进党的政治生态是台湾政党政治生态的重要组成部分，民进党政治生态的变化受到台湾政党政治的影响，但反过来民进党自身的调整与发展又会影响到政党政治生态的存在样态。这也意味着民进党在政党政治生态中既是消极的参与者，即不得不接受系统的给定条件；同时又是积极的改造者，即通过自身结构与诉求的调整达到改造政治系统并极力扩大自身的生存基础。国民党为了标榜自己的"民主"性质，20 世纪 50 年代开放了县市长选举，从制度上为反对势力的存在提供了一个不大的缺口，这是党外势力能够长期存在的制度基础。90 年代李登辉出于强化个人政治地位的需要不断拓展反对势力的生存空间，台湾社会竞争性政党制度正式确立起来。一般而言，一旦政党竞争的原则格局逐步确立，反对党就会渐次发展起来，他们在不断变化的议题和公共意见中寻求

---

① 李鹏：《从"排蓝民调"看民进党政治生态的滑轨与嬗变——一种交易成本政治学的观察视角》，《台湾研究集刊》，2007 年第 4 期。

② 这里所谓的"传统派系"指涉范围为陈水扁执政时期形成的派系，这些派系与 20 世纪 90 年代的民进党派系已经有所不同。不过为了与 2008 年后的派系进行对比，这里暂称其为"传统派系"。

支持以准备执政。这一切的发生意味着两党或多党体制的形成。[1] 台湾政党政治的发展使民进党这种依托于本土和草根社会的政党生存空间不断扩大。不同政党的长期存在及活动会对政党政治产生反向影响，使政党政治生态的某些方面得到加强和固化，也会使政党政治生态中的某些因素消解和重构。有学者研究发现，经过了政党政治的长期发展，台湾选民的政党认同逐渐结构化。新党、亲民党的认同者迅速下滑，"台联党"亦然，国民党认同的比例上升，民进党认同的比例则保持稳定，"中间选民"的比例逐步下降。在国民党和民进党认同者中，持强烈认同的比例不断上升，较弱认同的比例不断下降。从蓝绿两大政党看，年龄和受教育程度已非影响政党认同的显著因素，国家（族群）认同以及统"独"立场始终是影响政党认同的最重要因素，阶级地位具有显著影响，但影响力远不及国家（族群）认同以及统"独"立场。[2] 不过这种稳定与平衡只是相对的，2014 年底"九合一"及 2016 年初"二合一"选举结果显示国民党支持率在逐步下降，而民进党支持率在稳步上升。如果结合 2010 年"五都"选举中民进党支持率首次超过国民党支持率的情况来看，这种支持率变化在一定程度上显现出趋势性的意涵，这种趋势的形成与两个主要政党的基本经营策略密切相关。

民进党对政党政治生态影响最为显著者就是建构起了二元对立的论述，并以此作为政党诉求的基础，其中最典型者就是"台湾主体性"诉求。"台湾主体性"诉求在逻辑预设中已经把外省人、国民党以及中国大陆排除在论述之外，而只强调本省人的"本土意识"。在民进党的话语建构中，这种"本土意识"被拉抬到了神圣的位置，任何现代性凡俗价值，在任何条件下，皆不可挑战"本土"这个拟宗教化的最高价值，这即是"本土优先论"（taiwan over all）。"本土"这个特殊主义指涉本来理应是臣服于普世价值，但是在台湾却高于一切。"本土政权"不必经常启动"本土优先论"，甚至在这个政权相对从容有信心之时，也能暂时让"本土优先论"处于待机状态，并对进步价值表示"优容善意"。[3] 所谓"本土意识"本身就具有排外的色彩，这种论述的建构无疑给国民党等政党

---

[1]　John F. Copper，"The Evolution of Political Parties in Taiwan"，Asian Affairs, Vol. 16, No. 1 (Spring, 1989), pp. 3-21.

[2]　李秘：《台湾选民的政党认同——基于 2004、2008、2012 三次"总统"选举的分析》，《台湾研究集刊》，2013 年第 2 期（总第 126 期）。

[3]　徐进玉、陈光兴编：《异议：台社思想读本（下册）》，（台湾）台湾社会研究杂志社，2008年，303 页。

带来了沉重压力。从民进党进行政治动员的效果来看，这种论述在民间有一定的市场，而国民党却一直无法建构起一种新的论述与之对抗，自然难以避免"蓝消绿涨"格局的出现。同时民进党的这种论述以及建立在该论述之上的政治动员强化了台湾政党政治中的对抗性特征，使行政当局的执政效率降低。

　　台湾政党政治的高对抗性特征与社会和民意的分裂是一体两面的关系，如果这种二元分歧的民意结构能够长期稳定，政党体系不可避免地要向两党制的方向发展，第三势力或者小党根本就没有生存空间。有学者认为台湾从 20 世纪 80 年代到 90 年代初的政治实践来看，从选举制度、政治高压的放松以及国民党与民进党内部斗争、台湾政党政治环境议题等方面来看，都可能有小党的生存空间。① 这个论述显然只看到了当时政治制度改变导致的"民主化"取向，但是没有考虑到社会层面因为政党动员而产生的撕裂与对立。20 世纪 90 年代以后，随着族群动员与省籍动员不断扩张，蓝绿两个政治集团形成，"中间选民"② 的数量事实上不断遭到压缩，被迫归队到蓝绿两个阵营。同时，民进党的强力对抗政治动员模式进一步增加了选民选边的压力，使"中间选民"不断产生分化。在未来可以预期的时间范围内，民进党显然不会放弃这种对抗性路线的建构以及对抗性行为模式，第三势力在激烈竞争的情况下很难有生存空间，两个主要大党也通过各种手段，诸如制度调整以及内部整合不断挤压小党的生存空间。③ 自 20 世纪 90 年代以来新党、亲民党以及"台联党"的泡沫化均是典型例子。

　　这里需要说明的是民进党二元对立论述的建构与台湾社会所谓"多元化"之间的关系。从一般的逻辑上说，随着台湾社会进入后工业化社会以及政治高压的消失，社会和政治认知自然会向多元化方向发展，这是无法阻止的潮流。但这并不意味着二元对立论述与社会议题认知的多元状态完全不兼容。在一定时期内，国家认同层面的二元分歧与一般社会问题认知上的多元化完全可以共存。不过对民进党而言，如何寻求政治议题上的二元对立论述与民众在社会议题上多元化取向之间的平衡点，就是不得不处理的问题。毫无疑问，社会诉求逐步走向多元化会对政党生态及政党政治产生非常大的影响。政党为了争取胜

---

　　① 　John F. Copper, "The Role of Minor Political Parties in Taiwan", World Affairs, Vol. 155, No. 3, Democracy in Taiwan: Part Two(Winter 993), pp.95-108.

　　② 　此处"中间选民"系指选举中的"摇摆选民"，即投票倾向不确定的选民，与所谓的"理性选民"无关，这个问题后面还会述及，这里仅作简单说明。

　　③ 　出现这种情况的前提是民进党与国民党两个主要大党的力量对比相对稳定，如果这种结构出现了根本性变化，则第三势力发展空间的问题则另当别论。

选，在议题设定方面需要更高的技巧。随着社会需求的多元化和碎片化，政党的诉求不得不变成各种价值诉求互相叠加和挤压的综合体，单一的意识形态议题已经无法统合社会需求，只有多元范畴的议题，才可能适应社会诉求分歧的局面，而且在动员过程中政党还必须能够找到统合多元议题的聚焦点，方能够使这些多元范畴的议题统一起来为大部分民众接受。[①] 在这种背景下，民进党并不敢过分偏执于单一论述，而是对于能够争取民众的多种论述持开放的态度，有时甚至以其它论述来包装其基本论述，以最大限度争取民众支持。不过，民进党的基本论述是清晰和一贯的，自20世纪90年代以来一直没有做过根本性的调整，长期以来民进党一直试图达到的目标就是将"台独"基本诉求与各种社会需求结合起来，如此既可增强"台独"诉求的弹性，同时也可以增加"台独"诉求的战略纵深。不过，民进党所建构的二元论述与台湾社会的多元化之间毕竟具有内生的张力，随着民进党政治势力逐步扩张，该党就有越来越多的机会以及越来越大的冲动压缩民众社会议题认知多元化的存在空间，因此引发的政治与社会之间的紧张会逐步强化，冲突也会趋于激烈。

1.3.4 民进党与社会的互动及政党文化的形成

政党文化系指政党主要成员对政治存在价值、运行模式、行为取向等问题的基本认知，这些认知是长期心理积淀的结果，具体来说包括党内组织结构应该如何，政治动员应该如何展开以及如何通过意识形态和话语建构争取到最大限度的支持等。在政党文化支配下，政党一般会表现出比较稳定的行为模式。政党文化属于政治文化的一种表现形式。有学者认为政治文化既应包括在政治生活中起潜在作用的社会政治心理意识，同时还应包括在政治生活中对人们政治行为起规范和支配作用的政治思想。从理论上讲，同质的政治文化有助于减少政党纠纷，而异质色彩浓厚的政治文化则容易引发政党冲突。[②] 民进党的政党文化大致可以从几个方面去分析：草根文化，即在文化上深入及亲近下层民众，尤其是在中南部，这种做法给国民党造成了相当大的压力；与国民党斗争时的对抗性模式，甚至不惜"焦土政策"进行激烈对抗；两岸政策上的敌意建构，力图把大陆建构成台湾的敌人；内部斗争"斗而不破"，避免民进党的分裂

---

① 陈星：《论和平发展战略对台湾政党政治的影响》，《北京联合大学学报（人文社会科学版）》，第10卷第3期（总37期）。

② 张伯玉：《日本政党制度政治生态分析》，世界知识出版社，2006年。

等。上述因素共同构成了民进党的政党文化，并以此为基础形成了比较稳定的政治行为模式。

民进党政党文化的形成经历了一个长期过程，是在与国民党的斗争中形成并发展起来的。民进党的崛起可说是反国民党政治势力发展到某种程度之后的自然产物，也可以说是国民党自 1949 年来在台湾实行专制统治后的必然结果，民进党能够成长壮大，主要在于充分利用了台湾政治制度为政党竞争提供的空间。"在政治竞争过程中，民进党的领导者认识到单单靠政治抗争并不能打倒国民党，除了在共守的竞赛规则中，除要注意提升社会的安定品质外，还需要扎实地进行政策规划，给民众带来许多实际利益，才能真正赢得民众的支持。因此 1990 年代之后，民进党在问政形式、斗争手段和方法等方面都有了新的变化。"① 具体而言，民进党一方面与国民党进行强力对抗并不断削弱国民党当局的"合法性"，另一方面则不断加强基层动员以强化与基层的联结，并通过各种手段侵蚀国民党的基层动员系统，企图在民意基础上彻底将国民党边缘化。经过长期动员，民进党已经扩大了自己的社会基础，形成了忠诚度比较高的支持群体，2008 年民进党背负着贪腐包袱在台湾地区最高领导人选举中仍然取得了超过 40% 的选票，这些选票基本上可以视为是民进党的"铁票"。民进党政党文化是其与国民党进行政治竞争的重要依托，也是长期以来台湾政治中一直出现"蓝消绿涨"的重要原因。进入 2010 年代以来，民进党支持基础不断加强与扩大，国民党的支持者则出现了溃散的趋势。

意识形态建构和话语权争夺是民进党政党文化建构中的重要内容。政党的意识形态不仅在凝聚内部共识、合理化政策主张、约束规范成员和动员号召选民等方面起到重要作用，而且是政党确定政策方向及设定议题的重要依据。一般比较成熟与稳定的政党，都有自己的一套意识形态系统，选民在很多情况下也以此来识别、选择与支持某个政党。就民进党而言多元性与复杂性、反体制色彩、"本土牌"等是该党意识形态的基本特征。② 需要提及的是，在讨论民进党意识形态问题时需要特别关注该党对特定议题的"意识形态化"，也就是说针对特定议题建构意识形态诉求的过程，类似族群问题、省籍问题、贫富分化问题、统"独"问题，都在民进党意识形态化的议题范围之内。意识形态建构往往以话语权为基本依托，民进党利用自己手中掌握的媒体资源不断建构政治竞

① 杨宪村：《民进党执政》，（台湾）商周文化事业股份有限公司，1995 年 9 月，71—72 页。
② 林劲：《民进党意识形态的基本特征分析》，《台湾研究》，2010 年 5 期。

争中的话语优势，并通过基本论述的理论建构将其系统化。从实质上看，这些意识形态建构和话语权的争夺实质就是民进党充分利用已有的或潜藏的政治社会分歧和价值冲突动员起特定选民的支持，在此基础上建立起和特定选民的持久心理联系，并以此为据点不断扩大自己的社会支持。

不管民进党的政党文化以什么样的方式表现出来，其核心都是围绕着选举展开。出于胜选的需要，民进党的选举策略非常灵活。2010年"五都"选举民进党打了一场"非典型"选战。在这场选战中，民进党放弃了过去的"激情牌"和"悲情牌"，在"北二都"刻意淡化民进党的政党属性，以"幸福牌"和"治理牌"为选战主轴，凸显苏贞昌、蔡英文的"理性务实"精神和贴近市民的柔性、感性诉求。许多新的观念和新潮事物被引入选举中，通过网络"客厅会""小英行动加油站"等小型动员方式的运用，民进党试图创造有别于传统利用基层组织和桩脚进行拉票的新型动员方式。尽管本次选举民进党没能拿下"北二都"，但在基本盘蓝大于绿的"北二都"，选情却一直呈胶着状态。特别是第一次参选的蔡英文，在新北市一举拿下了百万票，显示民进党及其候选人的竞选策略在一定程度上是成功的。[1] 这种柔性诉求的行为取向在民进党内已经不是第一次出现，以前陈水扁的成功也在于其柔性诉求。这种情况的出现与民进党政党文化的弹性机制是分不开的。2014年底的"九合一"选举，民进党继续了2010年的选举策略，一举拿下了"六都"中的四个，如果加上无党籍但与民进党合作密切的柯文哲，已经形成了对国民党的绝对优势，而且民进党在总得票率上也已经超越国民党。[2]2016年的"二合一"选举，民进党取得了台湾地区最高领导人选举的胜利，在"立法院"也完成了过半数的目标，对国民党形成了进一步的压力。如果未来国民党不能进行有效改革，这次选举可能成为台湾政治"蓝消绿涨"的关键转折点，"蓝大于绿"的传统政治格局会发展根本性的改变。民进党的这次胜利与其长期以来刻意建构的政党文化及其实施有相当大的关联。

---

① 唐次妹：《2010年台湾"五都"选举民进党竞选策略——以政治营销学的基本模式解析》，《台湾研究集刊》，2011年第4期。

② 需要说明的是，这次选举中民进党的胜利显然不能简单地仅归因于柔性诉求的应用，尽管这是民进党胜选的重要原因。这次选举结果可以从国民党内部斗争引起的力量耗散、国民党改革失败导致士气低迷、国民党基层组织被破坏殆尽、民进党长期对基层进行情感和理念渗透使支持度上升、选举过程中两党危机处理模式的差异等方面进行分析。

1.3.5 台海局势与民进党政治生态

台海局势对民进党政治生态的影响较为显著者主要有两个方面，一是美国在台海局势中存在带来的影响，二是两岸关系发展给民进党带来的压力。就前者而言来说相对是简单的。事实上美国对台政策一直是保持着战略清晰、策略模糊的平衡状态，即以美国利益为根本出发点，不断调整台海策略，以灵活的姿态寻求利益的最大化。正如有学者所说，在美国的一个中国原则下，保持美台实质关系，既发展美中关系，又通过美台关系来调整美中关系的亲疏程度，这就是美国对台政策的思想基础。①美国台海政策的主要目标是将台海局势控制在自己可以掌握的范围之内，既不使两岸统一快速推进，同时也不能使两岸对立激化到战争的程度，只有这样才能实现美国的利益最大化。因为美国在台湾无远弗届的影响力，民进党内没有哪个派系敢于挑战美国的权威，对于民进党整体来说争取到美国支持是其生存与发展的必要前提。2000 年民进党上台以后与美国交恶使美台关系降至冰点所带来的消极后果直到数年后还余波荡漾，这对民进党政治人物来说这显然是无法磨灭的记忆。

两岸关系的发展对民进党政治生态的影响则复杂得多。两岸之间"台独"与反"台独"的斗争无疑是一个关键性问题，但在民进党的政策谱系中，两岸问题却并不是第一位的问题，民进党的两岸政策论述从来都是为其内部斗争服务的，或者是说为其扩大支持基础服务的。一方面民进党垄断了"台独"的解释权与判定权，对于判定为"非台独"者，自然就成为民进党的敌人，各种打击也随之而来。同时该党通过将"台独"诉求与"主体性"和"本土"概念相勾连，从而形成动员民众的政党论述，通过选举以及基层服务形成的政治社会化作用，不断加强对民间社会的观念渗透。另一方面随着"台独"诉求意识形态化程度的加强，"台独"成为攻击党内外政敌的工具。因此石之瑜说，"台独"在台湾已经变异，民进党已经成为"台独"最大的敌人。"台独最大的敌人理当是统一，但是如今台独在台湾没有敌人，却仍然一副如临大敌，何以然？原来，在台湾摇着台独大旗的民进党，不是把主张统一的当成是敌人，而是把敌人当成是统一的主张者，其结果，就算自己在政治上的敌人也支持台独，也会被指为非台独。这是何以台独在台湾失去思想性，沦为政治搏斗的肉体现象。"②这种情形导致的结果就是"台独"诉求在台湾从此成为无法批评的"神主牌"，特

---

① 沈惠平:《美国对台政策新解》，九州出版社，2010 年，130 页。
② 石之瑜:《小天下：国民党与台湾的萎缩》，(台湾)海峡学术出版社，2011 年，126 页。

别是在民进党内，根本没有不主张"台独"的自由，否则就会被扣上"红帽子"横加打击。在两岸关系场域，"台独"诉求与"主体性"诉求相结合，成为民进党抗拒两岸交流和国家统一的重要手段。两岸关系发展与民进党政治生态之间的关联主要包括三个方面的内容：一是两岸"台独"与反"台独"的较量，二是民进党与国民党在两岸议题上的角力以及两党以两岸议题为基本平台展开的政治竞争，三是党内不同政治山头利用两岸关系创造议题占据权力斗争制高点的较量。

两岸关系对民进党政治生态的影响还涉及一个问题，即两岸关系中的政治关系发展与经济关系发展是否是可以剥离的？现在两岸经贸联系已经前所未有地加强了，但是两岸的国家认同却没有相向而行，而且背离程度还有不断扩大的迹象。这种情况值得深思。除了两岸关系发展之外，有学者认为随着台湾西方式民主政治趋向成熟，经济社会发展等民生议题将越来越为民众所重视而占据主导地位，统"独"等意识形态方面的议题将有可能退居次要地位并逐步淡化，这一趋势的出现将是"台独"势力发展的致命伤。① 这里显然没有考虑在两岸关系发展过程中民进党通过刻意建构方式强化两岸对立与对抗的敌对意识对岛内政党政治可能产生的影响。事实上台湾政党认同两极化的倾向已经非常明显。台湾社会政党认同两极化形成原因非常复杂，既受到威权时期历史记忆的影响，也受到政党和政治人物论述建构的影响。相比较而言，政治人物对历史及现实政治等论述的建构对政党认同形成所起作用较大。它为历史记忆提供了一个可以让支持民众相信的解释，同时也为选民的情感依托寻求到了理论化形式。② 但是不管哪一种原因，与两岸关系的发展均脱不了干系。故而在两岸互动中，民进党很难放弃挑动两岸对立以谋取政治利益的做法。

早在民进党重新上台之前就有学者判断说，如果蔡英文及民进党上台，他们将会推行一条"多做少说"、甚至"只做不说"的渐进式"台独"路线。围绕这条路线，在岛外蔡英文及民进党将会联合国际反华势力围堵、遏制中国大陆；在岛内，蔡英文及民进党将会以"鸭子划水"的方式，以所谓"民主"的方式，采取绵密的举措，通过文化、教育、影视、媒体宣传等多种途径，塑造"台独"国家认同，"凝聚（台独）共识"，并寻找从量变到质变的转折点，在岛内外形

① 王彦飞：《试析台湾政党制度的历史发展及其趋势》，《广州社会主义学院学报》，2005年第1期（总第8期）。

② 陈星：《简论台湾政党政治发展及其趋势》，《台湾研究》，2010年6期。

势允许的情况下，发动"宁静革命"，达成"和平台独"的目标。① 如果从民进党政治生态的角度来看显然这种判断是比较中肯的。对于民进党来说经济议题并不是其最关心的议题，他们所要的就是要消解两岸交流对台湾民众心中两岸对抗意识带来的冲击。按照政治学的一般逻辑，在对抗性较强的社会，经济议题很难长期成为核心和焦点议题，虽然哪个政党都不可能绕过这个议题，但是在进行政治动员的议题选择时，经济议题显然动员力稍显不足。所以可以预期的是，将两岸引向低度对抗仍是民进党的基本选择。

1.3.6 分析框架结构及说明

如上所述，民进党政治生态其实是在不断进行能量循环和交换的政治系统中展开的，民进党政治生态发展受到其它诸多因素影响而呈现出动态平衡的特征。按照前面已经说明的分析层次和逻辑结构，民进党政治生态的分析框架可以用下图表示。

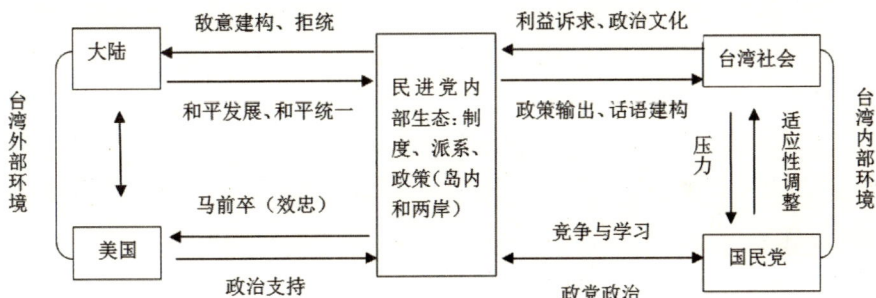

民进党政治生态的基本结构图

图表来源：作者自制。

关于这个分析框架有以下几点需要说明：

（1）图中互动关系有的用单箭头表示，有的用双箭头表示，其中意涵在于标识互动过程的不同特征。例如，在上图中国民党与民进党互动关系表现为相互竞争与学习，而这一过程的循环往复就构成了台湾政党政治的基本内容，所以对于两个政党的互动关系而言，竞争并相互学习与政党政治其实是一体两面的关系，尽管其内涵并不完全重合；同时在这种互动关系中，竞争与学习的行为是相互的，在时间顺序上并不一定有明显的连续性，也不一定构成循环。故

---

① 刘相平：《蔡英文主导下的民进党大陆政策探析》，《台湾研究集刊》，2012 年第 1 期。

而这种关系用双箭头表示。而民进党与台湾社会的关系则不然，台湾社会影响民进党政治生态的基本手段和民进党反过来影响台湾社会的基本方式既有先后顺序，同时也可以构成一个封闭的循环，故用两个单箭头表示，如此不同层次系统结构施加影响的方向更加清楚。

（2）出于简化分析框架的考虑，图中有些关系进行了简化处理。这些关系有两种类型，一种是非常重要，但是比较稳定，没有必要进行较大篇幅的说明。如美台关系。这一关系对民进党来说非常重要，但美国对民进党的态度以及对台湾的态度非常清楚，即保持目前有限交流的状态，既不能让两岸走得太近，也不能让两岸情势恶化。美国的台海政策在战略上一直非常清晰，策略上则非常灵活；第二种类型是相对比较复杂，如中美关系，这个问题的复杂程度可以再写一本书都未必能说得清楚，本书当然没有能力也没有必要在这个问题上纠缠过多，只能就一些关键问题进行简单说明。对于以上两种关系本书都进行了简化处理。

（3）其他国家对民进党的政治生态当然也有影响，如日本，从简化分析框架的角度出发，日本和其他国家和地区对民进党政治生态的影响没有被考虑进分析框架。笔者认为日本的台海政策以美国马首是瞻，相对缺乏自主性与独立性，这是没有把日本考虑进分析框架的一个重要原因，至于其他国家因为对台海局势的影响相对较小，对民进党政治生态的影响更是微乎其微，所以也没有考虑进分析框架。

（4）台湾内部环境与外部环境的关系这里也没有考虑，如此处理的主要依据在于随着台湾社会的自主性加强，外部环境对内部环境能够产生影响的机会相对较少，而台湾社会对民进党政治生态的影响也越来越具有独立性，特别是自2014年"太阳花学运"以来这种趋势更加明显。当台湾社会越来越呈现出较强自主性的时候，社会对民进党政治生态影响的可预期性也会增加，外部环境加诸内部环境影响的可预期性也会增加，这事实上为分析模型的简化提供了前提条件。

（5）台湾社会对国民党的影响也是一个重要问题，但不是本书要分析的重点，所以也进行了简化处理。不过因为国民党作为民进党政治存在的重要参照系，对民进党政治生态的影响非常深刻，所以本书在谈及相关问题时还是会对两者进行若干比较性分析。国民党与民进党最大的不同之处在于两者在台湾政治生态中的位置不同，相对来说民进党处于攻势而国民党处于守势，所以国民党与台湾社会的互动关系与民进党的模式也不太一样。

（6）本书的中心议题是民进党政治生态研究，而政治生态的核心是"关系"，所以本书主要集中于影响民进党政治生态的各种关系的分析。这种分析主要集中于民进党内部结构性因素之间的互动关系、民进党与国民党等竞争对手之间的互动关系以及民进党与台湾社会之间的互动关系等几个方面。也就是说，本书的分析重点主要集中于结构图的右侧部分。

本书共分为六个部分。第一部分涉及基本概念的分析和分析框架的建构；第二部分集中分析民进党运行和发展的制度框架，主要分析民进党基本组织结构及其运作规则，此为民进党政治生态得以展开的基本框架，也是该党政治生态存在样态的基本约束机制；第三部分主要讨论民进党的派系问题，集中于民进党政治生态运作的过程与实质分析；第四部分主要探讨民进党政治生态与两岸政策的互动关系，涉及民进党的两岸政策观、两岸政策在党内派系博弈中的作用、两岸政策议题上的基本行为取向等方面的问题。此部分虽然涉及两岸关系，但主要分析围绕民进党的两岸政策认知、行为取向等内容展开，主要讨论的还是民进党自身的问题，较少涉及两岸互动的内容，如果归类的话本部分还应该归于民进党结构分析内容之列；第五部分试图对民进党政治生态与台湾政党政治发展之间的关系进行若干探讨，并为进一步探讨台湾政党政治的理论问题打下基础；第六部分从社会与民进党互动的视角出发分析台湾社会与民进党政治生态之间的影响及互相渗透。本书主要集中于民进党政治生态问题的讨论，对于其它一些问题如美台关系、国民党与台湾社会的关系等问题的讨论只能采取简化的方式进行处理。当然，如果本书关于这些问题只言片语的论述能引起方家注意并能有一步研究，对于研究者来说自可引为幸事。

第 2 章　民进党政治生态变迁的制度框架

2.1　民进党的组织结构及特征

政党的组织结构是政党能够顺畅运作的重要前提，也是影响政党行为取向以及未来发展走向的基本变量。"政党组织结构"一般指政党的内部结构，但必须考虑到所涉及范围极广的各种组织变量：政党决策机构的组成及其权力，及两者之间的关系；权威集中或分散的程度；政党官僚机构的结构和规模；政党基层单位或地方单位的性质与功能。同时还有两个具有压倒性重要意义的突出特点：党员资格问题和党内领导问题。[①] 这里列举了政党组织结构的大部分要素，但显然主要集中于组织结构的静态层面，而较少涉及动态层面，如政党组织结构的稳定性、演变与调整等。政党的组织结构为政党的活动提供了基本约束，对政党政治生态有着深刻影响。制度主义认为，政治行动者更多地反映了他们所属组织的价值，而不是作为原子化的个人，仅仅反映他们的社会化及心理构成，或追求个人效用最大化。这些个体有自己的价值观念，他们的行为被其制度成员的身份所塑造，也因其制度成员的身份而改变。[②] 稳定的组织结构是政党生态制度化的重要表现形式，这一制度化成果是个人与个人、个人与群体博弈规则沉淀的总和，是某一时间点之前利益博弈与理性选择的结果，不同的制度形态决定了不同的政党类型，当然对政党的政治生态发展更是具有决定性影响。

[①] ［英］戴维·米勒，［英］韦农·波格丹诺著，邓正来译：《布莱克维尔政治学百科全书（修订版）》，中国政法大学出版社，2002 年，567 页。

[②] ［美］B. 盖伊·彼得斯著，王向民、段红伟译：《政治科学中的制度理论："新制度主义"》，世纪出版集团上海人民出版社，2011 年，26 页。

2.1.1 民进党的中央组织结构

民进党的中央组织机构由"全国党员代表大会"、中央党部两部分组成。1986 年 11 月 10 日民进党举行第一届"全代会",通过了该党党章,确立了政党组织的基本架构。这一架构迄 2017 年底已修改过 20 多次,但一直没有发生根本性变化。1987 年 11 月 16 日第一届第四次中常会制定《中央党部组织规程》,至 2017 年底已经历近 40 次修改。

根据民进党党章第四条的规定,"全代会"是民进党的最高权力机关,每一年由中央执行委员会召集一次,必要时经中央执行委员会决议或全岛五个以上县市党部之书面提议,中央执行委员会应召集临时党员代表大会。"全代会"的主要职责是修改党纲、党章、选举或罢免中央执行委员会委员等。民进党"全代会"成员由以下几部分党员组成:各县市党部选出的代表、各直属党部选出的代表、台湾少数民族代表、现任中央党部执行委员、评议委员和秘书长、现任县市党部及直属特种党部主任委员和评议委员会召集人,现任执政县市的首长,现任各级民意代表;执政时的党籍"副总统""总统府秘书长""副秘书长","行政院长""副院长"秘书长"政务委员""部会首长"及"政务副首长";现任各级议长、副议长及各农田水利会会长;仍为民进党员的历任党主席。民进党"全代会"主要职权包括:修订党章、议定党纲;听取并检讨中央执行委员会、中央评议委员会、党中央、"直辖市"市议会党团及县市以上行政首长的工作报告;受理及议决提案;选举、罢免中央执行委员及评议委员;议决中央评议委员会移送的重大纪律案;议决纪律评议裁决条例及仲裁条例并行使仲裁委员的同意权;议决廉政条例并行使廉政委员的同意权。民进党党章并规定,经"全代会就国家重大政策所做之决议文、竞选纲领",视为该党纲领的一部分。"全代会"职权中权重最大、影响力最大的一项是对党章、党纲的修订,民进党在党章"附则"中对此进行了特别规定,即"党章之修改须经全代会出席人数三分之二通过";"修改党章之提案应于该次全代会召开一个月前以书面提出,并于开会一周前函送各代表"。①

民进党中央党部主要由"中央执行委员会"(简称中执会)、"中央常务执行委员会"(简称中常会)和"中央评议委员会"(简称中评会)、党主席及中央党务单位组成。民进党党章规定,其主席"综理全党事务,对外代表本党"。中执

---

① "全代会"的职能见"民进党党章"(2013 年 5 月 25 日修订)第十二、十三、十四条。

会和中常会开会采"合议制"，均由党主席主持召开。现就民进党中央组织结构进行简单说明。

（1）"中执会"和"中常会"。中央执行委员会是民进党内常设的权力机构，中执委由全体党员代表大会成员选举产生，中常委由中执委互相推选产生。中常会是民进党最高权力核心，对修正党章、党纲和对其它重大事项有决定性影响。具体而言，"中央执行委员会"主要职责是：执行"全代会"的决议，指定执行党政计划；制定民进党内规；编制预算和决算；决定重要的人事任命案（如副主席的任命就必须经过中执的同意）等。"中执会"每三个月召开一次，闭会期间由"中央常务执行委员会"代行职权。"中常会"每周召开一次，一般在周三上午召开。

民进党执政前中执会由 31 名成员组成，中常会则有 11 名成员。1997 年实行党主席党员直接选举后，党主席成为当然中执委和中常委。2000 执政年后，为协调行政与党务，民进党于 2002 年 7 月通过陈水扁"总统"兼任党主席的"党务改造"案，实现了"党政同步"，将中常委人数扩增为 15 名（其中 10 人由选举产生），中执委增加为 35 人（其中 30 人为票选）。5 人为当然中执委和中常委，包括党主席和"立法院"党团总召集人 2 人。其余 3 人主要包括："总统"兼任党主席时，由党主席指定 3 人为中执委和中常委，主要包括"副总统"和"立法院党团"干事长和书记长；"总统"不兼任党主席时，则"立法院党团"总召集人、干事长和书记长（简称"立院三长"）3 人为当然中执委和中常委，再加上县市长互推 1 人担任。民进党走向党政同步后，中常会参与重大决策，中常委掌握一定实权。2008 年民进党下台后地方执政首长地位上升，增列"直辖市长"为当然中执委及中常委，地方县市长为当然中执委，并互推一人为当然中常委。因此，当然中常委增加到 6 席，除现任党主席、"立院三长"4 人外，增列 1 席"直辖市长"（高雄市长）及 1 席县市长互推者。2012 年，因 2010 年底台南市升格为"直辖市"，当然中常委增加到 7 席，即党主席、"立院三长"，2 席"直辖市长"（高雄市长、台南市长）及 1 席县市长互推者。

（2）"中评会"。民进党的中评会是掌管党内纪律的机构，负责党内各项工作、纪律的执行、监管等工作。自民进党建党以来，中评会的人数组成一直比较稳定，委员 11 人，候补委员 3 人，均由"全代会"选举产生。中评会主委由中评委选举产生。担任中评委者须在党内有较深资历。一般而言，须担任过县市以上执行委员会委员、评委会委员、行政首长、省市议员以上的民意代表，或者在职业上曾经是法官、检察官，或者具有律师、会计资格者。同时，作为中评会的补充，民进党还设立了一个仲裁委员会，负责仲裁党内各部门、党员与组织之间的各种重大争议。仲裁委员会也由 11 人组成，内部互推一人为主任委员。为强调客观公正，参加民进党仲裁委员会的人不一定是民进党党员，而是由中常会推荐"学养俱佳、立场超然、处事公正之党内外人士"，交由"全代会"通过。

（3）中央党部的党务部门。民进党中央具体办事机构是下设的党务部门。民进党中央党部下设单位从 1987 年首次制定《中央党部组织规程》时设立，变动频繁，并根据形势变化有所增删。从机构设置上，大致经历了三个时期。第一个时期大致为 1987 至 1996 年。1987 年时设置了 8 个部门，分别是企划部（第二届起即取消）、组织部、文宣部、"外交部"、社运部、"侨务部"、政策研究中心和《民进报》。各部、处设督导常委 1 人（1987 年 11 月后改称主任），副主任 1 人；各委员会设主任委员 1 人、副主任委员或执行长 1 人。第二个时期为 1996 年至 2002 年。1996 年 7 月，民进党对其中央党部的党务工作单位进行大幅改制，增加到 14 个部门。包括组织推广部、文化宣传部、国际事务部、社会发展部、"中国事务部"、青年发展部、妇女发展部 7 个专门部门，以及财务委员会、政策委员会、仲裁委员会、教育委员会、党务发展委员会、秘书处、民意调查中心等 7 个单位。1999 年又成立了新境界文教基金会作为政党的智库。各部和秘书处设有主任 1 人、副主任 1 至 2 人；各委员会设主任委员 1 人、执行长 1 人。中央党部设秘书长 1 人，协助党主席总揽党务，由党主席任命。第三个时期为 2002 年至今。民进党对党部机构设置不断进行微幅调整。2002 年，为了提高对各个族群的渗透，民进党增设了族群事务部，还建立了自己的党校（台湾民主学院）等。而 2007 年 10 月，敏感的"中国事务部"在通过"正常国家决议文"时遭到废除，其业务被纳入"国际事务部"，2012 年又得到恢复。族群事务部也被分为客家事务部与"原住民族事务部"。2009 年将社会发展部改制为社会运动部，并增设网路发展部；原先的族群事务部将分为客家事务部与"原住民事务部"，并设 8 个任务编组的委员会。①

民进党主席是中央组织结构中的重要组成部分。党主席对内综理全党事务，

---

① 上述民进党中央党部组织结构主要参考了民进党的《中央党部组织规程》，本文主要参考的是 2012 年 7 月 25 日民进党第十五届第一次中执会修正后的文本。本文参考的民进党内规之文本均系 2014 年 6 月之前最后一次修订的文本，对文本修改次数的计算也截止到 2014 年 6 月。

对外代表民进党。根据民进党党章第十五条的规定：在野时主席由全体党员直接选举产生，任期二年，连选得连任一次。主席出缺时，所余任期未满一年，由中央执行委员互推一人代理；所余任期超过一年，应择期由全体党员投票补选。党主席任期二年，可连任一次；执政时由"总统"兼任，任期与"总统"任期相同。[①] 长期以来，由于民进党派系共治的权力结构，党主席没有实权，象征性意义大。党主席主要负责召集中执委、中常委开会，与其他中执委、中常委一样，仅有一票决策权，而无特殊权力。党主席提名秘书长、副秘书长人选，也必须经过中执会同意后方能任命。民进党执政后，在陈水扁强行实行"党政合一"后，"总统"兼任党主席，使得党主席权力大为扩增，具有实际影响力。党主席提名秘书长、副秘书长以及中央党部各部门负责人时，不需要再经过中执会或中常会同意就可以任命。同时，党主席还可从中常委中提名副主席1至3名。陈水扁任命的3名副主席，分别负责分管党务、联络议会、联络行政。

民进党中央组织结构中另外一个重要部分是"立法院党团"。一般认为，议会党团是同一政党议员在议会内结成的党派组织。由于议会党团多在议会内活动，所以有人把它视为议会的组成机构。但从法律角度讲，议会党团不是议会的组成部分，它是政党为了统一和协调本党籍议员行动而设立的组织，是政党在议会中进行活动的组织者和领导者。民进党在台湾各级议会都设有议会党团。因"立法院"在台湾政治结构中占据重要地位，民进党"立法院党团"成为一个与党中央相互平行、互不隶属，但在政党决策中具有同等重要地位并发挥重大作用的组织，也是该党的另一个权力中心。

民进党"立法院党团"经过多年的运作，形成了一套自成体系的规章制度，主要包括《民主进步党立法院党团组织规程》《民主进步党立法院党团强制动员办法》《民主进步党立法院党团盯场办法》《民主进步党立法院党团利益回避办法》等，确立了该党在"立法院"中的基本组织体系和权力架构。民进党的"立法院党团"主要由党团会议、党团干部会议、党团纪律会议、党团助理人事及管理小组（简称"人评小组"）构成并对应"立法院"内的委员会成立了相应的政策小组，包括"内政及民族、外交和侨务、科技及资讯、国防、经济及能源、财政、预算及决算、教育及文化、交通、司法、法制、卫生环境及社会福利"等12个政策小组。与民进党的中央决策机构和派系政治运行一样，民进党

---

① 有关党主席的相关规则见"民进党党章第"（2013年5月25日修订）十五条。

"立法院党团"也奉行合议制。党团干部由总召集人、干事长和书记长组成，另设副干事长和副书记长各 1 名，均由党团成员互推产生。"立法院"各委员会设负责人 1 人。"立院党团三长"长期以来按照"派系均衡"的原则产生，各主要派系轮流坐庄，"利益均沾"虽有利于平衡各派系利益，但因会期改选、变动频繁，不利于民进党在"立法院"内培养专业和资深人才，严重影响民进党的问政质量。为扭转这一局面，2001 年 12 月 25 日民进党"立法院党团"通过了"民进党立法院党团组织规程"部分条文修正案，规定从 2002 年的新一届"立法委员"开始"立院党团三长"由连任三届以上的资深"立法委员"选出，任期由每会期改选改为一年一选，可连选连任，提高了"立院党团三长"的稳定性和民进党的问政质量。

民进党"立法院党团"主要采取"民主"的组织路线，实行合议制。民进党"立法院党团"组织规程规定：在"立法院"开会期间，作为民进党最高决策机关的党团会议每两周召开一次，必要时可召开临时会议。党团会议一般由总召集人任主席主持召开，总召缺席时由干事长任主席，干事长缺席时由书记长任主席，会议必须有三分之一以上成员出席才有效，重大事项则必须有二分之一成员出席能决议。党团决议由在场多数成员决定，反对和赞成票数相同时由会议主席决定。

民进党起源于党外运动，长期在体制外进行抗争，该党的组织结构也正是在这一过程中形成并逐渐稳定下来。因为与国民党互动频繁的关系，民进党组织结构在很大程度上模仿了其反对对象中国国民党，强调组织的系统性和内聚力。这种政党组织的主要特征，一是具有明确的政党理念，主要体现在党纲中，要求全体党员无条件服从并为之努力；二是具有严格的入党标准和程序，入党后要接受严格的党纪约束；三是党组织上下层级分明、党务机关分工明确，并设立各种特种党部，积极介入民间社会的各个领域。[①] 不过民进党与国民党的组织结构实质上却有相当大的差别，就党主席来说，国民党的党主席在很长一段时间里都是其整个组织结构的核心，而民进党的党主席却没有这种待遇。类似的情况还很多。出现这种情况与两个政党当时在政治系统中的位置不同有关。国民党作为一个资源分配的主要渠道，党主席掌握大量政治资源的现实决定了其核心地位，而民进党则因为内部派系林立，党主席往往处于党内斗争的风口

---

① 王建民、吴宜、郭艳：《台湾政坛（下册）：泛绿》，九州出版社，2007 年，第 42 页。

浪尖，既要处理党际竞争，同时又要处理党内利益分配的问题，加之手中又没有资源，很难树立起较高的威望。

2.1.2 民进党地方组织结构

为了管理和有效组织党员，增强党的实力，民进党成立后不久，便将成立地方党部和发展组织列为工作重点之一，逐步建立和发展了包括县市党部、乡镇市区党部在内的地方党部，以及直属于中央党部管理的特种党部。总体上说，民进党地方县市的党务机构比较健全，乡镇市区一级比较薄弱，2000年执政后有所加强，2008年下台后在"加强基层服务"的诉求下又有所调整。

（1）县市党部和乡镇市区党部。[①]1987年3月8日，民进党中央执行委员会确立地方党部建立原则，1988年制订了《县市党部组织规程》，随即展开各县市党部的筹备工作。民进党县市党部设立办法规定：凡党员人数达200人之县市，离岛或偏远地区，党员达100人，经审查就可成立地方县市党部；县市党部成立一年后，党员人数超过500人时，乡镇市区党员人数达100人时，经审查就可成立乡镇市区党部。此后民进党在全岛共设立了21个县市党部，在许多乡镇市区也设立了乡镇市区党部。民进党的地方党部作为其权力结构的重要组成部分，主要职能是辅助民进党"向下扎根"，在地方基层发展党员、组织动员群众、辅选公职、宣传理念、服务选民，以增强民进党的地方基层实力；同时决定党员参加地方公职选举的提名，以及为上一级党务机关选举党代表。

民进党地方党部组织建制与民进党中央党部相似。县市（乡镇市区）党员代表大会是县市（乡镇市区）党部最高权力机关，执行委员会为执行机关，评议委员会为评议机关，采合议制，任期2年，连选得连任。执行委员会设主任委员1名，由全体党员直接选举产生，主管地方党部事务；地方党部设主任委员1人，主任委员为当然执行委员，任期2年，连选得连任一次；执行长1人和评委召集人1人。县市党员代表大会每一年由执行委员会召集一次，必要时可召开临时党员代表大会。民进党县市地方党部下设党务工作单位主要有8个，包括行政组、组训组、活动组、宣传组、财务委员会、入党审查委员会、

---

① 1987年4月13日第一届第十七次中常会制定了《地方党部设立办法》，截至2014年底，经历8次修订，最后一次修订于2002年7月30日。同时通过的《县市党部组织规程》自制订以来，截至2014年底，经历了15次修订，最后一次修订于2012年10月24四日。1988年11月28日第三届第三次中常会制定《乡镇市区党部组织规程》，截至2014年底，已经有14次修正，最后一次修订于2008年4月7日。

选举对策工作小组、党政协调工作小组等，是保证地方党部正常运作的重要机构。作为地方主要执行机构的执行委员由党员代表大会直接选出，但根据各地方党员人数的不同而设置不同的人数。县市党部部分：党员人数未达 1000 者，设执行委员 8 人；党员人数 1000—2000 人者，设执行委员 10 人；党员人数达 2000—3000 人者，设执行委员 12 人；党员人数达 3000—5000 人者，设执行委员 14 人；党员人数达 5000 人以上者设执行委员 16 人。候补委员均设 3 人。乡镇市区党部部分：党员人数未满 300 人者，设执行委员 4 人，党员人数达 300—500 人者，设执行委员 6 人，党员人数 500 以上者，设执行委员 8 人，候补委员均设 2 人。

（2）特种党部。特种党部也称专业党部，是民进党模仿国民党在各领域建立的直属于中央党部、组织层级相当于县市地方党部的党务机构，目的是在各领域中扩大影响，发展支持者。目前，民进党的特种党部主要包括以各大洲为范围设立的 7 个海外党部、1 个劳工党部。

民进党海外党部[①]成立于 1987 年 2 月，以全球各洲为范围，共划分为美西、美东、美南、加拿大、大洋洲、东南亚、非洲等 7 个党部。2008 年之前有 10 个海外党部，除上述 7 个以外，还有拉丁美洲、欧洲和东北亚党部，后遭裁撤。按照民进党的党章规定，只要党员人数达 100 人就可设立海外党部。海外党部以海外党员代表大会为最高权力机构，执行委员会为执行机关，评议委员会为评议机关。海外党部党员代表大会每一年由执行委员会召集一次，必要时可召开临时党员大会。海外党部分设的党务工作单位主要包括行政组、组训组、活动组、宣传组、财务委员会和入党审查委员会，并可视党务发展需要增设工作单位。2000 年民进党各海外党部在纽约成立了"民进党全球海外党部联席会议"，发表了"共同声明"，决定每年召开一次联席会议。海外党部是民进党对外寻求国际支持与合作、扩大实力的主要机构，在执政期间则有利于贯彻政党意志。

---

① 民进党 1989 年 2 月 13 日第三届第十次中常会制定《海外党部设立办法》，截至 2014 年底，历 5 次修订，最后一次修订是 2000 年 10 月 4 日。《海外党部组织规程》同时通过，截至 2014 年底，已修订 11 次，最后一次修订于 2008 年 4 月 7 日。此后民进党相关内规的修订时间均截至 2014 年底，下面不再特别注明。

劳工党部^①成立于 1988 年 5 月，1996 年 5 月废止，后又恢复，是民进党为表明其代表劳工大众立场并争取更多社会底层群众支持而设立的一个特种党部。民进党党章规定，当该党各县市党部的劳工党员人数总额达 300 人时，就可设立劳工党部；各种产、职业劳工党员人数达 50 人时，可设党部劳工产职业分部。劳工党部设执行长 1 人，副执行长 1 人。劳工党部下设党务工作单位包括：行政组、组训组、活动组、宣传组、财务委员会、入党审查委员会、选举对策工作小组和党政协调工作小组。民进党劳工党部在全盛时期的党员数达 2000人。民进党执政后，党员数暴增，不过因为该党与财团的关系越来越近，与劳工阶层的关系逐渐疏远，劳工党部党员不增反减。2012 年直属劳工党部的党员竟然只有 880 人，可谓是"聊备一格"，标榜"支持劳工"的象征意义大于实质意义。

"原住民"党部^②1997 年 8 月设立。民进党为了表明对台湾少数民族这一族群的关注，"提升原住民族自治及自决意识，争取原住民族权益"，成立了"原住民"党部。其党章规定，"凡具有原住民身份者，得申请为原住民党部党员"。"原住民"党员超过 500 人，应设立党员代表大会，包括：依党员人数比例选出的代表、现任"原住民"党部执行委员及评议委员及执行长、现任县市议会以上民意代表的"原住民"党员、现任县市和乡镇市区首长的"原住民"党员。与中央、地方和大多数的特种党部类似，"原住民"党部以其党员（代表）大会为最高权力机关，执行委员会为执行机关，评议委员会为评议机关，并规定于公元偶数年的四月份进行改选提名作业，六月份第四周日办理分党部改选。"原住民"党部下设党务工作单位也比较全面，包括：行政组、组训组、活动组、宣传组、财务委员会、入党审查委员会、选举对策工作小组和党政协调工作小组等。值得注意的是，因台湾少数民族人数较少，为避免裙带关系，对于"原住民"党部主委有特别规定，即党部主委的配偶及三等亲以内血亲、姻亲，均不得在该党部机关任用。

民进党"原住民"党部成立多年，但具体运作和经营状况不佳，对于台湾

---

① 1988 年 9 月 12 日第一届第七十八次中常会制定《劳工党部设立办法》，修订三次，最后一次修订于 2000 年 10 月 4 日。1988 年 9 月 12 日第一届第七十八次中常会制定《劳工党部组织规程》，已经 9 次修订，最后一次修订为 2008 年 4 月 7 日。

② 1997 年 8 月 6 日第七届第四十一次中常会制定《原住民党部设立办法》，经 3 次修订，最后一次修订为 2000 年 10 月 4 日。1997 年 8 月 6 日第七届第四十一次中常会制定《原住民党部组织规程》，已 7 次修改，最后一次修订于 2008 年 4 月 7 日。

少数民族的吸引和吸收效果有限。2013 年 1 月，时任民进党"原住民事务部"的主任的马耀·谷木在接受"中评网"专访时坦承，台湾少数民族的蓝绿结构非常悬殊。民进党在台湾少数民族部落仍处于没有基层、组织薄弱的状态，经费也严重不足。同时，在大多数的台湾少数民族心目中，民进党仍是"暴力党"，民进党的台湾少数民族权益推动者是"暴力份子"。由此可见民进党"原住民"党部多年来没有在基层发挥太多作用。而民进党指标性的台湾少数民族政治人物，被称为"漂亮宝贝"的"立法委员"陈莹，其父陈建年曾任台东县县长、"原民会主委"等职，接替马耀·古木任"原住民事务部"主任时，都自承对部落事务较不熟悉，民进党在台湾少数民族中的经营可窥见一斑。

此外，还有一些特种党部，根据形势的变化而有所存废。如校园党部，成立于 1987 年 8 月，初期活动较多，后不断减少，到 1995 年 1 月时被废止。

驻外单位 ① 是隶属于民进党中央党部国际事务部的驻外党务机构，主要功能是落实和执行该党的对外事务。驻外单位根据所在地重要性分为代表处和工作小组两类。代表处置代表一人，由主席提名经中常会同意后聘任之。代表之下置副代表一人，组长、专员、干事、助理干事若干人，均为专任。民进党最重要的驻外单位是驻美代表处，担负着对美游说、沟通，争取支持和理解的任务。2000 年执政后停止运作。2008 年下台后，因民进党执政期间屡屡制造"意外"，缺乏有效沟通机制，与美国的紧张关系一直未能改善。为加强沟通，改善关系，争取支持，2013 年 6 月起，民进党重新启动驻美代表处运作，并将地点选定在距离美国白宫只有 200 米的华盛顿哥伦比亚特区第 16 街。

---

① 1996 年 11 月 27 日第七届第十七次中常会制定《驻外单位设立及管理办法》，后经 2 次修订，最后一次修订于 2000 年 10 月 4 日。

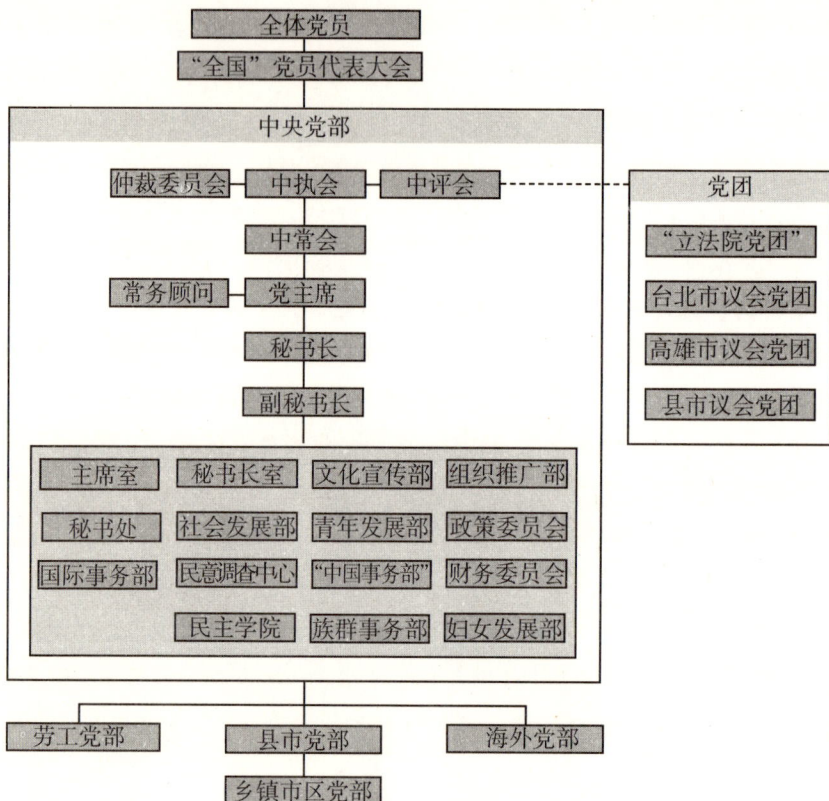

民进党的组织结构图

来源：民进党中央党部网站

民进党的地方组织是将其影响力渗透到台湾社会的重要中介，是民进党进行基层动员的重要据点。相比较中央层级的组织结构来说，地方组织调整比较频繁，而调整与否的主要依据就在于政治动员的便利性及有效性。2008 年民进党下台后就开始筹划组织结构的调整，强调"深耕基层"，并鼓励最有实力的政治人物参与选举。2009 年 7 月 8 日民进党第十三届第十一次中执会制定了《区发展组织的组织规程》①,将"区发展组织"作为深耕基层的主要手段。其主要安排大致包括:(1)区发展组织以宣扬党的纲领、争取社会认同为宗旨,以各该"立委"选区相当的行政区为基本地域,定名为社会服务中心,前面冠以所在地"立委"选区的名称;(2)为督导区发展组织的管理经营,由中执会指派中执委三到五人成立督导组进行考核及督导。区发展组织设执行长一人,干事若干人,均为事务性党工专任。设委员及顾问若干人,由执行长提报区发展组织督导委员会聘任;(3)民进党中央应针对各区发展组织的特性及需求,制定个别工作计划,交付各个发展组织执行。2010 年 6 月中旬,民进党决定停止全岛各乡镇市党部运作,区党部作为"区发展组织"的具体形式,已经开始实施。民进党在全岛原有 81 个乡镇市党部,改革以后将有 113 个"区党部"。②经过这些调整以后,民进党中央可以直接将手伸进基层,民进党的组织结构逐步向中央党部和区党部二级组织转化,党中央显然对地方组织的控制逐步加强。同时,由于区党部和"立委"选区重合,按照民进党中央的设想,可以减少选举动员和选区服务的中间环节,提高选举动员的效率。

经过了这种大动作调整后,民进党在选举中也确实收到了成效。2009 年底举行的"五都"选举中,民进党在高雄和台南以较大的优势胜出,在民进党一向不占优势的北部,也压迫得国民党的选情接连告急。到再次一层级的选举,民进党这种组织结构和提名策略的调整也有成效。2010 年 6 月 12 日揭晓的 17 县市基层选举结果中,民进党村里长部分由 44 席小幅增长为 49 席,乡镇市民代表则由 83 席大幅增长为 170 席,③与国民党在基层政治版图的差异逐渐缩小。④2014 年"九合一"选举中民进党再度取得重大胜利,拿下了 22 席中的 13 席,而且得票率也超过国民党,随后在 2016 年的台湾地区领导人及"立委"选举中又获得胜利,形成了对国民党的较大优势,这与民进党基层组织及基层

---

① 这一"规程"2010 年和 2012 年又经过了两次修订。修订后的规程规定:区发展组织以各"立法委员"选举区之行政区域为范围,每一区发展组织由中央党部协调一名本党籍不分区"立委"负责服务;区发展组织之设立,以无本党籍现任区域"立委"者优先设立;区发展组织得设无给职顾问若干人,由负责服务该选区之不分区"立法委员"提报中央党部聘任;中央党部应针对各区发展组织之特性与需求,制定个别工作计划,交付各发展组织执行之;中央党部每个月应召集工作会议检讨服务绩效;为有效服务艰困选区,中央党部应编列预算酌予补助;每届"立委"改选后,由中央党部于一个月内召集不分区"立法委员"协调认养服务选区。

② （台湾）《联合报》,2010 年 7 月 7 日。

③ （台湾）《联合报》,2010 年 6 月 13 日。

④ 陈星:《2010 年民进党情况述评》,见周志怀主编:《台湾 2010》,九州出版社,2011 年,98 页。

经营的加强有着一定关系。

2.1.3 民进党的组织结构特征

民进党的组织结构带有一定的刚性特征，上文已经提到，这与其在斗争中仿制国民党的组织结构有很大关系。大陆学者王英津认为，民进党带有强烈的刚性政党色彩。由于长期在体制外进行抗争，以及建党时间短、主要成员观念差异大等主客观因素的影响，民进党的组织结构在很大程度上模仿了较为成熟的国民党，强调系统性和内聚力。① 所谓"刚性政党"系针对"柔性政党"而言，这种分类主要以党的组织结构对党内成员的约束强度为依据。不过民进党的"刚性组织"特征只是一个相对的概念，从其内部的反权威传统以及对党内独裁的防范来看，其强度比起列宁式政党显然还差得很远。民进党最初的党员主要来自反对国民党统治的各种势力，内部矛盾重重，派系复杂，山头林立，利益纷争不断；同时民进党面对的是强大到几乎垄断了台湾所有政治、经济和社会资源的国民党，以及整个社会还处于威权政治体制和"戒严"状态的政治情势，生存环境十分险恶。为了减少内耗，统合各方面力量凝聚成为一个有战斗力的政治组织，民进党自组党之日起对党员就有较强的约束，这在民进党党章、党纲和党内规中均有明确反映。民进党党章在"党员之义务"一节中明确规定，党员必须"遵守本党党章，服从组织之决议"；"宣扬本党纲领，争取民众之支持"。民进党在党内纪律条例中规定，党员的言行"不可违背党纲、党章、决议或破坏党的名誉，否则依情节轻重，予以警告、公开谴责、停权、除

---

① 王英津：《台湾地区政治体制分析》，九州出版社，2010 年，405 页。关于政党类型划分学术界有许多不同的看法，在不同的标准下会出现不同的政党类型。"刚性政党"和"柔性政党"划分主要以政党对其成员控制力的强弱为划分依据；"列宁式政党"主要以政党对成员的控制、对资源的垄断性、对社会高度控制等方面的特征为划分依据；"内造政党"和"外造政党"划分是以体制内还是体制外活动为依据；还有以动员特征进行划分的情形，如"群众型政党"和"干部型政党"的划分，其中群众型政党的主要特征为：对党员的义务和权利有正式的规定，党章对政党组织以及党员参与的决策程序、特别是党内干部的选举和党纲的制订有详尽的说明。见［英］戴维·米勒，［英］韦农·波格丹诺著，邓正来译：《布莱克维尔政治学百科全书（修订版）》，中国政法大学出出版社，2002 年，494 页。群众型政党显然具备一定的刚性，但这种分类强调的是在极化社会中形成了对立性政治动员，然后形成政党组织这一事实，按杜瓦杰的说法就是，群众型政党起源于高度极化的社会，其中社会生活的单位是以一根根社经条件、宗教联系或职业特征来界立的支柱。这种分离的背景制造出数个个人认同迥异的团体，经由政党这个代理人，这些团体以及它们的成员会向国家提出要求或试着在重要公职中安插代表，藉此实现政治参与。见［英］Moshe Maor 著，高千雯译：《政党制度的比较分析》，（台湾）韦伯文化国际出版有限公司，2005 年，112 页。从这个意义上来说，将民进党界定为群众型政党似乎更为合适一些。

名之处分。"上述相关规定成为民进党加强对党员约束的基本制度框架。

　　民进党在平时政治运作中强调纪律，具体表现在：（1）民进党党员有严格的入党标准和程序，并且采用预备党员制度。入党申请者要认同民进党党纲，志愿服从党章的规定，并经党员介绍，工作委员引进，才能成为预备党员；预备党员于一年预备期满，并完成入党手续者，才能成为正式党员。（2）民进党党员不允许拥有双重党籍。民进党党章规定，凡一经入党，就不能加入其他政党，已参加其他政党的，必须公开声明放弃。（3）规定党员参选门槛。针对想通过入党而参与选举的人，民进党党章也做出规定和限制。创党初期规定必须加入民进党一年以上者才有资格参与党内选举，后提高到必须入党三年以上者才有资格。2000 年 7 月，为吸纳党外人才，有利于公职人员转换跑道，放宽为入党二年才有资格参选。（4）民进党要求党员必须履行规定的义务。主要包括：遵守党章，服从组织的决议；宣扬党纲，争取民众的支持；参与组织活动，担任党指派的工作；介绍优秀人才入党；缴纳党费等。民进党对违纪党员一般情况下处理起来毫不手软。1987 年 3 月，民进党中央首次对违反中央决议参选"监察委员"的 14 位党员，分别给予停止党权和公开谴责的处分，在民进党内及岛内社会均引起了震动。

　　民进党"立法院党团"也受到党中央严格控制。民进党在各级议会都设有议会党团，各级议会党团在相当大程度上都听命于各级党组织。属于"最高立法机关"的"立法院党团"被民进党中央牢牢掌握。民进党具有派系政治和中央决策机构的合议制等制度结构，民进党"立院党团"在派系主导下也移植效法了上述制度。民进党"立院党团"的领导层为"党团七长"：总召集人、副总召集人、干事长、四位副干事长（分别负责党团行政、政党协商、"国会外交"、党政协调），这些职位一般按派系多元均衡原则被各派系"立院"内的次级团体瓜分。"立院"各委员会设负责人一人。民进党"立院"党团组织规程规定：党团干部会议实行合议制，民进党总召集人等干部采行轮流式，任期六个月。

　　执政前民进党中央与"立法院党团"就一直存在着权力之争，执政后两者的矛盾益发激化，双方分歧的根源在于民进党在少数执政的情况下如何充分发挥各自功能，实质则是如何在民进党少数执政的情况下扩大自身的权益。民进党中央想借此强化党中央的权力，时任党主席谢长廷认为"总统"和党都必须对民进党当局的施政负责，要求党政协商机制应回归民进党中常会，以具体落实政党责任政治的精神。但民进党"立法院党团"则认为，民进党当局以后将不得不倚重"立法院党团"来扭转少数的被动地位，所以借机要求党中央应把权力悉数下放至党团，要求虚化党中央，实质上是要求民进党从"群众党"向"干部党"转变，以"立委"为中心展开政党活动。虽然在民进党执政期间，党中央与"立法院党团"的矛盾从未停歇，但从民进党的刚性政党属性来看，民进党中央始终没有改变其集权化倾向，民进党"立法院党团"在这场权力争夺战中也始终处下风。即使 2004 年民进党在"立法院"中成为第一大党，民进党"立法院党团"要求自主的声音转趋升高，在民进党最高决策层中的作用有所增强，也不得不面对陈水扁主控的党中央的约束。[①] 民进党下台后，"立法院党团"的地位有所上升，但作为在野党，为了强化战斗力，两者之间的联系更为紧密，矛盾反而较执政期间有所减少。体现在诸多重大议案上，"立法院党团"仍听命于党中央，党中央对"立法院党团"的控制力有所加强。

民进党组织结构的一个重要特征是党主席在组织意义上说长期处于弱势状态。党主席权力大小、强势与否是考察一个政党属性的重要指标。从制度建设的角度来看，民进党创党时为了适应党外时期山头林立的权力结构，也为了区别于国民党的威权政党特质并作为选举诉求，从一开始就在组织结构上刻意强调"民主""分权"与"反寡头"。反映在政党决策机制上就是在党章中明确规定采取"委员会合议制"，即作为民进党最高权力执行机构的中央执行委员和最高决策机构的中央常务执行委员会实行合议制。这使得民进党主席的权力并不比其他委员大多少，除了任命中央党部秘书长和一级主管外，与中常会其它成员的权力并没有太大区别。倘若中常委对于党务没有共识，党主席也只能协调却无实权做最后决定。影响所及，中常委之间的合纵连横即成为民进党权力核心运作的常态。这也形成了民进党长期的"虚位党主席"和"多元领导"现象，即党主席多由派系色彩不明显的人物担任，主要起到协调的"桶箍"作用，难以真正发挥政党领袖的决策和领导作用，真正的决策者则是派系领导人物。正是由于缺乏有力的决策核心，派系又往往各自为政，以本派系利益为重，因此民进党内决策整合困难重重，在重大问题上很难形成共识，多次关于"台独党纲"的修废之争即为典型事例。

2000 年民进党执政后，陈水扁主导的行政系统势力崛起，陈水扁的强势操作使当时的党主席谢长廷处于空有政治地位却无实权的状态，党主席成为位高

---

① 李鹏：《民进党发展变革的组织行为模式分析》，见张文生主编：《台湾研究新跨越·政治思辨》，九州出版社，2010 年，155—167 页。

权轻的"鸡肋"，以致谢不得不主动请辞。此后，陈水扁为了强化党内支持，改善"少数脆弱执政"的困境，以"总统"身份兼任党主席，采行党政一体的强势领导模式，"弱势党主席"的情况有所转变。陈水扁以特殊身份和手中的庞大行政资源进行强势操作，兼任党主席后个人得以迅速集权，成为实质上凌驾于派系之上的强势党主席，不仅原有的派系合议制弱化，连民进党中央都在决策上被边缘化。但因强势党主席与民进党传统"水土不服"，加上执政团队的贪腐，导致党内暗潮汹涌，削弱了民进党的整体实力，也成为其 2008 年落败的主因之一。2008 年民进党下台后，无派系色彩的蔡英文当选主席，以"四大天王"为首、"新潮流系"为主的派系主导党内政治生态走向，推动民进党重回"弱势党主席"、派系主导的党内决策机制。2010 至 2012 年苏贞昌任党主席期间，依旧维持了弱势党主席的状态。此后随着蔡英文在民进党内地位的加强，党主席的权威也相应提高。不过需要说明的是，这种党主席权威的提高是因人而异的，也就是说从组织结构和制度层面并不存在党主席威权提高的问题，所以说党主席具有比较强的权威并不是一种制度常态。

民进党的组织结构中，中央党部与地方党部之间关系的紧张状态一直没有消除。民进党为了凸显其"民主"政党的性质，在党章中明订其各级组织的运作均采取民主方式，主要表现为：组织决议以多数决为原则，但重大事项须经出席人数三分之二通过；上级权力组织应由下级组织之代表组成；执行委员、评议委员及各级代表均由选举产生，以无记名单记法投票方式为之；执行委员、评议委员有定期向组织报告之义务。[①]民进党的这种组织运作方式的确在一定程度上防止了党内独裁现象的发生。但同时，因民进党的派系文化根深蒂固，这一运作也往往被派系滥用，导致决策成本过高、决策贯彻不力的局面出现。

民进党组织结构中较长时间内都存在着中央与地方党部的权限之争。民进党成立初期，为了获得地方山头势力的支持，调动基层组织的积极性，加速民进党组织规模的扩大，党中央给了地方党组织较大自治权。但在台湾民主化进程中，选举已成为各党派获得公职的不二之途，能否在党内获得公职候选人提名则成为关键。因此地方势力、山头或个人为了争取公职或党内权力，把持地方党部为派系牟取私利，"人头党员"问题就是典型的例子。民进党内的个别政治人物，如薛凌、陈胜宏、陈明文、蔡同荣等人被公认为是民进党内的"人头

---

① "民进党党章"（2013 年 5 月 25 日第十五届第二次"全代会"修订），第八条。

大户"。民进党前主席施明德认为:"民进党的人头党员问题非常严重,包括党主席、中执委、中常委和党代表,都是人头党员所选出,陈水扁、谢长廷、蔡同荣和'新潮流',全部都是'人头大户',谁来检讨都没有作用。"① 这一问题使得民进党的地方两级党部的功能遭到严重异化,形成了"上实下空"的倒三角结构,阻碍了总体政党实力的提升与竞争力增强,更导致地方主义蔓延,党中央对地方党组织控制乏力以及中央的意志、决议难以有效贯彻的问题长期存在。

1993 年 11 月,民进党在当年的县市长选举中遭受挫败,未能过半数。选后民进党中常会成立了"党务强化工作小组",着手强化中央对地方党部的领导关系。规定地方党部执行长由中央委派;地方党部选出的执行委员和评议委员必须先到中央受训;中央参与原属地方党部权限的基层公职提名;党中央对地方党部的决议拥有否决权等等。民进党中央通过一系列的集权化行为,在一定程度上遏制了地方两级组织的地方主义倾向,加强了中央对地方的控制力,也强化了地方党部的功能,同时增强了党组织体系的整体竞争力,使其整体实力不断攀升,为 2000 年夺取执政权奠定了重要基础。2009 年民进党的地方党部组织进行根本性调整,乡镇市党部停止运作,这个问题前面已经述及,此处不赘。

2.2 民进党的提名制度与动员系统

在竞争性的政治体制中,政党的主要功能除了形成政策、进行宣传外,提名候选人参加选举从而取得公职以及最终取得执政权,是最重要的一个方面。因此为了规范党内提名程序,贯彻党内民主制度,使政党得以通过选举不断壮大实力,政党均会依照历史传统和现实需要,规定较为严格的提名制度。提名制度是否合理公正、提名人是否适当,是关系到政党选举成败的关键因素。而提名制度直接涉及党内利益分配,影响党内团结,进一步影响政党政治版图的变化。因此有学者认为,在讨论政党的组织结构时,提名制度是一个非常重要的观察面向。② 提名制度变化是党内政治生态以及政党与外界环境交换的一个重要反映,是约束政党行为的重要制度框架。

---

① 张文生:《民进党在野后的七大困境》,见张文生主编:《台湾研究新跨越·政治思辨》,九州出版社,2010 年,206—212 页。

② 吴文程:《政党与选举概论》,(台湾)五南图书出版股份有限公司,1996 年,62 页。

2.2.1 民进党提名制度的演变

民进党的党内提名制度主要包括党务人员和公职人员选举提名制度两种，前者相对单纯，后者几经变化，且对政党发展影响重大。《公职人员候选人提名条例》是规范民进党公职人员提名制度最重要的党内规。该条例制定于1989年1月22日的民进党第三届第一次临时"全代会"，后随着实际选举情势及自身发展的需要，经历了多次修订，几乎每届"全代会"都会修改一次，至今已修改过21次。[①] 自1989年以来，民进党的提名方式历经多次重大改变，党员投票、中执会决定、干部评鉴、公民投票到民意调查决定等方式均先后登场。民进党在1997年县市长选举中正式引进民意调查机制后，提名制度才算定型。就提名制度的变化来看，政党的组织属性、复数选区选举制度的特性、党内的派系政治、党员及党代表的自主意识等，是影响民进党提名制度变迁的几个重要因素。[②] 根据2014年7月20日民进党第十六届第一次"全国党员代表大会"通过的"修正案"规定，民进党主要针对五类公职候选人进行提名：第一类是"总统、副总统"，第二类是"立法委员"，第三类是"直辖市长、直辖市及准直辖市市议员、直辖市山地原住民区长、县市长"，第四类是"县市议员、乡镇市长"，第五类是"乡镇市民代表、直辖市山地原住民区民代表、村里长"。其中，第一类提名投票采取一票制，"副总统"由获得提名的"总统候选人"指定；第一、二、三类公职候选人提名由中央党部办理；第四、五类公职候选人提名县市党部办理，但直辖市及准直辖市市议员之提名名额，应经所属市党部建议，中执会如不接受其建议，须由出席委员三分之二以上投票议决；县市议员提名名额，应由中央党部核备，中央执行委员会出席委员三分之二以上投票议决。

民进党公职人员提名制度主要由党员投票、党内领导干部（党主席、中执委）投票、民意调查三大部分组成，20多年来的变化主要体现在三者之间的比例消长，总体看来党员投票和干部投票的比例不断下降，民调的比例逐渐上升并最终占据主导地位。

民进党提名制度肇源于在野时期的联合竞选。自20世纪50年代初台湾实行县市长选举以来，国民党以来一直在台湾政坛占据绝对优势，党外候选人的单兵作战模式在国民党强大辅选力量压制下往往遭遇惨败。在被国民党逼迫到

---

① 这一"条例"是民进党最重要的内规之一，每次均由"全代会"或是临时"全代会"进行修订，而一般性的内规一般中常会或中执会就可以进行修订。此处截止时间为2014年底。

② 朱云汉等：《台湾民主转型的经验与启示》，社会科学文献出版社，2012年，187—188页。

几乎没有生路的情况下，党外候选人必须以组织战对组织战，才有突出国民党重围的机会。为此，1978 年出现了"台湾党外人士助选团"，这实际上是党外人士的一个集体辅选组织，负责发布党外人士共同政见主张，举办统一代表党外各候选人的政见发表会，并且在各地协调分配党外票源，力争把有限的票源集中给最有竞争力的人选。该"助选团"还组织人马巡回到各县市为党外候选人摇旗呐喊。随着选举规模扩大，党外的组织化程度不断加强，联合助选的目标愈发明确。1984 年党外首次采取推荐制度，开始形成组织化的提名模式。1983 年"立委"选举中，党外筹组了"中央后援会"，这个"后援会"就是党外的辅选机关。[①] 到民进党成立前，虽然还没有比较成型的提名制度，联合竞选以及联合推荐候选人并联合助选已经成为党外势力的共识。

民进党成立前后一直到《公职人员候选人提名条例》通过之前，党内提名还带有在野时期作为反国民党大联盟的特征，既没有比较稳定的提名办法，也没有比较规范的提名过程，候选人的提名大都是在选举前由有意参选者进行协调，然后由党外势力联合起来或者由新成立的民进党中央进行推荐，所以这种提名一般不被视为一项正式的政党提名过程。[②] 这种提名过程显然制度化程度非常低，带有民进党草创时期的原始气息。随着选举的扩大以及与国民党进行政党竞争的需要，民进党提名制度日益走向系统化和制度化。不过这种制度化带来的稳定性总是相对的，综观民进党提名制度变化，虽然总体来说基本坚持了"党员投票"的精神，但也会根据形势发展的需要、党内派系生态变化以及岛内政治生态变化对提名制度进行相应调整，从而形成了以下几个阶段的演变。

第一阶段：1989—1993 年的"党员投票"阶段。1989 年，民进党开始实行公职人员提名制度，具体办法是候选人提名由户籍所属选区的党员直接选举决定（不分区民意代表由中执委投票），这项制度一直实行到 1993 年。党员投票决定党内初选提名虽然从表面来看具备了民主的特征，但带来的问题也非常多：（1）派系及政治山头势力坐大。民进党内本来就派系林立，此时为了竞逐党内提名，纷纷争抢党员票，同时派系之间的联合与对抗也表现得比较激烈。（2）"人头党员"问题严重。从选举的一般规律来看，规模越大的选举操控起来难度越大。而当时民进党的党员人数并不多，在如此小的选举规模中，派系或个人进行选举操控的难度并不大。因此这一时期许多政治人物开始豢养"人头党员"，

---

① 黄嘉树、程瑞：《台湾选举研究》，九州出版社，2006 年，46 页。

② 王业立：《比较选举制度》，（台湾）五南图书出版股份有限公司，2009 年，157 页。

使"人头党员"问题越来越严重。(3)"党意"与"民意"脱节。民进党的初选由党员投票选出,但选举却要得到民意的支持。在制度设计之初民进党政治精英的一个基本设定是"党意"与"民意"在统计规律上应该具有某种一致性,或者说党意是民意的"缩小版"。但随着党内"人头党员"问题越来越严重,党意越来越无法反映民意,这种制度设计也越来越失去了为民进党选拔高人气候选人参与选举取得政治资源的功能。于是民进党中央为了解决"人头党员"问题并强化基层组织,在县市长选举后成立了"党务改革小组",进行各项党务改革,① 党内初选提名制度便是其重要改革内容。

第二阶段:1994—1996 年的"二阶段初选"时期。1993 年底因民进党在县市长选举中失利,党中央便顺势检讨、修正了公职候选人初选提名办法。将完全由党员投票改为由党员、干部投票各占 50%,并由两阶段产生,即除"总统""副总统"与省长外的各类公职人员提名,先进行协调,如果无法协调产生则进入初选,由党员投票和干部投票决定,双方权重各占 50%。"总统"与省长的提名,在第一阶段党员与干部投票后,经协商仍无结果则接着举行第二阶段初选,即选民投票阶段,其中第二阶段占初选权重的 50%。这种初选设计的本意是要削弱"人头党员"对初选可能产生的影响,却带来更为麻烦的后果。(1)"人头党员"的问题通过这种设计不可能解决。50% 仍是相当高的权重,豢养"人头党员"对派系和政治人物来说还是具有相当大的吸引力。所以"人头党员"问题这次改革之后根本没有什么实质性的改善。事实上,只要豢养"人头党员"有利可图,党内一直会有"人头党员"的问题,这个问题一直到民进党下台后蔡英文出任国民党主席时才有较大改观。(2)干部投票权重的增加事实上缩小了投票范围与选举规模,使选举操控成为更加普遍的现象。1995 年第三届"立委"选举党内提名时,党内参与投票的只有 192 位干部,其投票结果却具有和 5 万多党员一样的权重,其不公平性显而易见。② 这次初选制度改变以后,党内派系斗争更加激烈。由于党内初选党员投票和党内干部评鉴各占一半的比重,任何政治人物要想获得提名、赢得初选,必须依靠派系势力,否则很难有机会。这促使党内政治人物只好选边站,派系的强化是一个自然的结果,派系垄断提名的情况愈演愈烈,对民进党发展已经造成了比较大的负面影响。(3)此次修订使得干部票的比重大增,一张干部票能抵 300 张左右普通党员票,

① 廖益兴:《民进党的派系政治与提名制度》,(台湾)《国家政策双周刊》,92 期,9 页。
② 王业立:《比较选举制度》,(台湾)五南图书出版股份有限公司,2009 年,159 页。

使地方以人头党员"灌人头"的战术大大降低，但也因此招致地方党部对这种"干部投票制"的强烈不满，纷纷指责民进党中央独揽政治资源。可以看出这次调整基本上是失败的，党意与民意脱节的问题并没有解决，虽然这次调整以后可以在一定程度上遏制地方党部用"灌人头"的办法操控选举，但干部评鉴权重的增加导致党内派系斗争日趋激烈，反而使局面更加混乱。

第三阶段：1997—2010年的"党员投票"加民意调查时期。1997年，分两阶段进行党内选举的提名制度实施了不到三年，便因选民投票热情不高、干部投票为派系所掌控等新的负面因素出现，促使民进党再度对提名制度进行较为重大的修改。此次改革直接取消了地方反弹高的干部投票，加入民意调查，将提名制度改为党员投票和民意调查各占50%。此次改革目的在于"征询选民意向"，"缩小党意与民意差距"，但"人头党员"和买票贿选的问题却随之愈加突出。1999年5月，为让党内呼声最高的陈水扁顺利出马参选，民进党修改通过"特别提名条例"，将"总统"的提名制度由"登记制"改为"推荐制"，临时由党员直选改为党代表投票。2000年，民进党再次修改提名办法，进一步将党员投票权重压缩到30%，将民意调查权重提高到70%。同时，民进党删除了"四年条款"，即"四年内只能就总统、副总统或北高市长选举择一登记"；将入党三年才可提名修改为"连续满两年"；删除了"报备参选"制度。民进党大幅提高民调在提名权重中的比例，目的在于降低"人头党员"对党内提名的冲击和影响，使党内提名能够更加贴近民意。2004年4月，在陈水扁的强势主导下民进党针对当年底不分区"立委"选举提名制度做出重大修订，将提名人分为政治、专家团体二组，名额各半，前者的党员票、民调各占50%，后者与侨选"立委"均由另行成立的"提名委员会"提名，经中执会通过后确定。

2006年7月，因党内外批评声不断，民进党针对第二年的"立委"选举，将区域"立委"提名制度改为党员投票占40%，民调结果占60%。其中两人以上登记参选的选区，采行"对比式民调"及"过滤式民调"。前者指蓝营在该选区有明确候选人时，蓝绿候选人以对比的方式进行民调；后者则是在泛蓝无明确候选人时，只对民进党籍参选人进行的民调。在民调的样本中均排除泛蓝支持者，又被为"排蓝"民调。该提名方式自酝酿至实施后很长一段时期，遭到各界批评，被认为推出这一制度是"未战先败"。"排蓝"民调虽然声称只排除泛蓝支持者，仍然吸纳中间选民。但实际上，因中间选民常是最不愿明确表态的一群，"排蓝"的结果，并未测得中间选民的意向，反使最后出线的候选人由

"纯绿"支持者决定，在"蓝大绿小"的选区，绿营参选者受到的冲击尤其大。2008 年 1 月，民进党在"立委"选举中惨败，党内外抨击声不断，导致"排蓝"民调在 2008 年 4 月 23 日的中执会中被废除。而不分区"立委"部分仍维持原有党主席提名二分之一的制度。直到 2007 年 9 月，针对各界批评，民进党才对不分区"立委"提名制度做出微调，将党主席指定席次占二分之一，降低为三分之一。

民进党下台以后对党内提名制度进行了调整。2008 年 6 月 18 日民进党修改"党职人员选举办法"和"公职候选人提名实施细则"，增加了党主席甄选的弹性，缩减了对现任公职人员提名为候选人的限制，增加了申请登记为公职人员提名初选之候选人应缴纳保证金的制度。2008 年 9 月 24 日民进党第十三届第二次中执会制订了"2009 年县市长选举暨第七届立法委员补选征召候选人参选协调办法"，不但恢复了对候选人提名中互相攻讦行为的限制，也力图解决争议地区的候选人协调问题，避免因选举造成的矛盾扩大导致党的分裂。[①] 这次提名制度修改时的基本考虑是：先稳住党内局势，再慢慢寻求更大发展，这次调整中制止相互攻讦行为等规定，其实是针对前一段时间党内选举杀到"见骨"现象而制定的规则，目的在于大败之初先稳定局势和恢复元气。

第四阶段：2010 年 1 月后为"全民调"阶段。2008 年 1 月，民进党在"立委"选举中惨败，得票率和当选席次率均创新低，党内要求检讨和修改提名制度的声浪高涨。2010 年 1 月底，民进党临时"全代会"通过了该年底的"直辖市长"及"市议员"提名特别条例，对党内提名制度进行了大幅度修改。此次修订完全舍弃了党员投票，而以全民调方式进行党内提名，即民调结果 100% 地决定提名人选，并且废止了备受批评的"排蓝"民调。此次修订可谓是民进党提名制度的重大历史性改革，目的在于杜绝"人头党员"的沉疴积弊，但是同时也引发了操纵民调作弊、新人难以出头、造就媒体明星、从经营党员转向哗众取宠等新的问题和矛盾。[②] 2013 年 5 月，为因应 2014 年底的地方合并选举以及 2016 年的"中央"层级选举，民进党"全代会"维持了党内初选提名全民

---

① 陈星：《2010 年民进党情况述评》，见周志怀主编：《台湾 2010》，九州出版社，2011 年，95—98 页。

② 从逻辑上说全民调的初选方式解决了"民意"与"党意"的冲突问题，在保证民调过程不出问题的情况下，最有可能将民意支持度较高的候选人推出来，所以这次民进党初选制度改革对该党的发展具有较为重要的意义，也是台湾未来政党初选制度的基本发展方向。民调过程的问题则主要表现为技术问题，需要逐步解决。

调决定的方式，但将党员入党一年即取得参选及投票权的年限延长为两年，以杜绝"黑道入党"问题。整体来看民进党的提名制度改革还是有一定的成效的，2014年底的"九合一"及2016年"二合一"选举中大胜，与提名制度的改革可能有一定的关联性。[①]总体上看自2008年以来民进党的提名制度经历了大幅度调整，在一定程度上克服了以前提名制度的若干缺陷，这一方面意味着民进党与民意之间距离的缩短，同时也使党内斗争的烈度有所降低。

2.2.2 民进党提名制度的特点与问题

对民进党这样一个党主席不具实权的政党（陈水扁执政中后期除外），提名机制是取得政治权力的关键，也因此成为党内权力争夺的重要支点，民进党提名制度的修改历程也是权力斗争与资源分配机制调整的过程。20多年来，民进党提名制度不断变革，不同阶段呈现出不同特点，总是在解决老问题之后又出现新矛盾。

民进党提名制度频繁变更，反映的是党内推进改革和政治山头争抢政治资源两种行为寻求动态平衡的过程。组党初期民进党的社会影响力尚弱，候选人当选的把握一般比较低，提名竞争反倒没有那么激烈。在很长一段时间内民进党虽然以党内初选为其主要候选人提名方式，但是为遵循"地方自主"原则，各项公职人员候选人均先以沟通协调方式产生，无法协调时才由选区党员投票决定。[②]此后随着政治发展的推进，社会分歧极化趋势明显，在岛内蓝绿板块泾渭分明的情况下，在很多选区只要获得党的提名，几乎可说是笃定当选，党内提名制度成为攸关政治人物政治生命以及党内派系存亡绝续的关键，因此成为党内改革和争斗的焦点。纵观民进党提名制度变化，党员投票由100%、50%到30%，一路削减，直至2009年县市长选举被全民调完全取代；党内精英的支配权，从1991年"国大"不分区的中执委投票，到1994至1996年间的干部投票，比重由100%大幅下调到50%，到1997年的县市长选举干脆销声匿迹。2000年"大选"前的党内初选临时由党员直选改为党代表投票、2009年县市长选举、2010年"五都"选举，提名权完全落入党主席手中，都是提名制度改革

---

① 需要提到的问题是，党内初选对选举结果产生的影响到底几何是一个值得探讨的问题，民进党2014年底的"九合一"选举大胜，是否就是提名制度改革的结果？恐怕难以下此断语，而只能说两者具有部分关联性，事实上选举制度的改变，基层经营策略的改变，都会影响到选举结果，甚至影响到提名情况。

② 史卫民：《解读台湾选举》，九州出版社，2007年版，174页。

66

中的逆流和"急转弯"。总体上看，提名制度的变化说明，民进党的初选制度之所以一再变革，意味着民进党内始终认为其初选制度未臻完备，有需要改革的共识；同时民进党的初选制度频繁变更，也表明党内一直没能寻找到一个既符合台湾社会发展情势，又能满足内部大多数人利益的方案。

民进党"人头党员"问题成为初选制度的宿疾，争论多年直至党员投票被废止后，其影响才宣告终结。"人头党员"问题对民进党发展及党内政治生态产生了非常大的影响。民进党初选制度早期的弊端主要在于"人头党员"猖獗泛滥。相较于国民党而言民进党的党员人数并不多，地方势力、山头或个人为了争取公职或党内权力，把持着地方党部，平时吸收党员的速度非常慢，但当党内初选提名临近，就通过代替被招募者办理入党手续和缴交党费的方式，控制其投票权，造成党员人数激增的"人头党员"现象，这导致少数"人头党员"大户便足以左右民进党内的提名。而为了赢得初选，少数党内政治人物与地方实力派开始长期豢养"人头党员"，借此操控党内提名，导致提名的公平性屡遭质疑。民进党每进行一次初选，就会受到"人头党员"弊端一次打击。随着时间推移，"人头党员"问题愈演愈烈，成为该党长期被诟病的顽疾，甚至是一大危机。根据台湾《自由时报》的统计数据，2009 年前后民进党有 50 万党员，扣除刚入党、未缴党费者，能参与党内初选的有效党员约 35 万，衡诸历次党内初选投票率都未超过 6 成，其中自主性党员恐怕不到 5 成，据此估计民进党的"人头党员"数字维持在 10 万人左右。"人头党员"的另一种算法，可以依据每次党公职提名人初选前，党员缴纳党费的情形来计算，以 2007 年民进党举行"立委"党内初选情形看，在规定期限截止前最后一周内有突增性的党员群体缴纳党费，其所占比例约为全部缴纳党费党员数的 1 / 3，这些党员大部分可视为"人头党员"，依此也可大体估算民进党约有 10 万左右"人头党员"。[①]当然这属于比较保守的算法。2014 年民进党主席选举时统计的选举人数为 14.3 万，比 2012 年时少了 1 万，[②]比人数最高时期的 50 万缩减了三分之二，就是大量"人头党员"因党员投票作用下降而退出民进党所致。可见"人头党员"在民进党内影响之巨。事实上民进党中央一直想革除"人头党员"问题，但因为利益牵涉太多，所以迟迟不能竟功。

"人头党员"问题的解决经历了一个漫长的过程。2006 年 7 月 22、23 日第

---

① 黄恺：《探析民进党的人头党员问题》，《台湾周刊》，2009 年，11 期。

② （台湾）"中央社"，2014 年 4 月 12 日电。

十届第一次"全代会"修订的"纪律评议裁决条例"增加了对代缴党费进行惩罚的规定，"党员代他人缴纳党费，依情节轻重应予除名以下之处分，但是如与被代缴者互为三亲等以内之亲属者，不在此限；党员之党费由他人代为缴纳者，除得证明其本人并不知情外，应予停权二年以下之处分，但是如与代缴者互为三亲等以内之亲属者，不在此限"。但是这种规定根本没有得到执行，党内"人头党员"大量存在的情况并没有太大改变。2010年1月的"临全会"同时强化了党员不能由别人代缴党费的规定。这是民进党推动党务革新的最重要工作之一，目的就是革除长期为人诟病的"人头党员"问题。2012年台湾地区领导人选举中民进党的提名方式又有变化，破天荒地在"总统"和"立委"提名时采用全民调制。2011年1月22日，民进党"临全会"经过"民调派"和"党员派"的激烈斗争后，在蔡英文"团结"的强力诉求下，"临全会"以举手表决方式，通过党中央版本的"总统""区域立委"采用全民调的议案，而且获得党代表绝大多数的支持，由吕秀莲领衔联署的"党员投票"案彻底失败。[①] 按照这次通过的方案，"总统"和"立委"的候选人名单由民调决定，不分区"立委"的提名由另外组建的"提名委员会"决定。这种提名方式显然是为了最大限度地防止党内因初选而产生的矛盾与冲突扩大，同时也有消除党内特定派系和政治人物利用"人头党员"来挟持民进党中央的可能。随着党员投票在各种公职选举初选中退出，"人头党员"现在已经失去了往日的重要性。当然这也直接导致了民进党党员人数锐减，不过这些"人头党员"的退出对民进党来说未必不是好事。

不过，逐渐占据党内初选主流的以民调决定初选的方式也不是完美的制度。党内初选采取民调的初衷是为了纳入更多更广泛的意见，削弱党员投票中"人头党员"的弊病，但这种初选模式从刚开始采用时便有问题：（1）民调无法充分反映民意。民进党组党初期，由于刚"解严"后的多数台湾民众不愿在陌生人询问时坦诚表达自己的政治立场，导致民调拒访率高，参考价值下降。其中中南部的本土民众拒访率超高，而不愿表达政治立场的民众又以支持绿营者居多，使得中南部选举结果与民调往往不同。不过对民进党而言幸运的是，随着"北蓝南绿"政治格局的形成，民进党在南部的支持日益稳固，这部分缺失对整体民调的偏差影响降低。后来随着民进党政治版图的逐步扩张，这种偏差已经

---

① （台湾）《中国时报》，2011年1月24日。

进一步降低。（2）党内民调在某种程度上成为参选者知名度的调查，助长了政客作秀、浮躁的歪风。民调问卷的设计非常重要，但始终没达到能够真正检测政治人物能力的程度，而沦为对政治人物知名度的调查。在此情况下，那些媒体镁光灯下曝光度高的，甚至胡乱爆料的政客容易被民众所记住，这种博名声、抢曝光的作秀型政客无疑将成为民调的最大受益者。而那些脚踏实地、苦干实干、认真问政的政治人物却因知名度不高，难以在民调中得分。这助长了民进党内的不良风气，民进党执政期间的"立法院三宝"横行一时，[①] 在很大程度上就是党内初选民调产生的怪胎。（3）民调作弊现象层出不穷，负面影响始终难以消除。随着民调在党内初选比重的日益上升，种种民调作弊手法大量出现。如在民调中大量增设临时电话、采取电话转接、制作电话民调"教战手册"等方式，以人为的方式来操控和左右民调结果，使得民调的公平性、有效性均备受质疑。自从党内初选采用民调方式以来，基本上每次选举都有疑似民调作弊的检举和纷争出现，导致其成为民进党初选制度的一大新病。2007 年，民进党内初选采取了偏激的"排蓝民调"，不少候选人由此制作出的"民调教战手册"，让部分受访者在民调中掩饰真正的政党认同，以至于一向在民调中较低的民进党政党支持度，竟然出现急剧升高到多出国民党数倍的怪现象，被认为是"国民党支持者可以决定民进党的候选人"，此种民调的可信度自然会大打折扣。可以看出，民调乃至于全民调并非民进党内初选的"万灵丹"。不过相比较而言，在民调上做手脚比较起豢养"人头党员"而言确实有一定的难度，而且更重要的是，通过"人头党员"抢夺党内权力斗争制高点的问题在一定程度上得到解决，从而使党内派系斗争的激烈程度下降，这种影响对民进党未来发展而言也许更为重要。所以整体看来全民调决定党内初选的方式未来可能还会进一步加强。

民进党提名制度的调整主要着眼于两个方面的目标展开：（1）避免党内矛盾扩大。制度的建立是解决分歧的最好办法，一旦制度确定下来，民进党内也就确立了斗争规则，不遵守者就有可能受到惩罚。有研究者指出，"现代社会中产生正式组织结构的神话的关键特征之一是，组织是高度制度化的，因此在某

---

① "立法院三宝"指侯水盛、蔡启芳、林重谟三位民进党"立委"。

种程度上防止为了个人和组织参与者的随意性决策"。[①] 民进党在不同时期对提名制度进行不同程度的调整，一个重要的作用在于约束了党内政治精英行为的随意性，进而使整个党的行为可预期性增强，从而起到平衡内部派系利益纷争的作用。（2）增加选举的效率。提名制度调整的一个重要起因在于缩小党意与民意的差距，筛选出更有竞争力的候选人参加竞选，从而达到取得执政权的目的。不过从逻辑上说这两个目标是矛盾的，选举效率的提升必然会加强部分派系的资源汲取能力，随着这些派系势力坐大，党内斗争会趋于激烈，直到形成占主导优势的派系势力。不过主导性地位派系的出现也意味着党内竞争的减弱及政党活力的降低，主导性派系地位会因此下降，新一政治轮博弈重新开始。民进党提名制度就是在效率与内部平衡的博弈中摇摆前行，在这一过程中时而党内权力斗争的因素占据上风，类似"排蓝民调"这种近乎自杀的初选方式都有可能出现；时而选举效率的诉求占据上风，如蔡英文出任民进党主席以来废除党员投票即是如此。由于结构性矛盾使然，可以预见未来民进党的提名制度依然还会保持上述特征，只能实现较弱的稳定性。

---

① ［美］约翰·W. 迈耶，［美］布利安·罗恩：《制度化的组织：作为神话与仪式的正式结构》，见［美］沃尔特·W. 鲍威尔、［美］保罗·J. 迪马吉奥主编，姚伟译：《组织分析的新制度主义》，上海人民出版社，2008 年，48 页。

第3章　民进党的派系问题

3.1　民进党的派系类型及其结构变迁

派系是政党政治研究中没有办法绕过去的问题，派系结构的实然状态在一定程度上决定了政党政治发展的基本走向。从发生学角度上说，派系相对于政党而言多有原生性特征，最初的政党就是由派系发展而来。有学者指出，西方"政党"（party）一词就是由"派系"（faction）衍化而来。换言之，派系是政党的"原生态"。因而政党在其早期阶段声名狼藉，18世纪西方政治思想中到处弥漫着"政党罪恶"论。直到英国学者伯克那里，政党才被视为超脱于派系的实体，成为一种"体面"的实体。伯克将政党描述为"建立在一些共同认同的特定原则之上，以共同努力促进国家利益的个人联合体"。[①] 显然这一概念将政党视为一个自在的整体存在，强调政党本身具有的价值，力图以此来消解政党的派系色彩。在现代社会中作为党内政治资源分配的重要中介，只要政党存在，派系往往就会如影随形。如果说在伯克的年代谈及派系与政党时存在出于为政党"去罪恶化"目的而刻意回避派系功能的情况，现代的学术分析则无此必要。相反，因为派系在政党运作中的重要性，只有对其作用给予应有的关注，才能全面反映出政党政治运作的基本样态。

3.1.1 民进党派系政治的类型学分析

派系是民进党权力结构和政治生态中的重要组成部分，民进党本来系反国民党政治势力的联合，这些势力在组党之后自然转化为党内的派系。葛永光认为，民进党的主要特色之一，即是内部从组党以来即有明显的派系之分。除了

---

① 叶麒麟:《社会分裂、弱政党政治与民主巩固——以乌克兰和泰国为例》，中央编译出版社，2014年，33—34页。

民进党成立前的党外时期，政治反对势力在某些县（市）（如宜兰县、高雄县、嘉义市）形成区域性势力，使民进党在成立时就多少具有派系联盟的形态。民进党成立后，"部分党员坚持意识形态，反对较具现实意识的公职人士"，于是形成"新潮流系"与"美丽岛系"两大派系，使党中央的权力结构益形分散，党内权力分配受到派系竞争的影响甚大。①党外时期反国民党势力往往依托据有地方实力的政治人物展开与国民党当局的斗争，而这些地方性势力就成为民进党内最初的派系基础。但民进党成立后却并没有在与地方派系的联结方面走得太远，而是发展出了另外一种派系形式，即不排斥与地方派系合作，却以政治资源的争取和分配为指向建构出了与地方派系关系不大的派系结构，并形成了"派系共治"的格局，而原有的地方派系则在民进党争取更大政治利益的背景下不断分化，并依附于党内不同派系，致使民进党形成了有别于国民党的派系结构。不同于国民党地方派系那样依赖基层组织和直接的利益交换为核心的派系运作模式，民进党形成了以党内不同政治山头为基础，以政治资源获取与分配为主要内容的派系结构。

虽然民进党的派系可以经过向有关部门备案而成为公开和正式的次级政治团体，但实际运作中的规则却又往往模糊不清，只能在不断博弈中维持相对稳定性。郭正亮认为，民进党的权力结构依循正式与非正式的政治逻辑展开分化。正式的政治逻辑，意指经由选举所取得的"政府"职位，包括民意代表和行政首长。非正式的政治逻辑，意指经由个别精英的历史渊源所形成的派系组织。在郭正亮看来，民进党的派系形成主要有两个方面的原因，既与党内存在不同类型的政治精英颇具相关性，同时派系能够持续巩固，也与台湾的多席次中大选区制度密切相关。②郭氏此处所谓民进"正式的逻辑"与"非正式的逻辑"其实反映的是民进党执政之前的两种资源获取和分配方式，其中公职人员选举成为民进党获取政治资源的主要渠道，而派系生态的基本形态则主要取决于党内政治精英如何进行组合，并决定民进党通过何种方式获取和分配政治资源，这两者其实是一体两面的关系，以当选的公职人员为主形成的派系只在很短的时间内存在过，而在大部分时间里公职人员选举事实上成为派系分赃和博弈的主战场。如果按照90年代后期民进党的情况来看，郭正亮的划分事实上存在着一

① 葛永光:《政党政治与民主发展》,（台湾）洪记印刷有限公司, 1996 年, 151 页。
② 郭正亮:《民进党转型之痛》,（台湾）天下远见出版股份有限公司, 1998 年, 165—168页。

些问题。这一时期及其后的情况是，派系对民进党公职选举介入日深，"非正式逻辑"越来越多地影响到"正式逻辑"的作用发挥，两者各自的独立性都成了问题。如果按后来的现实情况进行划分的话，民进党的权力结构可以从制度层面和派系层面两个面向上展开分析。前文提到的制度结构成为民进党的政治活动的基本约束，而派系生态则反映了民进党政治活动的基本过程。虽然制度结构也会受到民进党派系活动的影响，但大部分情况下制度结构还是相对稳定的。

　　如果讨论派系问题，首先要就"派系"的概念进行简单说明。林劲教授认为，派系是在一个团体之中，为了取得控制团体的政治权力，彼此相互竞争、甚至敌对的任何组织化的次级团体。派系的出现与发展，乃是任何政党无可避免的事实。派系影响政党内部的政治与决策过程，常经由派系的运作与互动，决定了政党控制权的归属，亦即决定了领导精英、干部与政策的选择以及各项公职候选人名单等方面权力的归属。派系作为一个有组织的政治竞争单元，是指具有相同或相似意见与态度的一群人的集合体，一般来说派系具有以下特征：意识形态取向、建制化的领导方式与核心干部、定型的技术专家与沟通网路、能够获得政治经济资源并有意识等。相对于政党而言，派系是一个较高程度组织化的团体。[①] 不过以民进党的情况来看，派系的意识形态色彩已经日渐淡化，除了标榜以"台独"理念作为派系基础的"台独联盟"外，其它派系很少以意识形态作为联结的基本诉求，而且"台独联盟"这种意识形态色彩鲜明的政治次团在政党运作过程中已经日益边缘化。随着政党政治运作的展开，以资源分配为中心组织起来的派系逐渐成为派系存在的主流形式，在民进党组党初期，有些派系还存在着较强的意识形态色彩，随着这些派系的式微和消亡，意识形态型派系逐渐衰落。从内部结构来看，各个不同派系的建制化程度差异很大，有的派系相对来说组织比较严密，而有的派系则相对比较松散，有的派系内部凝聚力比较强，能够在民进党内长期存在，如"新潮流系"，而大部分派系持续生存能力较差，故民进党内派系更迭如云聚星散，派系结构变动频率非常高。同样是派系，因组织化和制度化程度不同在政治运作中表现出不同特点，这些派系通过长期博弈形成了民进党内相对稳定却又不断变化的派系结构和派系生态，并成为民进党政治生态的显著特征。

　　民进党内的派系依其结构特征大致可以分为三种不同类型，即"合作

----

　　①　林劲：《略析民进党的派系问题》，《世界经济与政治论坛》，2002 年第 5 期。

型""侍从型"和"制度型"派系。这种类型学的划分主要以派系结合的基本目标、派系成员之间的关系以及派系运作的基本模式等方面的异同为依据展开。有的西方学者认为政党内部的派系可以区分为"同好型"派系、"恩庇侍从型"派系和"制度化"派系。其中"同好型"派系是非正式派系,是一种仅与单一议题或事件相关联的极度松散的、自我认同度非常低的党内联合。制度化派系是一种拥有自己公开的组织、程序和制度的派系,是一种正式化的派系。上述两种派系在西方发达国家政党中比较常见,它们的结构和运作没有过多的非正式色彩。但在包括台湾在内的东亚地区,政党内部更多地存在着非正式的"恩庇-侍从型"派系,这种派系的结构更多地体现出"恩庇侍从"的政治传统。[①]如果切换到台湾的语境之下,所谓的"同好型"派系在政党组建之初或许会存在,即针对某一议题结成攻守同盟,一旦议题结束,则这个攻守同盟就会趋于瓦解。这种攻守同盟事实上是非常松散的,不可能产生较强的战斗力,在争取政治资源的时候自然处于劣势。随着政党政治的发展,政党内部结构趋于稳定,比较稳定的政治结盟即组织性更强同时也更具稳定性的派系迅速取代了这种简单的攻守同盟。20世纪90年代民进党内这种简单的"同好型"派系虽然偶尔还会出现,后来则越来越少,直至销声匿迹。

3.1.2 合作型派系的发展及衰落

民进党内合作型派系在该党组党前及组党初期比较普遍,从形式上说这种派系比较接近西方政党中的"同好型"派系,但是相比较而言其稳定性却比"同好型"派系要强得多。这种情况的出现与当时的政治情境密切相关。首先,国民党当局的威权统治逐步瓦解与崩溃,对社会的控制力日益减弱,反对运动获得的空间也日益扩大,不过反对运动却没有形成比较稳定的政治结构,领导集团更迭变化的速度非常快,在"美丽岛事件"中入狱的党外精英有着天然的政治资本,却无法在民进党中发挥应有的影响力,反对运动中以公职人员为中心的派系组织与"美丽岛事件"受刑人为主体的派系组织在一段时期内力量对比相对均衡;其次,社会动荡程度加剧,社会运动对政治体系的冲击越来越大,已经逐步冲击到政治系统的稳定。按照朱云汉的说法,台湾在威权时期,言论自由、结社自由都受到极大压抑,社会公共议题被隐藏在政治角落。当民间的

---

① 徐锋:《当代台湾政党政治研究》,时事出版社,2009年,127—128页。

自力救济抗议逐渐冒出时，原只能透过受害者陈情的方式，而矛头也只能指向局部失职的问题，例如地方政府或少数官员，或法令落伍等，但整体而言并不能指向对体系的宏观改革。但 1985 年之后，政治自由化的局势逐渐形成，社会议题的"公共化""普遍化"，进而"政党政治化"现象开始变得很普遍。[①] 政治压力的减弱及社会运动的扩大，使反对势力中大多数政治人物可以各展所能，较为轻易地扩大自己的政治空间。在反对运动的组织和动员过程中，不同政治人物通过街头和党内的卖力表现，往往都可以提升自己在党内的地位和影响，从而不断增加自己的政治资本。在这种情况下，民进党内出现了群雄并起的局面，很难有一个强力的政治人物形成统筹全局的能力。这种乱局是民进党初期合作型派系大量存在的社会政治背景。

20 世纪 90 年代活跃在民进党内的重要派系"福利国连线"就是一个比较典型的个案。1992 年"福利国连线"[②] 成立时及以后陆续加入的成员有：施明德、姚嘉文、谢长廷、张俊雄、苏嘉全、李庆雄、魏耀乾、蔡同荣、柯建铭、田再庭、赖坤成、苏贞昌、尤宏、尤清、刘文庆、侯海熊、郭玟成、张田党、苏嘉富、卓荣泰、周清玉、邱垂贞等。在这个派系中，并没有哪位政治人物有绝对主导权，即使是派系的发起人谢长廷也不例外。大陆学者杨毅周将这个派系称作"利益型派系"，"派系成员大都是民进党中的大佬级人物，成员在理念上也不尽相同。因此派系的章程并没有被严格执行，成员之间也缺乏紧密联系，内聚力很弱"。[③] 不过，利益型派系的概括略显宽泛，因为在所有的派系组织中，事实上都难以摆脱利益的纠葛，或者说，派系的形成本身就是利益聚合的结果。因此，从派系本身的组织结构出发对派系进行区分应该更能突出派系的一般性特征。从上述视角出发，这种派系可以定义为"合作型派系"。这些派系成员之所以能聚合在"福利国连线"旗下，主要是为选举的考虑，他们希望通过这个"连线"在民进党的公职初选和党务选举中得到派系的配票支持。及至 2000 年民进党上台以后，随着苏贞昌地位的上升和手中资源的增加，逐渐脱离"福利国连线"，"福利国连线"中其他大佬也多各行其是，该派系基本上瓦解了。[④] 当然，民进党成立初期并非只有"福利国连线"一个合作型派系，类似"正义连

[①]　朱云汉等著：《台湾民主转型的经验与启示》，社会科学文献出版社，2012 年，100 页。

[②]　当时派系的名称并不是"福利国连线"，而是"福利国战线"，该连线标榜"创造福利国，重建新台湾"，后来改称"台湾福利国联线"（Alliance for Taiwan Welfare State）。

[③]　杨毅周：《民进党的组织派系研究》，九州出版社，2004 年，76—79 页。

[④]　陈星：《民进党权力结构与变迁研究》，九州出版社，2012 年，209—210 页。

线"和"美丽岛系"均是这种合作型派系。

从逻辑上讲合作型派系应该是最常见的一种派系形态,因为其派系形成的成本较低,而且在政党运作中随时可能因为议题设置而产生合作型派系的契机。从民进党内合作型派系形成及溃散的历史过程来看,合作型派系的形成一般而言应该具备以下几个方面的条件:(1)党内没有绝对的政治权威,也就是说没有能够掌握政治资源支配权的政治人物,这使得政治资源分配的博弈处于类似于完全竞争的状态。一旦党内形成较为强势的权威中心,这种合作型派系的生存空间将会受到极大压缩。(2)合作者有共同诉求,或者有共同理念,这是合作得以形成的基础。共同诉求决定了合作者在一定程度上目标的一致性,同时也可以在一定程度上使派系具有消解分歧的能力,使内部凝聚力得到一定程度的保证。当然,这种诉求可以是利益取向的,也可以是情感取向的,还可以是理念取向的。民进党内"台独联盟"就是理念取向的派系,而20世纪90年代的"正义连线"和"福利国连线"则是较为典型的利益取向派系,"美丽岛系"以"美丽岛事件"受刑人为主体,具有一定的情感基础,但是发展到后来利益取向越来越取代情感因素占据主流。(3)合作者有大致相差不多的威望及政治资源。易言之,合作者的地位相对比较平等。一般来说只要具备了这三个方面的条件,一旦遇到了合适的契机就可以很快形成合作型派系。

合作型派系并非没有组织,也并非没有制度,但是在合作型派系中这些制度和组织很难得到严格贯彻和执行,因此就合作型派系而言,决定派系生存与发展的最重要因素不是制度,而是制度化和组织化程度。由于组织化程度比较低,合作型派系往往呈现出结构的松散性、较差的稳定性及持续性等方面的特征。因为派系主要领袖的资格资历大致相当,在派系的运作中一旦出现矛盾则派系的维持就成了问题。同时随着派系的发展,一旦派系内部有政治人物的地位发生了变化,手中的政治资源增加,则会对派系产生致命的影响,最后的结果要么是派系逐渐成为该政治人物的依附品,更可能的趋势是该政治人物脱离派系组建自己的派系。严格来说,这类派系大都是一些策略联盟,虽然有比较规范的运作规程,形式上具备了制度化派系的特征,[1]但大部分派系内部的凝聚力不强,派系本身并不具有稳定性。在民进党派系发展过程中,如"康系""前进系""美丽岛系""正义连线""福利国连线""新动力国会办公室""新世纪国

---

① 林劲:《略析民进党的派系问题》,《世界经济与政治论坛》,2002年5期。

会办公室""台独联盟"等，迭起迭仆，绝大多数已经式微，甚至干脆湮灭不见，有些派系崩溃以后为其它派系所吸收，形成了新的派系；也有一些派系如"正义连线"随形势发展进行了大规模重组，无论从功能上还是形态上都发生了变化。

3.1.3 侍从型派系兴起及遇到的问题

侍从型派系在民进党发展到一定阶段后才开始成为主流派系形态，到了2000 年民进党上台以后这种派系形态有了快速发展。侍从型派系的特征在于"恩庇者"和"侍从者"之间的交换关系成为派系联结的最主要纽带，这种联结的存在状态从根本上决定了侍从型派系生存与发展的基本状态。在侍从型派系中，庇护者与侍从者之间的关系是不平等的，"恩庇－侍从"结构是这种派系内成员与领导人物最重要的联结基础，这是这种派系与合作型派系的重大区别。一般认为，"恩庇－侍从"结构具有一些共同特征：(1)互惠。此一特征将庇护与纯粹强制和正式权威关系区别开来。否则，若庇护者拥有足够的强制力或权威，根本无需互惠的交换行为；(2)不平等。交换双方在财富和权力影响方面并不平衡；(3)特殊主义，恩惠施予或回报的对象是与庇护者或侍从者有特殊联系的个体，而非指向普遍的横向层面水平群体。庇护关系作为一种特殊主义联系，不同于普遍主义的水平联系——传统的如种族、宗教或等级，现代的如职业或阶级关系等。[①] 当围绕着单一核心人物或者集体人格形成多个庇护关系[②]时，派系自然就形成了。2000 年以后民进党内的派系中，派系领导人与成员之间关系的垂直性特征日益明显，这与原来的合作型派系成员之间的水平联结关系具有本质上的不同。[③]

侍从型派系能够存在的前提条件就是政党组织内部出现了资源分配不均衡的局面，出现了一批政治资源的垄断者，这些垄断者以自己为中心，通过资源分配的方式拉拢支持者，以政治资源换取侍从者的政治忠诚。在东亚社会的传统中，侍从主义是根深蒂固的社会结构，在现代政治的情境下，侍从主义不但

---

① 张立鹏：《海外中国研究中的庇护关系模式》，《齐鲁学刊》，2005 年 4 期。

② 有学者将其称为"庇护簇"(patron-client clusters)，即单一核心人物或集体人格作为庇护者，与众多侍从者之间形成一对一的关系集合，见张立鹏前引文。

③ 派系成员之间也有可能出现水平的联结，例如在选举中互相支持等。但是这种联结相较于和派系领导人之间的联结具有从属性，或者说在许多情况下，这些联结只有通过派系领导人协调才能完成。

没有消失，反倒在政党政治中以新的形式获得了生命力。民进党内侍从型派系的产生主要是随资源分配机制变迁以及政治资源垄断者的出现而发展起来的。2000 年民进党上台后，党内政治资源分配格局立即发生了重大变化，陈水扁作为民进党的龙头具有无可挑战的权威，党内也弥漫一股"惟扁是从"的气氛，任何重大决策、大小争论只有陈水扁发话才能拍板定案，各派系龙头、大佬说话分量急剧下降，尤其是 2002 年 7 月陈水扁兼任党主席后，民进党自成立以来一直维持的"派系共治"政治架构和运作模式开始被打破，"形成并出现了陈水扁一人独大，个人专断的局面，任何重大问题，概由他一个人独自决定"。[①] 陈水扁的地位提高打破了原来的政治资源分配模式，各个派系的重要性自然相应下降，党内也很少有人能公开与扁进行抗衡。这种情况反映在组织上就是民进党内的派系结构开始发生变化，2002 年陈水扁为了施政顺畅和连任的需要，一改竞选期间"不参与党务"的承诺，亲自兼任民进党主席，这是民进党历史上一次非常重大的组织变革。民进党由在野党转变为执政党，由"派系共治"转变为陈水扁"一人独大"。[②] 这些变化使民进党内合作型派系很难再有生存的空间。

陈水扁上台以后，随即对政治资源分配格局进行了调整，形成了以陈水扁为中心的带有强烈"恩庇－侍从"色彩的派系格局，陈水扁成为党内最大的恩庇者，陈水扁之下则围绕着政治资源分配形成了一批侍从者，主要代表有游锡堃、苏贞昌、谢长廷等人。陈水扁除了自己的派系之外，将政治资源分配给游、苏、谢等人，使其成为次一级的庇护者。游、苏、谢等人以自己手中能掌握的资源组建自己的派系，形成了次一级的"恩庇－侍从"结构，侍从型派系初具雏形。民进党执政以来因为政治资源分配模式的变化，侍从型派系逐渐成为主流。2000 年以后民进党内形成的政治山头，基本上都是侍从型派系，而原来的合作型派系要么消失，要么经历了大规模改组后变成了侍从型派系。"福利国连线"中的实力派人物或者干脆退出派系改投他处，或者是对派系活动毫无热情，最终导致这一传统派系名存实亡。谢长廷利用自己手中的资源建构自己的派系，形成了后来所谓的"谢系"，该派系与原来的"福利国连线"已经判若云泥。陈水扁的"正义连线"也经历过"清理门户"和"刚性化"改造，变成了侍从型

① 李朝录：《中国政党与政党制度》，湖南人民出版社，2009 年，420 页。

② 李鹏：《民进党发展变革的组织行为特征分析》，见张文生主编：《台湾研究新跨越·政治思辨》，九州出版社，2010 年，162 页。

派系。苏贞昌掌握了大量行政资源以后，其派系更是带有比较明显的"恩庇－侍从"色彩。经过内部洗牌以后，这些派系中派系成员对领导人物的依附性加强，与领导人物的关系也越发紧密。

侍从型派系稳定性较强，其稳定性主要来自此类派系的结构形式。由于派系领导多是以自己的"子弟兵"为中心组建派系，由此引发了两个方面的结果：首先，派系中的被庇护者相对于庇护者而言具有身份上的极不平等性，即使有意愿，也根本无力对派系领袖形成挑战。派系领袖的威望一旦形成，对派系成员会形成无形的约束，甚至派系成员对派系领袖连恶言都不能出。陈水扁失势以后罗文嘉一度想与扁切割，后来发现根本切割不了，来自扁阵营内部的攻击就足以让其遍体鳞伤。其次，侍从型派系具有一定程度上排他性，因为是围绕着政治人物形成派系，在比较稳定的派系结构下，一个派系的成员很难得到其它派系的信任，一般除非是派系解散或者刻意安排的情况，派系成员改投其他派系者并不多见。这事实上压缩了派系成员流动的空间。派系成员与派系领袖之间的联结纽带事实上分成了两个层次，一是作为"子弟兵"长期共同"打拼"形成的情感，二是通过利益分配形成的共生机制，这两种机制共同决定了侍从型派系的稳定性特征。不过侍从型派系的稳定性也是相对而言的，其最为致命的问题就在于领导者的个人因素对派系的影响太大。一旦派系领导人无法获得足够的政治资源维持派系发展，则派系萎缩就会接踵而至。或者，如果派系领袖去世而新的派系领袖无法顺利产生，派系也会随之溃散。从这个意义上说，侍从型派系的稳定性远不如制度型派系。

3.1.4 "新潮流系"：制度型派系的兴衰

制度型派系指派系的存在和发展依赖于高度组织化及制度化的行为规范，党内有比较严明的纪律，派系对成员的约束力比较强大。"新潮流系"就属于高度组织化的制度型派系。如果说前述两种派系是"柔性派系"的话，"新潮流系"是典型的"刚性派系"代表。"新潮流系"的成立是党外时期部分政治精英面对国民党政治高压进行理性选择的结果。国民党的政治高压催生了"新潮流系"，"新潮流系"则以国民党的组织体系作为样板，以具有强硬纪律约束的组织化行为对抗国民党的组织化行为。对此李敖曾语带讽刺地说，"新潮流系"的名称，起源于他们办的一本杂志名字，"这些书呆子因为既不文又不化，所以拙于宣传，杂志办垮。不过，这些人不会办杂志，却会办国民党式的政党，做他的党工人员。他们一开始就看准了国民党的体制最对他们有利，因此尽弃平日所守，居然不建立一个英美民主国家的政党，而建立一个苏联极权国家的政党，从党章、党主席、中央党部、中央委员、中常委、中评委，乃至宣誓、党证、纪律及仲裁等等，无一不向国民党亦步亦趋的学。"①"新潮流系"这种刚性特征使其成为民进党内最有战斗力的派系，引起其它派系侧目，故而屡遭"围剿"。不过"新潮流系"自成立以来虽多次遭受到党内打击，但是其严密的组织体系一直以来少有变化，及至民进党"派系解散"的决议通过之后，"新潮流系"很快又换上"台湾新社会智库"的名称继续运作。自民进党成立以来，"新潮流系"一直在党内维持着比较重要的影响力，注重捞取实地的作风一点也没有改变。2014年底"九合一"选举后，赖清德、陈菊、魏明谷、潘孟安、郑文灿等成功当选，意味着"新潮流系"在民进党内的影响力进一步增强。凭借着强大的制度化优势，"新潮流系"成为唯一从民进党组党以来一直存活到现在的派系。

"新潮流系"作为制度型派系的刚性特征主要表现在两个方面：(1)鲜明的政治路线。20世纪80年代"创流"初期，"新潮流系"以"台湾独立、群众路线、社会民主主义"作为其"三面大旗"，并毫不掩饰要以此影响党外及民进党发展方向的企图。②在此后发展过程中，"新潮流系"的政治主张虽然有所调整，但是整体来说却没有大的改变，组党初期"新潮流系"曾经有过由"急独"向"缓独"的转变，此后形成了"务实台独"的基本路线，然而这不过是路径的调整，"新潮流系"的"台独"基本诉求并没有改变。同时，群众路线一直是"新潮流系"遵循的斗争法则，对民进党政治行为模式产生了重要影响，从20世纪90年代的街头冲撞，一直到马英九执政时期的街头斗争路线，都有"新潮流系"影响的影子。"新潮流系"在理念认同上的统一强化了该派系的凝聚力。2007年"新潮流系"在党内备受打击灰头土脸的时候，有学者就指出其理念仍有感

---

① 李敖著：《李敖大全集（21）：民进党研究》，中国友谊出版公司，201年，202页。李敖这里所谓的"政党"，显然是指"新潮流系"，这里他已经把"新潮流系"作为一个政党看待。

② 许世铨等编：《台湾研究年度报告2002》，九州出版社，2003年，143页。

召力，并且其内部凝聚力仍很强。^①事实上"新潮流系"内部的共同理念成为其派系凝聚力的重要黏合剂，如果没有这种共同理念，仅仅依靠利益分配很难解释"新潮流系"长期以来能够保持较强内聚力这一事实。但是近年来的发展却可以看出一个趋势，即"新潮流系"的理念性正在逐步消失。陈孔立教授认为原来"新潮流系"是一个"理念－利益"的共同体，"现在却没有自己独特的理念"，照这样下去，即使他们自己也担心派系很可能"沦为只算计多少席立委、中常委或中执委等职位，工于政治谋略却失去中心价值的政治派系"，即单纯的"利益共同体"，或"公职人员俱乐部"。^②对于"新潮流系"来说，如果不能实现理念更新，未来的派系发展前景堪忧。

　　"新潮流系"刚性派系特征同时突出体现在其刚性的组织结构方面。有学者总结了其四个方面的特征：（1）坚持严格的"入流"标准及程序。任何人要"入流"，必须经过一系列严密的观察、考核及审查程序，除需有两位干部的推荐、背书之外，还要由区会送交最高决策机构"政治协商会"讨论，考核其对"台独立场、群众路线及社会民主主义"三大入流标准的理解深度；申请表格上还要填写对其操守、能力、专长及派系忠诚度的审核意见。（2）实行民主集中制。过去"新潮流系"因成员较少，在决策上采取"直接民主"，后来随着人数增加而在各县市设立区会，由区会选举产生全台派系代表，再由全台代表选举产生十五名"中央政协委员"，再由"政协"委员中产生总召集人和总干事各一名，派系日常工作由"新潮流办公室"负责，派系内还设有纪律委员会。（3）注重团队精神。"新潮流系"是一个高度重视合群性与凝聚力的团体，讲究"集体生产、资源共享"，派系中充斥着浓厚的"反个人英雄主义"的集体意识。（4）注重新人培养，自己建立了一套人才培训的长期计划。^③如果仅从形式上看，"新潮流系"其实就是一个政党，以其对成员的强大约束力，同时以严密的组织系统保证整齐划一的行动，这种行为模式虽然一直为党内诟病，却是"新潮流系"

---

　　①　孙升亮：《"新潮流系"缘何陷入困境》，《台声》，2007 年 6 期。许多学者认为"新潮流系"能够有如此严密的纪律得益于其共同的理念，但这个说法有值得商榷的地方。在民进党历史上形成的派系中，有相同理念的派系并不是没有，如"台独联盟"，但是却没有形成类似新系的战斗力。笔者觉得其中的关键还是在于新系领导者在派系内部资源分配问题上的共识，即以严格的纪律约束因资源分配引发的矛盾等。这些共识和政治资源分配制度的建立以及这些制度的严格执行可以有效阻止派系内部矛盾的发展，并可以保证"新潮流系"作为一个集体人格在民进党内实现稳定发展。

　　②　陈孔立：《民进党"新潮流系"的政治影响力》，《台湾研究集刊》，2005 年 1 期。

　　③　许世铨等编：《台湾研究年度报告 2002》，九州出版社，2003 年，148—151 页。本文还讲到一个特征是成员涵盖面广，笔者认为这不应该是组织方面的特征，而是成员结构方面的特征。

能够保持强大战斗力的重要制度性基础。

"新潮流系"在民进党内一直有着强大的影响力。自民进党组党以来，"新潮流系"对党内路线、决策、人事安排等都有相当大的影响，同时也是党内矛盾斗争的焦点。因为"新潮流系"在政治活动中一贯以低调作风捞取实地著称，虽然该派系自己不会推出领导人，但凭借强大的战斗力抢夺政治资源的能力在党内堪称一流，这种情形遭到了其它派系的妒恨，"新潮流系"也因此不断遭到其他派系打击和排挤，2006年民进党通过的"派系解散"决议是一个高峰。就民进党内的政治生态而言，"新潮流系"的存在是民进党内其他派系存在的一个重要理由，正是有了"新潮流系"的存在，其它派系才有联合起来的冲动，或者说其他政治人物才有组建派系的动力。从这个意义上来说，只要未来"新潮流系"存在并保持一定的活跃度，民进党内的派系重组就是一个必然的趋势，只不过这种派系互动的剧目可能再一次演变成"新潮流系"与"反新系"的斗争而已。不过对于"新潮流系"来说其他派系的攻击不足为虑，而自身组织的扩大却隐藏着潜在的危机。易言之，该派系的规模不可能无限制扩大。道理很简单，一旦规模扩大，其内部的控制可能会出现问题，难以保证组织的严密性和战斗力。同时，随着政治资源的增加，内部也容易出现分配的矛盾，例如所谓"南流"与"北流"的区分，其实质是陈菊和赖清德等行政首长随着实力增强与派系的关系开始发生微妙变化。"新潮流系"面临的更大危机在于党内可能出现的政治强人，如现在的蔡英文。也就是说，如果党内出现新的政治资源垄断者，"新潮流系"则可能会遭到频繁的打击。2016年蔡英文上台以后，与"新潮流"的关系始终是民进党内的一个不定时炸弹，不知何时会被引爆。

上述民进党内曾经存在的三种类型的派系形态在很长时间内是共存的。"新潮流系"就是从组党一直到现在都存在的刚性派系形态，而其他的派系则旋起旋灭，从类型上也已经经历了合作型派系为主到侍从型派系成为主流的转化。总体上来看，民进党的派系类型发展与其党内的政治生态有密切关系，因为派系作为政治资源分配的一个重要中介，受到政治生态的影响极大，民进党内派系类型的演变过程，其实反映的也就是民进党内政治生态的变化过程。

3.2 派系博弈规则变迁及其对民进党的影响

民进党派系博弈规则是该党在长期派系斗争中逐步沉淀下来的基本约束和

规范，大致标示了各个派系在民进党政治生态中的位置与坐标。在大部分情况下民进党派系博弈规则以不成文规约形式出现，反映的是一定时期派系势力的博弈结果，因此派系博弈规则只具有相对稳定性，而且这种稳定性取决于派系生态的基本稳定性，一旦派系生态发生改变，派系博弈规则也会相应进入调整期。在民进党历史上，在不同时期经历了"派系共治"、由合作型派系向侍从型派系转化以及党内权威加强情势下派系重组等派系生态变化，派系规则也因此不断重整。派系结构变化对民进党发展殊为重要，派系博弈规则变迁对民进党政治生态影响巨大，举凡民进党的政策形成、诉求改变直至政治生态的走向都受到派系结构及博弈规则变化的影响。

3.2.1 派系博弈的实质：利益分配

政党内部利益分配格局及模式可以很多方式展现出来，政党决策形成过程及结果是一个重要表征，决策过程在一定程度上也是政治资源的分配过程。政党的决策过程受内部结构尤其是派系结构影响很大。不同政党类型具有不同的派系结构，决策过程也因内部结构不同呈现出较大差异性。一般而言，集权式政党由于党中央具有较强的统合能力，决策往往自上而下由少数党内精英决定；分权式政党由于决策力量分散在各地方党部，党的中央组织不过是各地方党部的联合会，决策就需要通过较为复杂的协调过程来实现。除上述两种权力结构外，还有一种"派阀型"的政治结构，亦即政党决策并非来自政党组织意义上的决策机关或名义上的领导者，也非来自地方上的党务组织，而是以党内派系之间的互动与妥协为中心完成政策过程。[1]民进党的权力结构与上述"派阀型"权力结构有诸多相似之处。随着民进党的发展以及党内政治生态的改变，这种权力结构特征可能会发生一定变异，然而"类派阀型"权力结构的本质却一直没有发生太大的变化。民进党这种权力结构决定了内部权力和利益分配主要是通过派系之间的妥协和冲突来完成。因此有论者认为，民进党内没有真正的理念冲突，只是纯粹的利益分配。[2]这个说法虽然有点绝对，却也有其道理。从民进党的现实运作来看，一定程度上的理念差异还是存在的，但政治资源和政治利益分配成为民进党派系博弈的实质却是不争的事实。

民进党派系斗争可以追溯到党外时期，在民进党成立之前事实上就存在一

---

① 吴文程:《政党与选举概论》,（台湾）五南图书出版有限公司，1996 年，49 页。
② 陈文茜:《只怕陈文茜》,（台湾）INK 印刻出版有限公司，2004，102 页。

系列派系组织，或者是派系组织的雏形。民进党的成立本身也是派系联合的结果，该党主要由党外时期的两大团体（"公政会"和"编联会"）联合创立。民进党内的派系大多是从"公政会"系统与"编联会"系统分化而来。这些派系以反国民党的共同诉求聚集到民进党旗下，同时又因为理念不同，彼此之间的冲突与斗争非常激烈。民进党自成立第一天开始，党内派系斗争就始终伴随该党的发展过程，派系甚至常常凌驾于党的权力机构之上，成为决定民进党面貌、走向的关键因素，深刻影响着民进党政策制定、人事安排和组织体制。[①] 随着民进党发展以及在台湾政坛地位的不断提高，派系斗争中理念冲突的部分已经日益褪色，利益的争夺则逐渐成为派系博弈的主要内容。20 世纪 90 年代初民进党内路线斗争较为激烈，多少还带有理念冲突的色彩，随后党内路线斗争的强度开始下降。究其原因，在竞争性选举的基本情境下，如果不能持续获取政治资源，理念的坚持根本无以为继。在社会激烈对抗时期，理念的坚持可以强化政治分歧并成为政党生存的重要资源，不过自从民进党进入体制内以来，台湾社会的对抗烈度逐步下降，民进党内派系如果要求得生存，单纯依靠理念显然是不行的。从民进党自身的政治实践来看，一些单纯依靠理念的派系，如"台独联盟"事实上很难坚持下去，因为无法争取到政治资源，早已快速萎缩。

　　民进党成立后的派系斗争主要在"泛美丽岛系"与"泛新潮流系""两个大派系集团之间展开，其中还有一些小派系活跃期间，如"福利国连线"和"正义连线"以及"台独联盟"等，在民进党中形成了上述五个基本派系共生的局面。[②] 就当时两个主要派系而言，双方代表的群体利益是不同的。"美丽岛事件"之后，"泛美丽岛系"逐渐成为以公职人员为核心的派系，且随着黄信介、张俊宏等"美丽岛事件"受刑人的获释出狱而更加壮大。在具体的诉求和路线方面，"泛美丽岛系"强调协商、体制改革与议会路线的策略，在反对运动的进程方面，强调政治民主化的追求先于"台湾独立"。整体上来说"泛美丽岛系"比较倾向于体制内路线，强调在体制内与国民党展开竞争，并逐步消解国民党在台湾统治的优势地位。对于"泛美丽岛系"这些政治人物来说，因为"美丽岛事件"积累起来的政治资源成为其在公职人员选举中的最大筹码，而参与公职人员选举成功则进一步扩大了其影响，使其成为民进党中的优势派系。这种优势又促进了派系成员之间的联合，在面对来自非公职人员势力的挑战时，"泛美

---

①　杨毅周：《民进党组织派系研究》，九州出版社，2004 年，36 页。
②　朱松岭：《民进党政商博弈研究》，九州出版社，2011，73 页。

丽岛系"的成员自然有动力去维护现有的利益，所以当时在公职人员提名等方面双方的斗争殊为激烈。"泛新潮流系"脱胎自"党外编联会"，组织的具体化则是源于《新潮流》杂志的创刊，这个杂志成为派系运作的重要平台。在反对运动的路线方面，"新潮流系"比较强调抗争、改革体制与群众路线等诉求；而在反对运动的进程上，主张"台湾独立"的追求优于政治民主化。[①]"泛新潮流系"集中了当时反对体制的力量，对于公职人员在党内的优势地位不断提出挑战。面对当时"美丽岛系"的优势地位，"新潮流系"通过增加组织化程度以加强对抗。从这个意义上说"新潮流系"严密的组织体系事实上是在当时情境下进行政治利益争夺的现实选择。同时，从另外一个层面上讲，"新潮流系"当时坚持激进"台独"立场的做法充满了利益考量，此举主要是与"泛美丽岛系"在政治路线、组织路线和动员路线等方面进行抗衡。至于其它的中间派系，主要包括"福利国连线"和"正义连线"等，主要是由超党派联盟发展而来，在当时无法成为主流的情况下，主要的目标是在派系争夺中取得"关键少数"地位，成为派系博弈的"平衡器"，并以此扩大自己在党内的影响。"台独联盟"是 1991 年民进党"五全"大会中窜起的派系，是海外"台独联盟"迁台后逐渐形成的团体，后来"台独联盟"又分裂为"独盟"与"公投会"两个次级团体，前者强烈主张"台湾独立"的立即可行性，后者则推动"公民投票"运动，立场较为温和。"台独联盟"因为其强烈的意识形态色彩在派系的权力斗争中无法成为主流，特别是民进党决定走体制内路线以后更是如此。20 世纪 90 年代民进党的派系斗争主要围绕着权力争夺以及政治资源的分配权展开。即使是所谓的理念冲突，也往往要屈服于权力争夺与政治资源争夺的现实，因而权力和资源争夺是理解民进党内派系斗争的枢纽。

　　20 世纪 90 年代民进党内的派系斗争异常激烈，这一时期也是派系博弈规则的形成阶段，派系斗争的实践沉淀下来，形成了派系互动的基本规则。学界一般将这一时期称为"派系共治"时期。上述规则概括起来说主要有两个方面的内涵：一是实力原则，二是派系交换。就前者而言，一个派系需要有诸多具有相对实力的政治人物组成，否则的话就无法提高派系的整体实力，自然无法与其他派系抗衡。派系的组织既可以是利益取向，也可以是理念取向，事实上民进党初期这两种派系都存在过。这一时期并无一个派系能够占据主导性优势，

---

　　① 彭怀恩:《台湾政党政治》，风云论坛出版社，1994，133 页。

于是派系之间利益交换就成为常态。派系间的复杂斗争在1994年民进党第六届党代会选举上表现得淋漓尽致。此时民进党内任何人要当选党主席，单靠某一派系的力量根本不可能成功，必须进行派系间的利益交换，于是各种传闻不断，党内气氛十分诡秘。结果施明德连任党主席，各个派系均在中执委和中常委中获得一定席位，其中"美丽岛系"人数较多，但也没能取得绝对优势。随后施明德推出了"派系共治"的新任中央党职名单，除"台独联盟"以外的各派系成员均有任用。同时为了防止派系恶斗导致民进党崩解，会议还通过了"公职人员初选提名办法"，制定了党内公职人员初选的游戏规则。此后各派系的实力虽时有消涨，但谁也无法在党内取得绝对优势，派系间的联合与斗争虽然空前激烈和复杂，但也在妥协中维持了一种动态平衡。① 在这种结构下，各个派系在利益交换和实力原则的基础上建构出派系生态的基本框架。正因为如此，这个结构显然是脆弱的，一旦某个派系的实力发生变化，就会产生连锁反应。派系实力变化往往通过选举结果反映出来，派系成员在党职和公职人员选举中的成功是派系获取政治资源的重要保证，也是派系保持影响力的重要保证。同时因为选举需要，派系力量的分化重组频率也非常高，上述派系结构变化的累积推动了派系生态缓慢发展并促进了派系博弈规则形成。

陈水扁上台后的派系生态和派系结构发生了巨大变化，派系博弈规则也随之而变。这一时期民进党内的派系斗争主要围绕权力结构重构以及资源分配格局调整展开，利益交换和权力分配格局调整进入了一个新阶段，"利益分配－政治忠诚回报"的活动空前活跃。从政治学的视角来看，民进党派系结构的变化符合现实主义逻辑。哈罗德·D.拉斯韦尔认为，"所谓权力关系即是互换；或者，假如以一种更为动态的措辞加以表达的话，它是互利互惠。它也可以是在一种持续的相互作用的循环中暗示的给予（cue-giving）和暗示的接受(cue-taking)。"② 不过同样是交换，这一时期交换双方的角色以及交换的内容均发生了变化，因为党内有较强权威存在，资源分配变成了少数党内精英的专利，接受分配者则成为侍从者；同时双方交换的内容也不是政治斗争中相互支持的水平关系，而变成"利益分配－忠诚回报"的垂直关系。民进党的派系由合作型派系进入侍从型派系阶段，相应地这一时期党内的派系结构也从原来的水平联结逐步向垂直联结的方向转化。2006年"派系解散"其实是合作型派系在党内终结的标志

① 王建民、吴宜、郭艳：《泛绿：台湾政坛（下册）》，九州出版社，2007年，53页。
② ［美］哈罗德·D.拉斯韦尔著，胡勇译：《权力与人格》，中央编译出版社，2013年，4页。

性事件。有学者认为，派系早已成为民进党内极为特殊而又根深蒂固的权力结构和运作系统，该党通过的"派系解散"提案内容既缺乏对派系的明确界定，又没有解散派系相应的配套措施及罚则，这不仅导致民进党内围绕这一议题的争议仍旧持续，而且派系能否真正消失不无疑问，尤其是组织严密、纪律严明的"新潮流系"。此次"全代会"通过"解散派系"提案的同时，会场下却上演着各个派系为了中常委、中执委选举换票、固票的戏码，就是派系难以真正消失的最好注脚。[①] 显然，"派系解散"是不可能完成的任务，但是派系类型的改变却并非不可能。民进党通过派系解散的行为，事实上为合作型派系画上了句号，影响所及，派系之间边界开始清晰化并且不断固化，围绕着政治资源分配形成的派系结构日益稳定下来。及至 2008 年民进党下台以后，民进党内派系结构又进入到重新分化组合阶段，以蔡英文为代表的政治势力开始崛起并逐渐占据了主导地位，一些老旧派系虽然还有一定影响力，但影响力已经日渐衰减。2014 年"太阳花学运"之后，蔡英文党内地位提高，传统派系萎缩的速度加快，及至 2016 年蔡英文上台后，传统派系领袖如谢长廷、游锡堃等人被边缘化，传统派系的影响进一步式微。

3.2.2 派系斗争中的议题主导权争夺

民进党内议题主导权争夺是话语权争夺的重要表现形式。不过就题域本身的特征而言，话语权问题显然比较适合更大的分析框架，而对于民进党内的权力斗争来说，议题主导权是较为中观的概念和分析框架，因此本书涉及民进党内部派系在这个问题上的争夺时一般都采用"议题主导权"的概念，不过在建构话语和论述以取得竞争优势的意义上说，再者并没有太大差别。话语权的掌控系指行为主体在政治活动中根据现实情况和自己的需要进行论述建构并逐步得到受众支持的过程，话语权的要义在于在政治斗争中取得道义优势，并将这种优势转化为自己的民意基础。话语权结构也是一种权力结构，是民进党内权力结构的重要组成部分，不过民进党内话语权分配一般以隐性的方式存在，与政治资源的显性分配方式有所不同。民进党内话语权争夺事实上就是议题主导权的争夺。民进党的历史表明，谁能掌握党内的议题主导权，谁就能够掌握话语权，就有可能控制道义高地，进而可以控制党内权力斗争的制高点。正如话

---

① 潘新洋、陈建龙主编:《台湾百问》, 台海出版社, 2009 年, 196 页。

语权理论一般观点所说的那样，话语本身是调控权力之流的规则系统，主要表现为话语从权力建构力量向权力颠覆力量的倾斜：首先，话语体系具有潜在的影响、组织和操控政治社会存在和发展的权力。其次，话语体系在发展中形成了具有颠覆性的政治力量，通过不同方式实现了对政治权力，尤其是政治霸权的抵抗和消解。从这个意义上说，争夺话语权的目的不是改变话语的根本意义，而只是更改权力的归属。①民进党内的议题主导权争夺正是沿着这样的逻辑展开。

议题主导权争夺是一个动态过程，各个派系根据自己对形势的判断建构出符合自己政治诉求的话语体系，并力图以此作为自己政治诉求的合法化基础，提高派系在政治竞争中的生存优势。一般来说议题主导权的分布受到主观与客观两个方面的约束。从主观方面来说，特定政治势力往往以理念为先导，通过对理念的坚持建构系统的话语论述。民进党内"台独"基本教义派就是比较典型的个案，这批政治人物往往通过对"台独"路线、特别是激进"台独"路线的坚持争夺党内的议题主导权，并以此作为权力斗争的工具。20世纪90年代民进党内发生了激进"台独"和"缓独"的争论，"美丽岛系"和中间派系等务实"台独"派认为有必要修改"台独"党纲，但该提议却遭到"新潮流系"与"台独联盟"等激进"台独"派的强烈反对。1995年3月，民进党六届二次大会无异议地通过维持"台独党纲"的决议，标志着激进"台独"派在民进党内占据上风。同年7月至9月间，彭明敏和许信良角逐"总统"候选人资格，围绕着"台独"议题两大派再次展开激烈争论。结果，彭明敏以较大优势战胜许信良，一时"激进台独"派在民进党内似乎取得了绝对优势。②但是这种风光局面并没有持续多久，民进党在1996年"总统大选"中的失败在党内引发了对激进"台独"路线的强烈反弹，民进党也加速推动"台独"转型。易言之，20世纪90年代民进党的"台独"转型其实就是在"台独"话语失去市场的情况下进行的话语系统改造。在这次"台独"转型中，原来支持激进"台独"的"新潮流系"开始实现转型向"务实台独"方向发展，而"正义连线"的陈水扁则搁置"台独"立场，将主要诉求转向岛内政治议题和民生议题，成功取得了党内的议题主导权，并在2000年以"黑马"的姿态代表民进党成功取得台湾地区最高领导人选举的胜利。可以看出，客观约束特别是选举所形成的约束作用是民进党内各个派系进行话语建构的客观基础，对民进党的议题设计形成较强的约

---

① 张凤阳：《政治哲学关键词》，江苏人民出版社，2006年，347—348页。

② 王建民、吴宜、郭艳：《泛绿：台湾政坛（下册）》，九州出版社，2007年，54页。

束效果，对于党内一些不合实际的政治议题，以选举效率为中心的约束机制会产生较强的校正功能。

民进党内议题主导权的分布和权力结构的基本样态密切相关。从广义角度说，议题主导权也是权力资源的一个重要内容，相对于比较显性化的权力结构，议题主导权属于一种确定性不强的权力资源，是权力斗争中比较"软"的部分。组织行为学有观点认为，如果无法控制这些"不确定领域"，"就会危及到或可能危及到组织的生态或者内部的稳定。领袖们是这样一些人，他们能够控制对组织来说至关重要的不确定区域，而且他们能够在内部协商（权力的博弈）中利用这些资源，将它们转化为自身优势。然而，在组织内每名组织行动者至少控制了一小块不确定区域，即拥有了在权力博弈中可供利用的资源。"① 自民进党组党以来，不同的权力结构下产生了不同的议题主导权分布状态。民进党内的话语权结构大致有话语多元和话语垄断两种形态。2000 年之前民进党内话语结构是多元的。民进党本来就是一个反国民党的大杂烩，在组党初期话语多元是必然的，统派、"独"派甚至社会主义诉求都可以看到。随着民进党在台湾政坛势力的扩大，统派话语逐步被挤出了话语体系，"台独"诉求成为民进党的主流话语。不过在"台独"话语体系的内部，在如何实现"台独"问题上，民进党的话语依然是多元的，这与当时没有形成垄断性的权力分配结构有关。及至到了 2000 年，民进党取得了执政权，权力结构出现巨大变化，原来"派系共治"的局面被打破，党内话语体系也被重构，陈水扁式的激进"台独"诉求成为党内主流话语，冲撞式"台独"成为民进党的主流政治行为取向。相应地民生议题遭到漠视，统派话语被压缩到边缘，务实"台独"话语也基本没有生存的空间，整个话语结构呈现出垄断性特征。这一时期的议题主导权完全掌握在陈水扁手中。

及至民进党 2008 年在台湾最高领导人选举中败选下台，再加上陈水扁家族弊案的打击，党内话语权定于一尊的局面被打破，话语体系再次开始重构，这也是客观形势对民进党内议题主导权的强行校正，事实上意味着民进党的僵化议题结构不能适应两岸关系的现实，也无法给民进党带来更大的发展空间。随着民进党下台后党内派系重组活动展开，议题主导权争夺也日益激烈。民进党下台之初出现的党内关于两岸议题的讨论、对民进党价值重构的讨论以及 2012

---

① ［意］安格鲁·帕尼比昂科著，周建勇译：《政党：组织与权力》，世纪出版集团上海人民出版社，2013 年，28 页。

年民进党再次败选后向民生议题的回归，在一定程度上都可以认为是议题主导权争夺的表现。民进党内又呈现出一定程度的话语多元态势，各种诉求最起码可以被提出并被讨论。进入 2014 年上半年民进党内话语主导权争夺主要在蔡英文、苏贞昌、谢长廷之间展开。由于党内话语结构的重新多元化，话语权争夺的场域也并不唯一。具体来说，谢长廷将主要着力点放在两岸关系场域；蔡英文则主要将精力集中于岛内民生议题方面，更重要的是要实现其政治诉求与"公民社会"的联结，试图找到处理岛内政党政治以及两岸关系问题的方案；苏贞昌因为是党主席的缘故，不得不全面出击，防止两岸及经济民生等议题的话语权旁落于其他派系。从结果上来看，蔡英文显然取得了绝对优势，"太阳花学运"以后苏贞昌与谢长廷退出党主席选举事实上意味着蔡英文已经取得了党内的议题主导权。2014 年以后，特别是 2016 年取得台湾地区领导人选举胜利后，借党内议题主导权之余威，蔡英文在两岸议题上采取拖延与回避策略，同时压制两岸议题的讨论，已经逐步控制了党内两岸议题的走向，这也是蔡英文能够拒不承认"九二共识"的重要基础。

3.2.3 民进党为何能斗而不破？

民进党内斗惨烈早已是历史传统，无论是权力结构改组还是公职人员选举都是民进党内斗的战场。进入"战场"的许多民进党政治人物根，只要想得到的招数都可能拿出来进行政治攻击，这时民进党事实上就会变成一个政治"绞肉机"，人格谋杀、政治抹黑等非正常手段纷纷出笼，为达目的无所不用其极。民进党 2008 年"总统"选举党内初选中，各派力量转型为集结在"天王"旗下的不同势力集团，展开了一场史无前例的激烈竞争，相互攻讦的手法丝毫不亚于对付国民党，结果留下了难以弥合的裂痕。前"新潮流系"力挺苏贞昌，却遭到党内其他派系的联合抵制，使苏贞昌在党内初选中落败于谢长廷。[1] 最终虽然在陈水扁的强力干预下仍然形成了"谢苏配"的竞选组合，但初选中的激烈博弈和互相伤害成为苏谢难解的心结，"刀刀见骨"的攻击造成了两人难以消弭的伤痕，双方貌合神离，败选自是情理之中的事情。

民进党内惨烈的派系斗争与其反权威的政治传统有关。民进党在组党之初具有强烈的反权威色彩，在民进党组织结构的最初设计中，最高决策机构是中

---

① 王瑜:《大党的兴衰》，中共中央党校出版社，2011 年，220 页。

央执行委员会，它由政党代表大会选举产生。中央执行委员会再选举产生中央常务执行委员会，它负责管理党务工作。居于中常委之上的是党主席，尽管由普通党员直接选举产生，但只是"平等众人中的第一人"。党主席提名秘书长人选，1994 年后这一任命需要得到中执会的批准。党主席通常不得不从不同派系中提名秘书长人选以满足人们"没有任何一个派系可以主导党务的期望"。[①] 这种反权威的传统是民进党派系共治局面形成的重要基础。在制度上来说这种权力分散格局使党主席甚至党中央的权威很难集中于一人之手，从而为派系组织以集体力量插手党中央事务提供了较大空间；从心理上说轻视权威以及防止权威出现的传统使派系在争夺利益过程中没有太多顾忌，同时由于民进党是一个比较年轻的政党，党内较少按资排辈的传统，一旦投入派系斗争会毫不手软。按照一般的逻辑，民进党的反权威传统加上内部激烈的派系斗争极易造成该党分裂，但是民进党却在相当长时期内保持了"分而不裂"的局面。在民进党的历史上并非没有政治人物退出民进党者的先例，例如早期的施明德、许信良等，他们挟较高的政治威望退出民进党，但是政治生命却因此快速萎缩；民进党的历史上也有派系退出民进党者，"台独"激进势力在强行推动激进"台独"路线失败后出走另组"建国党"，但也因为无法扩张政治支持而迅速走向没落。这些个案发生之后，民进党内鲜有再脱党寻求政治空间者。

导致这种局面的原因在于，民进党虽然有反权威传统，但该党却有强烈的刚性政党色彩。民进党的这种刚性特征使其对党员具有较强的约束力，同时其反权威传统又强化了这种制度约束力，特别是在民进党组党初期，党内尚能较严格执行基本制度，使这种刚性特征更为明显。易言之，民进党在反权威以及尽力削弱个人政治影响力的同时通过制度刚性保证了政党的强大约束力，对分裂政党的势力保持了强大的压力，一旦有脱党者，则全党会迅速进行切割与止损，并祭以严厉的制裁。从这个意义上说，民进党的基本组织和运作结构与国民党在特征上有很大的相似性。

不过需要说明的是，组织刚性并不一定足以有效阻止政党分裂。可借以对比的例子就是国民党。虽然该党也有比较严格的党纪，但该党却已经历了几次大的分裂而元气大伤。民进党能够保持长期"分而不裂"格局最坚硬的支撑是该党支持者较强的政党忠诚度。民进党支持者对政党的支持度较高，对个人的

① 朱云汉：《中国台湾地区一党霸权的遗产》，见［美］拉里·戴蒙德、理查德·冈瑟主编，徐琳译：《政党与民主》，世纪出版集团上海人民出版社，2012 年，310 页。

支持则主要来源于对政党的支持。这种情况在台湾几十年的竞争性选举中早已得到了证实。易言之，对于政治人物而言个人在选民中的影响力与民众对民进党政党形象及品牌的支持密切相关。这也可以认为是民进党支持者的一种传统，这种传统的形成与民进党的历史发展轨迹有关。长期以来反国民党情绪成功地被转化为对民进党的认同，这种认同在多数情况下是出于理念而非出于简单的利益诉求而产生，相比较而言这种认同的稳定性较强，而且更容易集中于政党而非个人身上。这是民进党自成立以来政治支持稳定上升的一个重要解释路径。朱云汉指出，到 20 世纪 90 年代晚期民进党的认同者已经上升到有资格成为选民人数的 20% 还要多，民进党身份给党的被提名人带来大量可靠的选民支持，这反过来又加强了他们动员竞选资源的能力。[①] 整体看来，民进党支持者的形成并非是依附于传统地方性"恩庇－侍从"结构，虽然在民进党内不排除有这种类型的支持者，但民进党支持者中以反国民党为主要诉求者还是占有相当大比例。洪永泰教授甚至认为台湾选民投票取向的最高指导原则是基于"不认同"什么政党而投票，而不是因为支持什么政党而投票。这些持有"特定政党不认同"态度的人投票行为相当稳定，久而久之就形成了政治版图。[②] 特定的"政党不认同"极易转变成对另一政党的强固政党认同，一旦转变完成，这种类似于理念型的支持者显然和利益型支持者有相当大的不同，其政党的忠诚度相对较高，政治精英一般只有依附于政党符号系统之下才能获得较大发展空间。历史发展的轨迹使民进党支持者形成了比较强固的政党认同，而脱离政党的行为往往会被认为是"背叛"，支持者一般对这种行为较为鄙视。长期追随许信良的民进党政治人物翁章梁在谈及 1990 年代民进党抛弃许信良与施明德的问题时说，"在许信良、施明德被斗垮斗臭的过程中，我真正体会政治的现实与无情。那是一个争战及苦闷的年代，民进党的支持者要的是一个能够打败国民党的'战神'，而不是要一个天天挑战民进党集体意识的理想主义者或政治理论家，林义雄当

---

① 朱云汉:《中国台湾地区一党霸权的遗产》，见［美］拉里·戴蒙德、理查德·冈瑟主编，徐琳译:《政党与民主》，世纪出版集团上海人民出版社，2012 年，312 页。

② 洪永泰:《谁会胜选，谁能冻蒜?——预知政治版图，让民调数字告诉你》，（台湾）远见天下文化出版股份有限公司，2014 年，32 页。洪氏所言"特定政党不认同"既有对国民党不认同者也有对民进党不认同者，不过洪永泰没有进一步追究特定"政党不认同"的原因，民众中不支持民进党者大都是军公教人员居多，这里不能排除利益取向的可能；而对于不支持国民党者，则利益取向的因素相对较小，否则很难解释在民进党没有资源的时候还有那么多民众支持的现象。

选党主席，可说是民进党群众对许信良、施明德的反扑。"① 易言之，民进党政治人物即便脱党也根本无法将支持者带走，这也意味着民进党政治人物一旦脱离民进党，政治空间立即遭到极大压缩，政治生命基本终结。

民进党的基本政党属性及其支持群体特征形成了该党派系斗争的基本约束机制，对该党派系生态的影响既深且巨。一方面，虽然派系斗争非常激烈，但是在派系斗争之外，派系之间的合作也是派系关系的重要内容。原因很简单，对于民进党来说，整体利益是个体利益的根本保障，如果没有整体利益的实现，派系利益根本就无从谈起；另一方面，派系斗争使民进党长期以来保持了一定程度上的有序竞争，这也是民进党能够保持活力的重要原因。派系斗争的存在为不同政治诉求保留了存在空间，一旦主流诉求遭遇失败，这些被压抑的政治诉求可以迅速取代原有诉求成为主流诉求，民进党内这种观点和理念的转变速度非常快，各种论述"你方唱罢我登场"也司空见惯。同时，派系的存在对民进党生存本身的影响也并不全是负面的，在相当多的时候正面影响大于负面影响。林劲教授以"新潮流系"为例对民进党的派系生态进行过说明，他认为"新潮流系"的壮大对民进党发展具有重要意义和作用：（1）"新潮流系"有较强的组织动员能力，有一批理论水平较高、热心党务工作的中青年党工，对民进党的组织发展具有重要作用；（2）"新潮流系"有丰富的基层工作经验，有一批长期从事社运的工作者，有一批长期为公职人员辅选、助选的人才，有一批为"民意代表"担任助理的青年幕僚，这有利于民进党进一步开拓社会基础，扩大支持力量，尤其是更广泛地争取中下层民众的支持。② 类似"新潮流系"这样刚性派系的存在，使民进党内竞争变得激烈起来，客观上对其它派系产生了压力，使其必须不断扩大政治影响以增强派系实力和生存空间，在不致引起民进党分裂的情况下，"新潮流系"实力的加强对民进党在一定程度上保持政党活

---

① 何荣幸：《学运世代——从野百合到太阳花》，（台湾）时报文化出版企业有限公司，2014年，233 页。

② 林劲：《现阶段民进党基本态势分析》，见周志怀、杨立宪、严峻主编：《两岸关系：共同利益与和谐发展——全国台湾研究会 2010 年学术研讨会论文选编》，九州出版社，2010 年，195 页。林劲教授认为"新潮流系"的存在对民进党的意义还有：该系与台湾各界各阶层青年有较为广泛的接触，聚集大批年轻的支持力量，包括相当数量的外省籍第三、四代，这在中央党部的正副主管以及地方党部都占有一定的分量；"新潮流系"曾经是陈水扁、谢长廷以及党内某些无派系背景的重量级人物林义雄、蔡英文等不能不借用及联合的力量，而该派系凭借自身优势，左右逢源，利用各种矛盾及竞争，获取最大的派系利益。不过这两个方面的内容主要强调"新潮流系"自身发展的问题，所以这里不列入正文。

力及反省和改造能力显然是有利的。所以我们在讨论民进党的派系斗争问题时，如果从派系生成的及博弈的基本语境出发去考虑问题，可以发现派系对民进党造成的影响是复杂的。同时需要指出的是，随着蔡英文地位的上升，民进党的权力结构进入了一个新的调整周期，这种变化对未来的派系生态会产生何种影响，是一个值得持续观察的问题。

3.3　世代关系与派系生态及发展趋势

民进党世代关系变化对派系斗争有着深刻影响。一般情况下"世代"主要是指家族或家庭中具有血缘关系以及生物传承性的交替过程，这种语境下的"世代"划分是比较清楚的。如果涉及人数较多的群体，"世代"的概念会相对复杂，主要指涉不同年龄差异以及不同价值观念系统下的代际差异及彼此整合的过程。如果从历史的长时段上来说，世代往往指涉文化及历史传统的传承，即世代区分主要指文化层面的区隔与承继，其度量单位相应来说也是长时段的，往往可以跨越几代人的时间。政党派系视角下的世代关系主要指涉上述群体层次的意涵，即在一个政党或派系中按照进入政治系统的时间长短区分出不同的群体，这些群体因为进入政治系统的时间先后有别，所以在价值观以及行为模式上有一定的差异，并在政治结构中处于不同位置。这些不同群体之间的互动构成了民进党的世代关系，其变化对权力结构、派系运作、精英甄补模式均会产生较大影响，并进而影响到民进党的政治生态。自 2000 年民进党上台以来，党内世代关系变化对政治生态产生的影响越来越清晰地呈现出来。

3.3.1 简析政治中的代际关系

讨论到民进党的世代关系问题，首先需要清理政治世代的概念。台湾学者刘义周认为，对政治世代的解释，一个是以年龄为经常使用的变量，以年龄来解释个人行为意味着人的若干态度会随着年龄增长而改变。有的理论则认为年龄不是真正决定人行为的原因，而是人所处的特殊环境及政治社会条件。由于同年龄的人生于同一时代，常有同样的政治社会经济等环境条件，所以他们的政治态度也很可能相似。第三派则合并了前述两种说法，认为出生于同一时代的人一方面经历类似的历史，一方面他们的生命循环历程也差不多是同步的。

于同一时代出生的人倾向于运用同一参考坐标看世界，产生近似的政治观。^①
一般的"世代"标准大多依第三种说法而定。按照这种定义，同一世代的行为
者因为成长于大致相仿的时代背景以及具有大致相同的生命周期，所以看待世
界的标准也大致相同。不过这里过分强调了环境的影响，同时也强调了环境影
响在一定时期内的齐一性，却忽视了两个问题：一是环境因素并不一定具有齐
一性的影响；二是代际传承往往会大于代际差异，特别是在政治结构和政治生
态相对平稳的局面下更是如此。由此看来，"政治世代"的概念内涵其实相当复
杂，以年龄差异为标准划分世代有其固有的缺陷。

　　一般的代际分层往往都是采取静态的分析框架，这是建立分析范式时简化
分析框架的权宜做法。为了更好地理解世代的含义，需要对流动的世代关系做
一种相对的静态处理，即假定每个世代关系中"世代"都是相对均匀分布，并
且能够清晰地识别其中的时间顺序。^②在学理分析中，这种代际关系的静态化处
理有其道理，不过从现实来看，代际关系事实上非常复杂，将同一年龄层次作
为一个世代仅是可以作为一种参考的划分方法而已。在民进党的世代划分方面，
这种混乱的局面一直存在，"美丽岛世代"与"美丽岛律师世代"的划分是在
2000 年民进党上台以后才出现的，此前基本上没有进行这种世代划分的尝试，
这种划分是从历史角度看民进党发展变迁的结果，依据是民进党内权力生态的
变化，事实上很难说是以年龄为标准展开的分类。这两个世代在价值观、行为
方式等方面均有不同。相比较而言"美丽岛世代"身上还可以看到一些理想主
义的特征，但是到了"律师世代"以后就变得非常务实。出现这种差别的原因
并不是两个世代的年龄差异，而是两个群体不同的政治生活经历所致。

　　故而在谈及代际关系时尽管是单纯的静态分析，也无法回避代际关系本身
所具有的流动性和模糊性。正如大陆学者廖小平所指出的，"代是'年龄—社
会—文化—历史'之流。'代'是一个动态的概念；'代'本身就是一个连续的
过程。因此，我们必须以动态和过程的观点来看'代'"。^③代际关系的研究必
须涵盖两个方面的内容：（1）代际关系是多种因素交叠作用的结果，代际区隔
是以年龄为基础，以具体的文化和社会环境为基本约束条件，包括了不断交替

　　①　刘义周：《台湾的政治世代》，（台湾）《政治学报》，21 期，1993 年 12 月。
　　②　刘雪斌主编：《代际正义研究》，科学出版社，2010 年，5 页。
　　③　廖小平：《伦理的代际之维——代际伦理研究》，人民出版社，2004 年，31 页。转引自刘
雪斌主编：《代际正义研究》，科学出版社，2010 年，5 页。

和更迭的过程。在这一过程中，代际的差异取决于环境的变化，在激烈变动的环境下代际的差异可能会相对变得比较大，而在相对稳定和发展平缓的环境中，代际的差异会相对较小。（2）代际关系是连续性和断裂性的交叠。在大部分情况下，代际的交替与更迭并没有明确的界限和典型的标志性事件，即使是许多明显的标志在当时看来也许并不明显，许多标志性事件往往是事后才显现出划分世代区隔的意义。也正是这个原因，"美丽岛世代"与"律师世代"的代际分野一直到 2000 年民进党上台才变得清晰起来。在现实中事实情况往往是，一个世代在没有退出历史舞台的时候，新的世代就已经开始生长并逐渐壮大起来，而旧的世代退出历史舞台后相当长的时间内还保持着强大的影响。于是世代交替的界限会变得比较模糊，代际关系会同时显现出连续性与断裂性交叠的特征。

按照代际关系的不同可以分为"传承型"和"变异型"两种代际关系，这两种代际关系的形成与当时的环境及世代自身的生活经历密切相关。传承型的代际关系表现出来的特征是世代之间的逐步更迭以及稳定传承，这种代际关系主要强调世代间的传承性，更多强调世代之间的纵向联系。这里需要区分的概念是团体间与世代间的关系，即不能将世代关系与团体关系等同起来，或者说不能将不同世代当作不同的团体来看待。世代关系与团体关系最大的不同在于其必然具有某种意义上的传承性，而团体关系则未必。相应地，即便不同团体和不同世代在社会中都可以存在某种程度的紧张关系，但世代之间的联结仍是相当坚固的。[1] 就政治生活中的世代交替而言，一般来说传承型的世代关系在相对稳定的政治和社会环境下更有可能形成。在这种情境下，老的政治世代有足够的时间培养自己的接班人，同时也有足够的时间和机会可以将自己的价值观以及行为方式完整地向下一世代灌输。因此新世代身上带有明显老世代的烙印，这种烙印涵盖价值观和行为模式等各个方面。同时，这种世代关系下的交替往往很难带来激烈的政治变革，新世代受到上一世代建构起来结构的较大限制而趋于保守。在我们看到的历史中，大部分情况下的世代交替都是这种传承型的世代交替，这种代际关系的存在本身也意味着政治系统自身的稳定性。也正是在这个意义上说，世代间联结是紧密而且稳定的，不似团体间关系那样易于变化。

与传承型世代关系相对的是变异型世代关系，这种世代关系总体上来说是

---

[1] 王卓祺主编：《东亚国家和地区福利制度：全球化、文化与政府角色》，中国社会出版社，2011 年，171 页。

趋于紧张的，比较而言更强调世代之间的差异与冲突。这种代际关系并不忽视代际传承，但强调代际差异大于代际传承。有学者认为，作为一种存在于人类世代关系中的社会现象，代际差别主要是指不同代际的人们在价值观念、生存方式和行为取向等方面所出现的差异、隔阂以至于冲突，而且这种差异和冲突，会随着社会快速变化而加剧。[①] 一般来说在变化比较激烈的政治与社会环境中更容易形成代际的差异与冲突。原因在于，在变化激烈的政治结构和社会情境下，年轻世代的价值观形成并非只来自上一世代，而是具有多种来源，并通过多种渠道产生影响。易言之，在变动剧烈的社会和政治情境下，老的政治世代已经无法垄断对年轻世代价值观和行为模式灌输的权力和渠道，价值观和社会认知形成的多元性构成了其无法完全干预的现实存在。也正是因为这样，年轻世代对老一世代的依赖性也相对较小，比较可能形成自己独立的思想以及独立的组织结构。如此则代际关系更多呈现出差异性和冲突性特征，而这种差异性和冲突性往往会带来激烈的世代交替过程。

民进党自 1986 年成立以来，大致形成了三个世代的分际，即"美丽岛世代"（以"美丽岛事件"中的受刑人及其家属以及同时代比较活跃的政治人物组成）、"美丽岛律师世代"（以"美丽岛事件"辩护律师群为主体的政治群体）、民进党新世代（崛起于 20 世纪 80 年代、以"学运世代"为主形成的民进党第三世代）。[②] 这是一种相对简单的划分，其实民进党在"美丽岛世代"之前还有一个"党外世代"，包括郭雨新等长期在台湾政坛以党外身份活动的政治人物。不过在当时的政治情境下，这批党外政治人物无法撼动国民党当局的专制统治，产生的影响也比较有限，而且本文所要分析的主要对象也不是这一批政治人物，所以在进行世代划分时不讨论这一世代的情况。民进党"新世代"经历了自 2000 年到 2008 年下台以后的重组过程，组成结构也发生了相当大变化。在民进党的代际关系中，"美丽岛世代"和"律师世代"基本上属于差异型的代际关系，而这一时期世代交替也是以激烈对抗的方式来完成，而"律师世代"与"新世代"则属于传承型的世代关系，世代交替中虽然也有竞争和斗争，但是整体来说还是相对比较平稳的，没有出现类似 20 世纪 90 年代世代交替中的激烈对抗局面。

---

① 洪治纲著：《心灵的见证》，广东人民出版社，2009 年，4 页。

② 陈星：《简论民进党新世代的接班困境》，《台湾研究》，2007 年 6 期。

3.3.2 代际关系变化与派系组织形态嬗变

民进党的世代特征及党内派系结构样态受政治情境影响极大。"美丽岛世代"产生于台湾政治变迁最为激烈的20世纪70和80年代，其世代性格兼具理想性与对抗性特点。这一时期台湾的政治变迁非常剧烈，经过了50年代和60年代的经济起飞以后，台湾的社会危机逐步显现出来，这些危机部分因国民党的专制统治引起，更多则由于发展本身所引起，即白鲁恂所谓的"政治发展中的危机"。白鲁恂认为政治发展中的危机是由认同危机、合法性危机、贯彻危机、参与危机、一体化危机、分配危机等六大危机引起，并将此归纳称为"发展并发症候群"。[1] 这种发展性危机在台湾社会表现得非常明显，自70年代开始的民主化危机就是典型的外显形式。当时由于政治参与渠道不畅通，新生代及新生政治集团等政治势力无法通过制度化途径进入政治过程，参与危机、整合危机和贯彻危机就必然产生。新的利益诉求和新的问题出现会破坏旧制度的连续性。当社会急剧变迁时，"各种利益团体、社会力量，在野势力与执政当局的歧见和利益冲突已无法用旧有规范加以限制，尤其是政治权力的获取直接影响到社会财富的重新分配,这就使分配危机对整个社会产生具有破坏力的影响"。[2] 对国民党来说上述发展性危机处理的过程事实上就是如何将新的利益表达整合进政治系统的过程，这个过程的启动使得社会和政治结构处于快速分化和激烈变迁的状态之中，制度的稳定性受到了冲击，政治结构的稳定性也迅速降低。在这种背景下，新的政治势力不断涌现出来并冲击现有的政治体制，从而形成了民进党派系结构的基础。也正是因为政治情境的这些特点，这一时期民进党内的派系以合作型派系为主，不断兴起的派系组织使派系之间的分化组合变动频率非常高，派系结构变化也极为快速。就代际关系而言，这一时期兴起的派系与上一世代之间的联结并不十分紧密，而激烈的政治情势变化又使得双方的差异性扩大。"美丽岛世代"势力扩大以后，传统的"党外世代"迅速边缘化，在这方面最有代表性的政治人物是党外大佬康宁祥，康宁祥一度执民进党发展之牛耳，但"康系"在民进党成立后却迅速式微。

经历了90年代的发展以后，台湾政治形势发生了巨大变化，一方面国民党

---

① ［美］鲁恂·W.派伊著，任晓、王元等译:《政治发展面面观》，天津人民出版社，2009年，80—85页。

② 杨锦麟:《对近年台湾政党政治现象的初步考察》，见陈孔立主编:《台湾研究十年》，厦门大学出版社，1990年，35页。

当局的威权统治逐步瓦解，民进党等反对势力不断扩大并且取得了比较稳固的政治支持，双方在一定范围内达成了相对势力均衡；另一方面民进党在这段时期也形成了比较稳定的派系生态。派系成为党内政治资源分析的主要依托结构，这也意味着派系逐步控制了党外力量进入民进党的入口，当然这也意味着新的政治和社会力量进入政治系统的空间和渠道都在不断缩小，即新进入民进党的政治力量，如果没有派系依托，很难立足并生存起来。如果说在前一段时期民进党内的代际关系还比较模糊的话，这一时期的代际关系则变得逐步清晰起来。当时由学生运动进入政治系统的年轻世代的选择空间显然比律师世代要小得多。在政党控制了社会势力进入政治系统的入口，第三势力生存不易的情况下，这批年轻世代依附于政党是不得不然的选择，如果在民进党要有所依托，则进入派系又成为不得不然的选择。杨照在谈到这个问题时说，学生运动有"思想运动的一面和政治运动的一面，学运世代也就随而划分成思想路线与政治路线的两批人了"。随后台湾进入最激烈的民主制度变化时期，很快地，政治路线的"学运世代"崭露头角，"相对地，思想路线就退到边缘去了。马永成、罗文嘉是政治路线中最醒目的代表，而郭正亮、林佳龙则是先选择了思想路线后又转到政治路线的新一批明星。"[1] 学生运动领袖一旦进入政治系统，就必须依附于特定的政治派系，在当时民进党内派系林立的情况下，这实在是唯一的选择。在民进党中坚持思想路线显然不易，但是只要转入政治路线，就必须加入派系。于是，派系领袖与后来者之间形成界限分明的世代关系，以及清晰的代际伦理。

民进党部分派系内部这时开始出现侍从主义特征，代际关系和代际伦理与以前相比也发生了变化，这与部分派系领袖如谢长廷、陈水扁个人手中政治资源不断增多有关。王振寰认为侍从主义是"特殊利益与政治支持之间的交换，而与国家机器的分配和控制资源的角色有关"。"由于国民党政府几乎全面控制来台初期的所有资源，因此使得它得以利用这些资源酬庸忠诚的部属，或赋与本地精英这些垄断的利益来交换其政治上忠诚的工具。"[2] 在民进党的代际关系中，带有侍从主义特征的政治结构迅速成为主流，特别是在 2000 年民进党上台以后，由于该党手中的政治资源增加，以资源交换为中心组织起来的派系迅速

---

[1]　杨照：《困境台湾——我们能怎么办？》，（台湾）INK 印刻出版有限公司，2006 年，106 页。

[2]　王振寰：《台湾新政商关系的形成与政治转型》，见徐正光、萧新煌：《台湾的国家与社会》，（台湾）东大图书股份有限公司，1996 年，85 页。

壮大，其它类型的派系则在排挤之下不断萎缩直到消失不见。政治资源分配在派系的重构过程中发挥了重要作用，被视为扩大派系力量甚至增强民进党政治地位的关键性因素。有论者谈及民进党对资源分配的态度时说，陈水扁与民进党把权力与资源看得"太大、太了不起，以为可以靠操控来扭转；又把人性看得太廉价，相信招降纳叛，只要有官位，人才到处有"。^①民进党上台后，一些原先较具实力的派系如"美丽岛系"已经基本瓦解，而以陈水扁、谢长廷、苏贞昌、游锡堃等资源拥有者为中心的派系迅速兴起，在这些资源掌握者之下又形成了次于"律师世代"的"新世代"，其中后者对前者具有比较强的依附性，世代之间的交替也很难出现"律师世代"对"美丽岛世代"那种激烈斗争的代际关系模式。

侍从型派系的扩大意味着派系内部结构和党内派系生态进入了一个新阶段。具体来说，新老世代之间伦理关系比较清晰，道德秩序井然，年轻世代很难有挑战上一世代的机会，即便有机会也很难挑战成功。类似民进党内罗文嘉等挑战陈水扁权威最后却铩羽而归的个案并不少见。在这种派系结构下，派系的基本价值规范和行为准则是通过两个互相联系的机制完成的。^②一是强化机制，即派系领袖们通过奖励或惩罚的手段，将派系的行为准则和规范灌输给下一代；二是认同机制，即年轻世代通过自己的学习和模仿，极力达到上一世代所要求的价值认同。这两种机制相互独立同时又相互影响，构成了派系内部世代关系的基本特征。显然这种世代模式更多属于传承型的世代关系模式。同时这也意味着派系内部不同世代之间的联结趋于紧密，这种联结既有利益上的约束，同时也有道德和伦理上的约束，从而使派系内部呈现出相对的稳定性，如果没有环境改变的影响，这种世代关系大致会依规按传承型派系的内在逻辑传承下去，即上一世代会按照自己的意志安排好接班顺序，按部就班地完成接班程序。通过这种方式完成的世代交替在行为模式和价值观念上也会体现出较强的延续性。不过这种世代交替的实现有一个前提就是政治资源获得的连续性与稳定性，即侍从型派系赖以存在的利益和资源分配纽带能够保持连续性。这在选举竞争异常激烈的台湾来说显然有其现实的难度，而一旦派系不能获得稳定的资源很快就会走向瓦解，派系结构重新进入一个分化组合的过程。

① 黄创夏：《用人看忠诚，专业靠边站》，见陈国祥主编：《哭泣的台湾：看民进党执政八年》，（台湾）INK印刻出版有限公司，2008年，6页。
② 金国华：《现代青年学》，中国青年出版社，1989年，251—252页。

民进党派系内部结构变化对派系之间的横向关系产生了很大影响。派系内部结构的日益紧密意味着派系间壁垒逐步加强，派系斗争的烈度也不断增加，民进党年轻世代不可避免地卷入这种派系斗争，刘一德在谈及这个问题时说，派系矛盾被某些实际上是权力斗争的因素掺入之后，变得复杂和膨胀起来；使得许多不知其所以然的新生代亦跟着卷入是非之中。"同是第三代，甚至几年前同在一个学校，还是同在一个秘密学运社团的年轻战友，如今竟然分属不同派系，界线分明的情况很不少。"从这个意义上说，"派系在某些情况下是拔擢和培养新生代的管道，但从整个党的角度去看，派系也往往变成了阻碍新生代进入核心、模糊新生代目标的迷障"。[①] 可以看出，所谓"新世代"依附于不同的山头领袖，因为派系斗争的缘故这批年轻的政治人物无法主动和独立地选择自己的政治道路。也正是因为这样，这批政治人物虽然被称为"新世代"，却无法形成一个独立的整体，从这个意义上说他们根本无法作为一个"世代"在民进党内发挥影响。

3.3.3 代际关系变化与党内权威的加强

在台湾的政治结构和政治生态中，派的存在是政党运作中必不可少的因素，如谢长廷所说，"只要是民主政党，而且这个政党有前途，有发展性，就会有派系"。"派系在政党中存在其实是很正常，很人性化，禁止派系虽然可以，却非常窒碍难行。"[②] 不过派系的存在固然是常态，但不同的政治情境却可能形成差异极大的派系生态。进入 21 世纪后，台湾社会的政治发展进入一个新阶段，社会剧烈变革时期的政治激情已经逐步消逝，政治情境逐步趋于保守。其中最显著的变化是中产阶级的态度变化。20 世纪 90 年代最希望打破国民党体制的是上升的中产阶级，尤其是都会区的中产阶级，他们引领风潮。"民进党失掉都会区的支持，不是因为照顾农业而顾此失彼，而是社会形态、社会条件变了。在世界性的情势变化下，原本上升的中产阶级发展停滞，甚至开始走下坡，对这样的中产阶级来讲，突破现状不是进步，而是意味着失去，所以转向保守，

---

① 刘一德：《民进党第三代》，28 页。本资料来源于厦门大学台湾研究院资料室藏书，原书只注明了作者，没有出版社及出版年限，不过从书中内容来看应该是 1991 年的出版品。
② 谢长廷：《谢长廷新文化教室》，（台湾）月旦出版社股份有限公司，1995 年，121—123 页。

希望不要变。"① 社会心态的变化毫无疑问会影响到政党的政治生态,随着民进党自身的发展,该党的权力结构趋于稳定,派系结构也逐渐沉淀下来并获得了相对稳定性。相应地,传承型的世代关系逐渐取代差异型的世代关系成为世代关系主要形态。这种世代关系的出现本身就意味着的政治权威的加强,同时又由于以资源分配为中心的侍从主义模式确立,更加强了政治权威的地位。2000 年民进党执政后陈水扁在党内的政治权威迅速增加,对其下派系领袖的主动性不断增强,而各个派系领袖在内部的控制力也不断增加。与政治权威扩增情形相伴而来的就是党内民主的消失,民进党的政治运行规则开始重新塑造。按照米歇尔斯的观点,"领袖权力因组织发展的要求而扩大,这使所有政党组织都趋向于寡头统治。"② 台湾的情况与米歇尔斯的判断基本是相符的,领袖人物权威的加强与党内民主的缺失,是一体两面的关系。

当然,这是从纵向上来看民进党的权力结构,上文已经提及,如果从横向上来看新的世代由于被派系分割,难以作为一个世代整体存在。有学者总结了民进党新世代的基本特征,认为这个所谓的"新世代"存在着没有自己完整政治论述、决策粗糙并缺乏必要的战略高度、无法建立起自己的班底和团队等问题。③ 出现这种情况也是形势使然,因为"新世代"对"律师世代"本身就具有侍从性,具有很强的依附色彩,显然无法形成自己的班底;他们的位置决定了其决策地位很难达到一定的高度;从他们担任的具体工作来看,根本也不需要这样做。对于类似马永成等负责选举操盘的"新世代"政治精英来说,只需要把选举的具体事务处理得当就好,他们所负责的只是战术上的问题,至于战略安排,根本无需他们负责,这种情境下培养出来的政治精英,当然不可能有战略视野。同样的道理,由于这批"新世代"政治人物注重于技术性的工作,形成自己比较独立论述的可能性也非常小。这些"新世代"政治人物彼此之间无法形成横向联结是影响这一世代发展的最大问题,正如上述及的那样,纵向联结的加强事实上消解了横向联结的动能,纵向联结越强,对横向联结的抑制效果越明显。这种情况无疑在反向上加强了党内权威的扩大,"新世代"无论从

---

① 萧阿勤:《世代,理想,冲撞——1980 年代:林世煜先生访谈录》,《思想》,第 22 辑,(台湾)联经出版事业股份有限公司,2012 年,150 页。

② [美]萨托利著,冯克利、阎克文译:《民主新论》,世纪出版集团上海人民出版社,2009 年,167 页。萨托利认为他并没有给组织下一个完整的定义,所以不能说断言所有组织都必然是跟民主不可调和的寡头统治。

③ 李微明:《民进党新世代群体研究》,《台湾研究》,2006 年 1 期。

横向上还是纵向上都难以形成对政治权威的挑战，只要党内的权力和资源分配结构不变，权威的加强就是不可避免的趋势。

这种情况意味着民进党内"新世代"事实上对资源分配结构具有相当的依赖性，一旦资源分配格局发生变化，"新世代"要进行重组的时候，立刻就会面临困境。2008 年以前民进党掌握资源的情况下这种世代结构和派系生态可以维持下去，但是民进党一旦失去执政权，手中不再有大量政治资源的时候，这种世代关系就会受到冲击，而这时"新世代"的生存能力将会受到考验。有学者在谈及 2008 年以后民进党"新世代"的困境时说，在自身的生存危机压力下，"学运世代"必将重新思考自己的定位与出路。但是 2008 年"总统"选后，"学运世代"因没有行政资源、没有政治班底、没有共识，世代实力并不足以任其放手一搏，故并未表现出民进党兴亡"舍我其谁"的气魄，没有抓住机遇一举将党机器掌握在手的能力。[①] 事实上，不是"新世代"不想掌握党机器，而是在当时的派系结构和代际关系下根本不可能实现这样的目标。其中最为关键者就是派系领袖一直不愿意退出权力舞台，其中最主要的代表就是苏贞昌与谢长廷，2008 年以后在政治舞台上还相当活跃，因为侍从型派系代际关系的特征使然，以他们为首的派系内部根本无法形成挑战性的力量，派系格局依然是执政时期的延续，"新世代"的横向联结依然无法建立起来。这也是民进党在 2008 年以后一直在困境中挣扎的部分原因之所在。

在民进党发展的过程中，年轻世代的快速崛起曾经作为其政党发展的基本特征而被党内精英津津乐道，并被作为世代交替快速、政治力量更新顺畅的标志，同时也作为对国民党的优势而被经常提及。郭正亮认为，民进党新人辈出成为政党转型的重要特征。不管是政务官、"中央民代"、党务主管，民进党的年轻干部在相对比例上都远高于国民党。干部年轻化不但使党的论述创新更为丰富，同时也使民进党更能吸引青年的共鸣。同时郭氏还认为这预示着民进党在未来可能实现转型成功的有利因素，"反对党的政党转型都有两个共同特征：一是论述创新，由此超越党的传统教条，扩大党的潜在支持，强化人民对党的信心。二是世代交替，由此改变党的权力结构，强化党的创新活力，扩大人民的参与机会。"[②] 但是这里显然过分强调了年轻世代规模扩大的影响，而没有考虑

① 徐青：《民进党"学运世代"两岸政策主张的特点及其影响》，《台湾研究集刊》，2008 年第 3 期（总第 101 期）。

② 郭正亮：《政治突围》，（台湾）时报文化出版企业股份有限公司，2001 年，125—126 页。

到民进党代际关系的根本性变化，事实上当时年轻世代规模扩大主要原因在于民进党手中可以掌握的政治资源不断扩大而没有那么多的人才，所以不遗余力拔擢年轻人。事实上在年轻世代扩大的同时代际关系已经和以前有了根本性区别，这些年轻人经过派系的切割，作为一个世代存在并发挥影响的可能性极小，而且由于他们中的思想路线者被边缘化，年轻世代大都致力于实务性和技术性的工作，形成论述的可能性也被压缩了。

　　民进党下台以后，世代交替一直是一个大问题，在此后的政治博弈过程中，这个问题一直若隐若现，影响甚至左右着民进党的发展。蔡英文的异军突起并不是偶然的，概括起来说主要有以下几个方面的原因：（1）蔡英文本身没有派系的色彩，在陈水扁下台后蔡英文正是因为没有派系的色彩才在各个派系的妥协下成为民进党主席，也正是没有派系色彩，蔡英文才有可能整合起各个派系的力量，而这种背景也正是蔡英文能够突破党内派系结构建构自己派系的主要原因。（2）蔡英文主打的是"世代交替"牌。自从 2008 年开始，蔡英文始终有意无意地强调其作为"新世代"代表的身份以及推动民进党世代交替的意愿，这种表态使民进党内的"新世代"政治人物逐步聚集到蔡英文的旗下，使其势力不断扩张。（3）蔡英文进行了论述整合，重新确立了"勤政、清廉、爱乡土"的价值诉求，同时适应台湾社会的变化，将公民社会理念引入民进党的论述之中，力图重新掌握社会运动的主导权，并为民进的长期发展奠定新的论述基础。（4）蔡英文放弃了民进党一贯坚持的与国民党进行对抗的政治动员模式，开始强调深入基层展开动员，加强基层服务，争取基层选民的支持。（5）加强对青年的争取，在台湾社会，政党迎合青年、争取青年的过程，不仅仅是一种促进政治社会化和塑造青年政治意识、政党倾向的战术过程，同时更是自己不断适应社会发展要求继而与时俱进变革图存的战略过程。其中的关键，在于政党与青年的互动，这种互动应当是双方皆因此而发生显著变化的双向的、互补的政治过程。① 民进党在争取青年方面的力度和效果显然都强于国民党，2014年爆发的"太阳花学运"其实就是民进党动员和利用青年达到自己反大陆和反国民党目标的一次尝试。2016 年蔡英文成为台湾地区最高领导人之后，通过组织与人事调整以及派系整合，大致完成了民进党的世代交替，陈水扁、谢长廷、游锡堃等传统派系领袖或被压制，或被边缘化，已经基本退出了民进党的中心

---

　　① 中央社会主义学院中国政党制度研究中心编：《中国政党制度年鉴：2010》，中央文献出版社，2011 年，916—917 页。

权力舞台。

　　蔡英文"共主"形象的塑造对民进党未来的派系生态及代际关系会产生较大的影响。随着蔡英文成为台湾地区最高领导人，民进党年轻世代中已经没有人可以和蔡英文相抗衡，即便是作为地方诸侯的赖清德，也只是在南部具有影响力，而且不具备论述的影响力以及全岛性影响力，与蔡英文的地位无法相提并论。蔡英文地位的提升使原来被分割的各个派系加速向蔡英文靠拢，以蔡英文为中心逐渐形成了"超级派系"，即便是有实力的"新潮流系"，也无法与蔡英文抗衡，由此可以推论的是，蔡英文地位的提升会进一步扩大民进党内的威权化倾向，这是民进党未来发展必然的趋势。

第 4 章　民进党政治生态变迁与两岸政策的互动

4.1　民进党对两岸关系的基本认知

学界在讨论民进党两岸政策及论述时往往注重于论述和政策分析，却忽视对该党两岸政策及其形成过程的认知基础分析。从两岸政策和论述的形成过程来看，心理层面的基本认知是政策形成过程的重要一环，而且因为基本认知的相对稳定性，其在政策形成中的影响也相对稳定。一般认为，认知过程包括从知觉、记忆、注意和问题解决到信息处理、语言、思维和想象等所有事物。[①]从基本定义来看，认知的形成其实也是一个过程，不过由于本文分析的问题集中于民进党两岸关系基本认知对两岸政策及论述的影响，出于简化分析模型的需要，本文在分析民进党对两岸关系的基本认知时主要聚焦于实然存在的认知，虽然涉及但不集中于分析其认知形成过程。

4.1.1 民进党两岸关系认知的维度与内部关联

两岸关系定位是民进党两岸关系认知的重要内容。一般学界谈到两岸关系定位时往往强调政治定位，但民进党对两岸关系的认知显然并不仅限于政治定位一个维度，整体来看两岸政治定位在该党两岸关系认知中属于比较终端的部分，民进党对两岸政治定位的基本认知与该党两岸关系认知的其它维度相互影响，共同形塑了民进党两岸关系认知的基本结构。

两岸的政治与法律关系定位是民进党两岸关系定位中比较核心的部分。民进党对两岸法律与政治定位比较集中的表述体现在 1993 年的"政策白皮书"中，该"白皮书"声称从 20 世纪 70 年代末期一直到 90 年代，两岸的实质关系

---

① ［美］马莎·L·科塔姆等著，胡勇、陈刚译：《政治心理学（第 2 版）》，中国人民大学出版社，57—58 页。

是从"内战态势的溶解"发展到"敌对之僵持和平"态势。民进党认为"尽管内战态势已经溶解",两岸实质往来日益增多,"但两岸的政权都还受制于冷战时代遗留下来的意识与思考习惯,基本都还不能平等地相互承认对方的实质主权存在",以至于两岸在民间往来虽已发展到"竞争共处"的状态,"但两岸间和平的、安定的关系架构却尚未、也还无法建立起来"。[①] 民进党所谓的"内战态势溶解"其实隐含着两方面两岸关系状态的意涵表述:一是随着战争硝烟的远去两岸紧张局面已经缓和,二是两岸内战隐含之法理上的"两岸同属一个中国"原则也随之消解。在民进党看来,两岸"内战态势溶解"与两岸主权问题分歧是同时浮现的两个问题,这里民进党刻意不提两岸从来没有通过协商完成两岸"内战终止"法理程序的事实,而是将"内战态势溶解"与两岸主权问题分歧出现自然画上了等号。

重塑两岸关系的法理基础是民进党两岸政策的最终目标。民进党两岸政策诉求的法理认知基础显然并非目前两岸仍处在"一个国家内部战争尚未结束"状态的法理事实,而是认为两岸目前处于"内战溶解"以及僵持局面下的"主权重新塑造"阶段,这也是民进党引进西方理论重新塑造"主权"概念的重要原因。通过"人民主权理论"以及西方选举制度中内蕴存在的合法性来源理论,民进党建构起了一套与西方式民主制度相匹配的政治符号系统,为其政治诉求营造了较为完整的话语环境。对此有学者评论说,"民进党认为该党中国政策的最终目标,是要和中国建立互惠而非歧视、和平而非冲突、对等而非从属的关系。该党希望中国政府能正视台湾人民的意愿及台湾主权独立的历史事实,也希望中国人民能摆脱过时的民族主义及思想框架,真诚体会台湾人民要求独立自主、在自由、民主体制下繁荣发展的强烈意愿"。[②] 这种两岸关系观已经完全切断了两岸关系的历史发展脉络和两岸关系的法理连贯性,企图用西方主权理论和民主理论对两岸法理关系另起炉灶全面重构。民进党这种两岸关系基本认知是其两岸政策设计的理论核心和心理基础。在此认知下,民进党坚持"台独"立场,拒不承认一个中国原则和"九二共识"。2010 年 12 月民进党发言人林右昌宣称,"九二共识"就是"一中共识",民进党从来就不承认有"九二共识"。[③]

---

① 《民主进步党政策白皮书(纲领篇)》,民主进步党中央党部,1993 年,221 页。

② 杨宪村、徐博东:《世纪交锋——民进党如何与共产党打交道?》,(台湾)时报文化出版企业股份有限公司,2002 年,29 页。

③ (台湾)"中央社",2010 年 12 月 24 日。

蔡英文也多次表示"九二共识"并不存在。① 这种对"台独"路线的坚持长期以来一直是民进党两岸政治和法理定位的基本诉求，成为两岸和平发展局面进一步推进的主要障碍。

消解族群矛盾，形成较为一致的内部共识以对抗统一的压力是民进党两岸关系认知的一个重要方面。民进党一直没有停止重新建构"国族认同"的企图，这种"国族建构"立基于消解台湾社会内部的族群矛盾，企图重新塑造新的认同体系。2010 年底民进党公布的"多元族群决议文"强调战后中国大陆移民不应再被视为外来他者，"大移民的历史记忆应成为台湾国家记忆的重要内涵"。这里所指的"大移民"历史记忆，系由"台湾的历史记忆、民主政治、自由生活方式等内容组成，由最早的原住民、过去几个世纪的闽客移民及战后的中国移民所共同创造"，强调的是对"台湾"而不是"大中国"的历史记忆。民进党提倡"大移民"的历史记忆，目的在于以"台湾最早主人的原住民族历史记忆为起点，并兼顾多族群观点，以转型正义角度，促进各族群对话，重建多族群文化共享的国家记忆"。② 从事后民进党的政策调整方向上来看，不能简单将这一"决议文"视为民进党为骗取选票而进行造势的行为，必须注意到民进党在经历了长期族群撕裂的政治操作以后对族群政策的反思，在遭到台湾社会的普遍反感后，民进党不得不淡化族群区隔。进入 21 世纪第二个十年后，民进党在政治动员中较少挑动族群议题。但这并不意味着民进党放弃了这一动员利器，一旦遇到合适的机会，民进党仍会对族群议题进行炒作。而且，民进党所谓的"族群融合"，主要着力点在于建构出一个能够为各个族群共同接受的符号系统，以凝聚台湾的"主体性共识"，这种"共识"目标所指就是要形塑抗拒两岸统一的民意基础，强化反对两岸统一的民间认知。这种所谓的"族群融合"，其实是在建构两岸对立的目标下展开的，因而我们不能骤下判断说族群议题在台湾已经消失了。这个问题后面还会述及，这里不做过多说明。

两岸长期处于低度对抗状态是民进党两岸关系认知的重要组成部分，这种对抗性不但是历史遗留问题的结果，同时也是民进党政治动员以及与国民党进行政治区隔所需要的。故而排除中国大陆以及"中国符号"的影响并培养民众

---

① 蔡英文是从根本上否认"九二共识"的存在。在一次接受专访时她说，马英九"应该先去问一下当时的执政者，到底有没有这个共识？"并说"要我和民进党去承认没有存在的东西，很困难"。见（台湾）"中央社"2010 年 12 月 27 日电。

② （台湾）《联合报》，2010 年 8 月 12 日。

对大陆的敌视意识成为民进党两岸政策的重要内容。台湾民间经过了两蒋时期的反共教育以后本来就存在着对大陆的敌视情绪，民进党利用这些敌视情绪强化社会动员，并将这种敌视情绪转化为去除"中国符号"的动力。在很多情况下，去除"中国符号"的影响与敌对意识的培养是同时进行的，石之瑜认为，"由李登辉动员的民主化，其本质是去除旧中国为诉求。排除中国也是陈水扁历次发动公民投票之所以激动人心的原因所在，因为重点不是投票标的或赞成与否，而是只有台湾国的国民才可能投票的假定，让选民感受自己勇于排除中国的快感"。① 去除"中国符号"的影响在民进党看来已经成为有效政治动员的重要手段。事实上从民进党处理两岸问题的历史轨迹、特别是陈水扁上台执政以后的历史轨迹可以看出，民进党一直将挑动两岸关系作为强化动员力的重要方式，其中自然就包含着对建构并利用两岸关系有限度对抗的基本认知。也正是因为这样，民进党一直力图使两岸关系保持有限对抗的状态。

两岸交流交往与合作的加强被民进党视为与大陆进行对抗的"筹码"。林浊水在谈及两岸交流扩大的问题时说，"台湾固依赖中国的劳动力，但中国依赖台湾的资金、机器设备、技术、营运能力，才能从美国赚取巨额外汇。在此期间，中国既因经济成长加大了对台施压的国力，这尤其在外交上十分明显；但也因对美、台的依赖，而不便和美国与台湾出现过度紧张关系"。② 在林浊水看来，首先是大陆在两岸交流与交往中获益良多，这在相当大程度上拜台湾的技术与资金所赐；其次是大陆经济发展在形成了对台湾战略优势的同时却也形成了相互牵制的关系，反而限制了大陆针对台湾采取强硬行动的可能性及能力；再次，两岸经济交流发展使大陆经济快速发展的同时也在建构着大陆、美国、台湾三角关系新平衡，在这个平衡中大陆同时对美国和台湾都有一定程度的依赖。林浊水的这种观点在民进党中颇有代表性。从这个角度出发，民进党对两岸经济关系的判断可以概括为获利与防范并举，该党尤其希望通过两岸交流与合作获得牵制大陆的能力。所以可以看到民进党在保持政治立场不变的前提下不反对两岸经济交流，甚至在一定条件下还会支持两岸经济交流，以加强与大陆进行博弈的能力，但是很显然，这种两岸交流与合作观与通过两岸交流与合作加强两岸社会融合并推动国家统一的目标早已南辕北辙。

---

①　石之瑜：《自由的奴才：二十一世纪台湾的兽性政治》，（台湾）海峡学术出版社，2010年，74页。

②　林浊水：《共同体：世界图像下的台湾》，（台湾）左岸文化出版，2006年，150页。

可以看出在民进党两岸关系认知中，本来就没有打算尊重两岸关系传统的历史脉络和法理框架，该党抛开两岸关系的法理现实，利用西方的民主理论和主权理论，逐步建构起两岸分立分治及主权互不隶属的价值诉求与逻辑话语体系，并将这套理论话语灌输给台湾社会。这些基本认知既是民进党制定两岸政策的基本心理基础。

4.1.2 政党区隔中的民进党两岸关系认知

政治市场中彼此竞争政党之间的区隔非常重要，政治区隔形成及长期存在本身预设了政党存在的必要性，也是政党政策诉求形成的重要影响因素。这也意味着在政治市场中各个政党趋向于根据自己的优势占据不同的意识形态和话语坐标，针对特定人群展开动员。台湾社会两个主要政党大致从三个场域范围内标示彼此之间的区隔：（1）社会政策区隔，社会政策主要指政党面对不同人群提出相应的政策诉求，是政党进行政治动员的重要内容。不过在台湾社会，社会政策始终没有成为政党区隔的基线，两个主要政党在社会政策方面趋同的趋势较为明显。（2）身份认同区隔，主要的代表性符号为"本省人 VS 外省人"的话语二分结构，这一区隔在民进党执政后一直作为政治动员的重要工具，不过由于族群动员带来的社会负面效应太大，民进党不得不放弃利用这一区隔进行动员，目前为止族群区隔依然若隐若现地存在，对台湾的政党区隔依然产生着深刻影响。（3）两岸政策诉求区隔，其中涉及两岸政治定位、两岸关系未来走向等方面的分歧，从而形成了"台独"与不支持"台独"政治立场之间的区隔，现在岛内两个主要政党在这方面区隔较为明显，主要表现为民进党持强硬的"台独"立场，国民党则不完全赞成民进党的"台独"路线。两岸关系立场上的区隔同时夹杂着族群身份区隔的成分，成为台湾政党区隔最为鲜明的界限。

民进党利用两岸关系建构区隔的典型做法是将国民党与大陆进行关联性处理，即极力将国民党与大陆打成"同路人"，同时将这两个"同路人"打成台湾实现"主体性"的对立面，将其描绘成台湾走向"独立"以及实现"主体性"的敌人，国民党及泛蓝阵营与大陆改善关系的举措往往被民进党攻击为"出卖台湾主权"，而参与者及当事人也往往被攻击为"卖台集团"。这种情形在民进党执政时期发展到极致，民进党以选举为平台，通过操纵选举，将对手打成"中共同路人"和"卖台集团"，以不断激化两岸对立的方式来凝聚"独派"选票，"这种方式已成为民进党的执政总策略。"① 民进党这种攻击以"主体性"建构为基础，在"主体性"话语中，国民党和中国大陆只能是作为负面形象存在，是阻碍台湾"主体性"实现的重要力量，也是民进党极力攻击的对象。就具体手法而言，民进党给国民党强行贴上"外来集团"的标签，并不断强调其"原罪"，从而逼着国民党必须不断自清以表明自己"爱台湾"，民进党则以"本省人代言人"形象自然占据了对国民党的道德制高点。在两岸关系方面，民进党显然不愿看到两岸关系的快速发展，同时更不愿看到国民党主导大陆政策的发展方向。于是民进党利用国民党专政时期长期培养起来的"恐共"心理，通过将大陆与国民党关联在一起进行抹黑处理的方式，不但将大陆形象污名化，同时也不断抹黑国民党的形象，并将两岸政策立场上的分歧作为政党区隔的主要界限。

民进党在与国民党和共产党的互动中不断强调对立与对抗，并以此作为政治动员的基线。民进党的这种认知与长期以来与国民党斗争的经验有关。民进党在与国民党的强力对抗中扩大了政治支持和政治版图。在台湾的"民主化"时期，民进党深知作为执政的保守的国民党面临着两难困境，对暴力不予以压制会直接威胁到其统治地位，但若坚决扑灭则会拨动台湾民众最敏感脆弱的悲情。② 民进党正是利用了国民党的这种两难处境，不断升高冲突强度，最终目标就是将国民党彻底打垮，至于在台湾建立起成熟的政党政治运行机制，在相当长时间内并不在民进党的考虑范围之内。以此而言目前在台湾看到的所谓"两党制的政党体制"其实只能是一种暂时的过渡形态，台湾政党政治最后形成比较稳定的政党体制还需要相当长时间，最起码在民进党内形成"共存的政党竞争"共识之前几无可能。因此可以看到台湾每次选举争夺都异常惨烈。按杨照的说法，两个政党均以零和态度搞选举，社会被非蓝即绿拉扯着，由此产生的一个政治效应是——政党在每一场选举上，统统都输不得、输不起。每逢选举，政党就化身为指挥司令部，动员一切可能的资源，奋力一搏。③ 从与国民党进行区隔的角度上说，民进党大陆政策的认知其实是一贯和清晰的，这种认知在近三十年发展过程中并没有大的改变和调整。

民进党与国民党博弈过程中一直存在的观念就是可以利用价值建构和论述

---

① 周志怀主编：《新时期对台政策与两岸关系和平发展》，华艺出版社，2009 年，67 页。

② 徐锋：《当代台湾政党政治研究》，时事出版社，2009 年，117 页。

③ 杨照：《10 年后的台湾》，（台湾）INK 刻印出版有限公司，2005 年，144 页。

建构不断削弱国民党的正当性，并迫使国民党向其论述靠拢，全面解构国民党的意识形态基础，进而取得对台湾社会价值分配的主导权。从台湾政治变迁的发展过程来看，随着威权体制的衰微，过去建立起来的威权价值体系遭到严重挑战。一方面，在反对党的横冲直撞下"任何既成体制的规范都受到破坏，大如行政架构，小至行政措施，都受到前所未有的批评与挑战"。[①] 另一方面在这个过程中台湾的价值体系也经历了一个解构和重构的过程，价值分配权也经历了重新分配的过程。民进党认为自己已经建构起了台湾"新的价值"，这种价值就是所谓的"民主的价值""本土的价值"以及"主体性的价值"，按照林浊水的说法，这些价值已经成为台湾社会的主流，即便国民党也不得不向这些价值靠拢。民进党内出现这种观念并不是没有道理，从近20年的政治变迁历程看，国民党在价值诉求方面事实上处于被压迫却回击乏力的状态，已经完全陷于民进党建构出的"主体性话语"而无法自拔，这种情形也可以认为是国民党政治版图一直缓慢消解的重要原因之一。

民进党亟须在岛内营造出"不改变政治立场也可以处理好与大陆关系"的形象，如果能达到这一目标，则可以与国民党在这个问题上形成比较明显的区隔。显然处理好两岸关系问题对民进党的未来发展来说越来越重要，如果说在2000年之前民进党还可以对两岸关系及两岸论述采取搁置的办法进行处置，2008年以后随着两岸关系的快速发展以及和平发展态势的推进，再漠视两岸关系对岛内政局的影响显然属于掩耳盗铃，必须与大陆打交道成为民进党的基本共识，但是如何打交道却是一个颇费踌躇的问题。有学者认为，不论从客观环境上，还是就与国民党的区隔来说，民进党未来必须处理好两岸问题。两岸在文化与经济上的互动密切，使得民进党"必须让民众信任他们可以与北京对话、处理两岸议题，而不是逢中必反；但他们又必须和国民党不同，必须让绿营支持者相信他们能捍卫台湾的民主"。[②] 因此，在两岸关系情势发生巨大变化的情况下，民进党在两岸交流问题上逐渐采取开放的态度。显然，在两岸关系和平发展大趋势冲击下民进党所抱持的反对两岸交流的政策已经远远落在了时代后面，民进党如果要扩大自己的政治支持，不得不进行一定程度的调整。但是民进党并没有做好调整大陆政策的准备，在很长时间内都无法在两岸政策调整方

① 陈鸿瑜：《台湾的政治民主化》，（台湾）翰芦图书出版有限公司，2000年，188页。
② 张铁志：《时代正在改变：民主、市场与想象的权力》，广西师范大学出版社，2013年，65页。

面形成比较系统的论述。其中一个重要的方面在于民进党一直在寻求如何在两岸关系问题上与国民党进行区隔的办法，该党既不愿跟随国民党的两岸政策步调起舞，但是对两岸关系却又不能漠视，这是民进党在两岸论述问题上遇到的重大挑战。2008 年以后，蔡英文采取的做法是通过系统的符号和社会意识重构，全面消解两岸交流的正面价值，同时全力抹黑国民党及其两岸交流政策，并利用青年学生发动"太阳花学运"，遏制两岸关系快速发展的势头。2016 年蔡英文上台后，在两岸政策上全面收缩，短期来看已经没有了大幅度调整的可能。

　　民进党在两岸关系议题上与国民党的区隔是其两岸政策认知的重要组成部分，也是影响两岸政策调整的重要因素。民进党最终在两岸论述及政策制定方面的决策涉及该党对台湾社会民意结构的基本判断、对台湾社会价值与政治支持相互关系的判断、对台湾政治光谱分布以及自身定位的基本判断等方方面面的内容，是多种因素综合作用的结果。

4.1.3 民进党对中美关系中的两岸关系认知

　　美国是两岸关系中的重要影响因素，大陆、台湾和美国之间的三角关系错综复杂。台湾是中国领土不可分割的一部分，台湾与大陆同根同源、两岸同属一个中国是历史定论，一个中国原则是中美关系正常发展的前提。不过由于历史原因和美国的别有用心，台湾问题在中美关系中成为"最重要最敏感的核心问题"。长期以来，美国为了达到牵制中国的目的，以"共同防御条约"和"与台湾关系法"为借口，一再挑起所谓"台湾问题"，影响了两国在政治、经济、文化等诸多方面的正常交往。所谓的"最重要最敏感的核心问题"是美国一手操控台湾、制约中国的结果。[①] 美国在台海地区的存在是影响两岸关系走向的重要因素，民进党对中美关系中两岸关系的认知对其两岸政策及两岸论述的影响也至为深远。

　　美国一直以来都不掩饰自己干涉台湾问题的意图，如郭震远教授所言，自1950 年 6 月 27 日开始直接军事干涉台湾问题以来，美国就从未打算"放弃"台湾。进入 21 世纪以来，美国坚持插手、干涉台湾问题的立场、意图同样表现得十分明确。50 多年来，美国为其插手、干涉台湾问题制造了一些借口，但实际上完全取决于美国的利益，以台湾作为处理中美关系的战略筹码、服从和服务

---

① 王伟男：《试论新形势下台湾问题在中美关系中的核心地位》，《太平洋学报》，第 18 卷第4 期，2010 年 4 月。

于美国国内的政治需要。[①] 对此布热津斯基说得也甚为明白，"一个分离的台湾本身对美国并无任何特殊的利益，事实上美国官方的立场一直是，而且应该继续是，只有一个中国。但是中国统一台湾的方式可能触犯美国的利益，中国必须清楚地认知到这一点"。[②] 因此在中美关系中美国既从经济利益方面同时也从价值方面运用台湾这个筹码与大陆展开博弈，其中尤其看重台湾在对大陆进行价值观渗透方面的价值，布热津斯基认为"台湾的成功，为以下主张提供了极其出色的、令人鼓舞的证据，即民主与中华文化是相融的；也为大陆中国未来的演进提供了有着重要而长远意义的榜样"。[③] 美国在加强与台湾经济连接的同时也不断加强其作为桥头堡对大陆进行意识形态渗透的角色功能，以增加和平演变的手段及效果。所以对台湾各种政治势力而言，美国所传递的信号清晰且明确。民进党也一直将美国作为最主要的国际支持力量，千方百计地要处理好与美国的关系，并将美国的支持作为抗衡大陆的最重要筹码。

早在民进党上台执政之初郭正亮对民进党美国政策的基本面向和框架就有较为清晰的论述。他认为"台湾既与中国（大陆）有难以化解的政治矛盾，也决不能沦为美国眼中的麻烦制造者，否则势将孤立无助"。"台湾应以动态的维持现状为目标，因应美国台湾不独的战略要求，并以两岸谈判代替两岸对抗，化解美国诉诸必要吓阻的忧虑。台湾应以'中国不武'为国际诉求。"同时，随着中美关系的发展和中国大陆综合实力的增强，国际格局的调整势在必然，"台湾必须认知，美中战略伙伴关系的深化，已经注定台湾的地缘战略价值必将日益下降，台湾应使既有的经济优势和民主政治成为新的战略价值。一方面因应美中两国的全面交往战略，台湾应发挥经贸优势，使台湾在中国经济崛起的过程中，成为国际进驻中国市场的桥梁。另一方面，因应美国对华的和平演变战略，台湾应成为民主前哨，使台湾在和平演变的过程中，成为国际带动中国（大陆）民主的基地。"[④] 在这种论述中，依靠美国的支持，充当美国遏制中国大陆发展桥头堡和马前卒的态度表述得异常清晰。在民进党执政时期，陈水扁因为偏离了这一轨道，遭到沉重打击。2008 年以后蔡英文主政下的民进党积极修

---

① 郭震远:《中美关系中的台湾问题：变化与影响》,《国际问题研究》, 2007 年 2 期。

② ［美］兹比格纽·布热津斯基著，中国国际问题研究所译:《大棋局：美国的首要地位及其地缘战略》，上海人民出版社，2007 年，152 页。

③ Zbigniew Brzezinski, Living With China, The National Interest,Spring 2000,p13. 转引自刘建飞:《后冷战时代的中美关系与台湾问题——基本特征与发展态势》,《战略与管理》, 2002 年 6 期。

④ 郭正亮:《政治突围》,（台湾）时报文化出版企业股份有限公司，2001 年，33－34 页。

补与美国的关系，不断扩大与美国朝野的沟通与交流，力求得到美国的支持与帮助。

　　民进党积极迎合美国的战略部署，希望以此换取美国的政治支持。民进党将美国与台湾的"共同利益"以及所谓台湾"与美国的民主价值同盟"作为对美关系的基础，也作为向民众宣传的主要内容。在处理这个问题时民进党往往将价值认知与政治利益混为一谈，根本不提美国在台湾问题上最现实的利益考量，以及在关键时刻出卖台湾利益的可能。如果明晰了这个事实，则可以理解何以民进党在面对大陆与面对美国时会展现出截然不同的面目。在面对美国的时候民进党甚至整个台湾政界从来不会提什么"主体性"，也不会提什么"独立性"，一副温良恭俭让的模样；但在面对大陆的时候，却换成另外一副面目，"主体性"成为维持两岸对抗的诉求依据，并对大陆极尽攻击之能事。从这个意义上说，民进党建构的所谓"台湾主体性"和"主体意识"其实是一个假议题。台湾学者石之瑜从心理取向维度上分析了这种行为的实质，他认为在台湾社会可以同时看到领导人对权力的心理取向：臣服的权力心理取向、渴求的权力心理取向、怀疑的权力心理取向。当三种权力心理取向共生交错的复杂需要难以同时治疗时，必须轮番满足。因而可以看到以诉诸全民而怀疑制度制衡的权力时，用的竟是民主自由之名；言听计从努力臣服于美国的宰制时，用的竟是追求"主体"之名；行使超越"宪法"授权无事不揽的决策风格时，用的竟是无私无我的道德领袖之名。① 但是不管如何，民进党对美国干涉两岸关系行为的承认，以及可以利用美国对抗大陆之观念的普遍存在，确实已经成为民进党制定大陆政策的一个重要影响因素。

　　虽然民进党在宣传中一直声称与美国在基本价值等问题上有"一致性认知"，不过对美国在台海问题上的务实性也有体认：美国只要一个听话的民进党和听话的台湾当局，而不会要一个"麻烦制造者"。这种情况在陈水扁身上表现得最为明显。陈水扁在"台独"道路上飙车的行为引起了美国的反弹，并加强了对陈水扁的约束，但陈水扁却采取"当面应付、背后抗拒、事后修补"的策略，"实际上企图迫使美国从属于其利益，这是美国绝对不能容忍的"。② 于是美国政府进行反制，美台关系降到冰点。2008 年之后，民进党力图修补与美国的关

---

① 石之瑜：堕落与疯狂:《民进党的党国文化》，（台湾）海峡学术出版社，2002 年，57 页。
② 徐蕾、郭震远:《2006：更加复杂的美台关系》，《人民日报·海外版》，2006 年 12 月 26 日。

系，但显然困难重重。在 2012 年的选举中，虽然美国公开表示对台湾选举不持立场，保持中立，实际上却通过委婉方式表达了对马英九的支持。当时蔡英文去了美国，因其大陆政策含糊不清，用美方学者的话来说，奥巴马政府实际上认为蔡英文考试不及格。① 经历了执政时期的"台独"冲撞后，民进党对美国台海政策的认知更加清晰，向美国靠近的企图更加明显，配合美国战略调整加强对大陆围堵的行为更加露骨。2014 年随着美国在南中国海存在的加强，以及美国战略东移步伐的加快，民进党不失时机发动了"太阳花学运"，与该党对美国战略动向的判断不无关系。

总体上看，民进党对两岸关系的认知是多维度存在，诸多认知综合形成了民进党对两岸关系的基本态度。其中有三个问题尤其值得重视：（1）民进党经常有的一个观念，即大陆一定而且必须和民进党打交道，因为民进党"代表了台湾将近一半的民意"。这种自我想象的内部逻辑漏洞其实不用多说，但这种想象无疑是民进党在制定大陆政策时一个强硬的心理支撑点。（2）对大陆的优越感。台湾一直以自己是一个"法制社会"和"民主社会"自居，许多人对大陆有着道德上的优越感。这也是前几年流行的"两岸之争其实是制度之争"论点的根源所在。民进党内对大陆这种想象出来的优越感成为强化民众对国家统一恐惧情绪的心理基础。当然，民进党对大陆的想象远不止这些，还有诸如"大陆落后于台湾"等，但是这些想象都不如上述两个想象影响大。需要指出的是民进党这种"优越感"是一个不断建构的过程，即要不断寻找"台湾优于大陆"的事实支撑，否则这种优越感就无法持续下去。以前民进党一直不遗余力宣传大陆的"黑心商品"，及至自己出了塑化剂和"黑心油"等问题，就很少提"黑心商品"的问题了。类似的例子很多。民进党往往以幸灾乐祸的态度看待大陆出现的一些社会问题，但蓦然回首发现自己的问题也一样严重时，这时又要顾左右而言他，要寻找其它事情进行比较，以维持对大陆的"优越感"。（3）挟台湾"民意"与大陆进行对抗是蔡英文两岸政策诉求的重要行为取向。蔡英文认为 2014 年底的选举"如果打好，连中国都会朝民进党方向来调整。如果他们觉得，2016 年最有可能赢的是民进党的话，他们自动会去创造那个条件"。"中国一调整，美国人就没有什么好讲的。"② 显而易见蔡英文未来会将台湾民众支持以及选举胜利作为与大陆抗衡的主要筹码。而在 2014 年党代会召开前夕针对

① 袁征：《奥巴马政府的对台政策与美台关系》，《和平与发展》，2013 年 6 期。

② （台湾）"中央社"台北 2014 年 7 月 9 日电。

"冻独"问题蔡英文表示"坚持独立已是年轻世代的天然成分","无法冻结或废除"。① 如果结合起来看会发现民进党的策略非常清楚，即通过不断的意识形态渗透，塑造"民意"，然后再以这种"民意"作为两岸政策的支撑，从而系统推展以"主体性"为中心的对抗性两岸政策。民进党对两岸关系基本认知形成经历了长期的过程，具有相对稳定性，是影响其两岸政策和论述的深层心理因素。这些基本认知在未来可见的时间内大幅度改变的可能性不大，这也意味着民进党的两岸政策在较长时期内也会相对稳定。

4.2　民进党政治生态视角下的两岸政策

两岸政策与民进党的政治生态有着很大关联性，而且随着两岸关系发展以及民进党在台湾政坛政治版图扩大，两岸政策对党内政党生态的影响越发明显。2000 年以前民进党的两岸政策问题比较单纯，对该党而言属于重要但并不紧迫的问题，因为民进党很少有机会将两岸政策诉诸实施，也不必一定要在两岸政策上有清晰的论述。及至上台执政后，两岸政策变成一个重要且紧迫的问题，而且由于民进党在两岸关系上顽固坚持"台独"立场，两岸问题变得更加复杂。2008 年民进党虽然下台，但是由于台湾政治变迁的持续推进，民进党对台湾政治生态的影响力虽有减弱，但作为最大在野党，两岸政策论述对两岸关系的影响仍长期存在。2016 年重新上台后，民进党对两岸政策的影响又有加强。

4.2.1　几个概念的简单清理

一般来说学界在讨论民进党两岸政策时往往不做详细的划分，在许多情况下，只要是民进党中央或重要政治人物关于两岸关系问题的表态或是表述均被视为两岸政策的范畴。这种情况造成了两岸政策研究和判断的困难，即到底何者为民进党的两岸政策？两岸政策对两岸关系产生功能性及有意义影响的可能性有多大？这些进一步的追问需要对若干概念进行清理才能解决。

现代政治学中"政策"概念的内涵一般包含以下几个方面：政策问题的确定，包括政策问题的内涵、政策问题的分析和政策问题确定的政治条件等内容；政策规划，包括政策规划的定义及分类、政策规划的实施主体、方案设计、政

---

① （台湾）《联合报》，2014 年 7 月 21 日。

治规划的原则等内容；政策合法化，包括立法机关与政策合法化、行政机关与政策合法化、司法机构与政策合法化等内容；政策执行，包括影响政策执行的因素等内容；政策评估，主要包括政策评估的用途、类型等内容。[①] 可以看出，一个完整的政策过程其实包括了政策决策、政策执行和政策评价等各个环节，如果再进一步细分的话，还包括政策设计、政策评估等内容，即使就最简单的框架而言，政策的设计、实施以及施行后的反思是三个必不可少的逻辑链条。

　　如果从这个角度出发分析民进党的两岸政策，其实真正能称得上"政策"者，只有在民进党执政期间才有可能出现。因为只有在这一时期才存在政策的执行以及政策评价问题，也只有在这种条件下才有政策的调整问题。[②] 不过，对于民进党而言执政也是一个多层次的概念，分为全岛性的执政权和地方性的执政权两个方面，全岛性执政权的丢失并不意味着地方执政权的丢失，所以在地方执政县市部分，还是存在着一定程度上的两岸政策问题。2008 年以来，随着两岸关系的快速发展以及两岸经贸交流的扩大，民进党执政县市首长面临着与大陆打交道的压力，涉及两岸关系的议题也日益增多。不过整体上来看民进党中央基本上将这些县市首长发展与大陆关系的做法看作是单独的个案，同时也刻意将县市首长的公职与民进党的党职作切割处理，所以这些县市首长的做法很难完全代表民进党的两岸政策诉求。然而这并不意味着民进党中央在野时期就没有办法对两岸政策产生影响。民进党影响两岸政策主要通过"立法院"杯葛相关法案和通过街头运动强行冲撞向当局施加压力两种方式，而以"立法院"杯葛为首选手段。"太阳花学运"是民进党对两岸政策干预无效后的跳墙行为。"立法院"的"焦土政策"是民进党长期坚持的斗争策略，两岸服务贸易协议一直迟迟无法进入表决程序，这是民进党对两岸政策施加影响的典型个案。

　　从政策形成的基本逻辑链条看，民进党的"台独"立场和"两岸国与国关系定位"等基本诉求构成了政策形成的准备阶段，或者说是政策形成前的意见整合阶段。这些主张主要是在基本认知方向上对民进党的两岸政策产生影响，如果党内在基本认知方向上有比较一致的认知，则对两岸政策的影响会比较集中，否则会比较分散。民进党在"台独"立场上比较一致的共同认知是其推行"台独"路线的认知基础。当然，至于在政策的形成过程中具体哪些主张产生的

---

① 王沪宁：《当代西方政治学分析》，四川人民出版社，1988 年，181—182 页。
② 故本书一般将民进党执政时期付诸两岸问题的主张诸实施者称为两岸政策，其他则一般称为"两岸政策诉求"或者"两岸政策主张"，以示区别。

作用更大，还要看政策制定时的具体情境，一般来说外部环境影响与党内权力生态因素共同决定了该党两岸政策的基本走向。

两岸政策的功能及其实现路径在民进党发展定位中的坐标一直比较清晰。范希周教授认为，民进党两岸政策的改变，或者说对两岸关系立场的变化，主要不是取决于两岸关系的实际发展状况，而是根据台湾岛内政治发展需要而调整。换言之，民进党两岸政策的基本动机，是反映该党在岛内政治发展中的要求。[①]民进党在不同时期两岸政策诉求调整均摆脱不了权力斗争的影子。组党前后民进党的"独立建国"主张，与当时以"民主化"为诉求反对威权统治的方向是一致的；随后在与国民党的斗争中，民进党进行的"台独转型"其实是生存方式发生改变的另一种说法，即该党逐步放弃街头运动的体制外路线，全面转型为体制内进行竞争的政党，这一时期博弈的结果就是民进党以"台湾前途决议文"主张取代"台独党纲"立场，从而与国民党达成某种程度的妥协。民进党执政后所谓"新中间路线"的标榜，其实也是在权力不稳的时候巩固权力不得不为的选择。

易言之，民进党的两岸政策变化与国、民两党的政治权力争夺以及民进党内权力斗争均有很强的关联性。在相当多的情况下，民进党的两岸政策诉求主要着眼点并非是两岸关系，而是内部的权力争夺和资源争夺。[②]在两岸政策的选择问题上，民进党内的政治精英一直表现出理性主义的特征。按照一般的定义，理性抉择理论从"理性"这一个假定出发，然后透过逻辑推演，得出人们在不同情境下的行为取向。理性的假定，意指此人有偏好，其偏好可排出顺序。用更简单的话来说，理性就是说人有目标，他会去追求他的目标。当然，在做最后选择时，他还会考虑目标达成的可能性，亦即，如果最高的目标达不到，他就选择次佳的目标。[③]两岸政策选择的"理性"体现为两个层次：个人层次和群体层次（派系层次）。不过个人和派系理性选择的方向不可能完全相同，相反在很多时候个人的理性选择与派系甚至整个政党的利益实现往往是冲突的，这

---

① 范希周：《现阶段民进党两岸政策分析》，《台湾研究集刊》，2002 年第 4 期（总第 78 期）。

② 这里涉及的一个问题是"台独"诉求和立场对民进党而言到底是"工具"还是"理想"的问题。笔者认为，在具体的纲领层面，"台独"当然有其理想性，但并不排斥民进党对这一诉求进行工具性的利用。将"台独"诉求进行工具理性和价值理性二分的前提就是预设理想型的"台独"一定是"刚性台独"或"激进台独"，事实上民进党所推行的"柔性台独"也是"台独"实现的一种路径，在这种路线上，"台独"事实上兼具工具理性与价值理性的功能。

③ 吴玉山、林继文、冷则刚等编：《政治学的回顾与前瞻》，（台湾）五南图书出版有限公司，2013 年，66—67 页。

种类型的矛盾不断延伸，在一定程度上成为派系分歧与竞争的重要基础。长期以来，民进党内关于两岸政策诉求屡有争论，并和党内权力斗争紧密勾连，从而形成了民进党两岸政策发展和演变的基本特征，也逐渐沉淀为民进党内、岛内政治生态变化与民进党两岸政策互动的基本演进路径。

在影响两岸政策变化的民进党政治结构的各个层次中，个人的理性选择表现最为突出，利益取向的特征最为明显。这也符合政治精英人物的基本行为逻辑，米尔斯（C. Rright Mills）在提到美国的政治精英时说，"不做则已，做则成功"和"出人头地"的格言，在他们生存竞争、战绩显赫的游戏生涯中支持着他们。他们从未把这类对权力的理解变成完整的意识形态。他们在自由主义与保守主义的较量中作壁上观，偶尔将之作为公开手段加以利用。[①]美国如此，台湾也不例外。对于政治精英人物而言，所谓的意识形态之争或者说"主义"之争并不重要，而权力争夺最后的实际效果才是最重要的。这种情况在陈水扁身上表现得尤其明显，陈孔立教授曾记录了他与一位绿营人士谈话时后者对陈水扁的评价，"他说陈水扁是政治动物，他讲的话要看场合，不同场合讲不同的话。讲的与做的不一样。他讲要去参加APEC，这是大谎言，他居然讲得出来；核四他都敢停工，内部没有人逼他，他只是想用以打一下国民党；他从极左到极右都可以，可以讲统合，也可以讲独立，整个头脑想的是选票。"[②]事实上在大部分民进党政治人物那里，两岸政策首先表现出来的就是工具性价值，政治人物对两岸政策主张的操弄也首先表现为工具理性。对整个政党而言，两岸政策问题上的理性选择使两岸政策诉求方面的分歧一直存在，但是民进党长期建构起来的政治话语以及在"台独"民众中形成的意识结构阻止了分歧的扩大，而对政治权力的追求会逼迫各色政治人物在这个问题上做出妥协。这种情况保证了民进党两岸政策的群体理性选择，而这种结果的实现则是以权力斗争为中心展开的。

从长期历史轨迹来看，在不同时期以及不同的权力生态下，民进党两岸政策和政治生态的互动模式也有所不同，一般来说这种互动模式因具体情况不同可以分为两种类型，一是当民进党内存在一个权力中心时，可以称之为"权威中心型"模式；一是当民进党内部没有权力中心，可以称之为"权力分散型"

[①] ［美］米尔斯著，王逸舟译：《权力精英》，（台湾）桂冠图书股份有限公司，2002年，415页。

[②] 陈孔立：《走近两岸》，厦门大学出版社，2011年，86页。

模式。

4.2.2 权威中心政治生态下的两岸政策

民进党上台执政之前基本上遵循"派系共治"的模式运作，两岸政策主张一般通过各个派系之间的博弈及辩论后再由党中央形成统一表述。发生于 20 世纪 90 年代的"中国政策大辩论"就是在这种模式下出现并奠定了民进党此后两岸政策主张的基调。在"派系共治"的情境下，党内很难形成较为强势的决策核心，两岸政策主张的确定往往要经过漫长的协调及博弈过程。这种情形意味着党内各种两岸政策主张的生存空间都比较大，一般难以形成高度统一的两岸关系认知。因此个别政治人物为了政治利益争夺的便利在两岸政策诉求方面会表现出相当大的弹性与灵活性。陈水扁在 1994 年的台北市选举中就刻意淡化"台独"色彩和"台独"诉求，但是为了攻击许信良的"西进政策"，又不惜重新走回激进"台独"路线。90 年代末陈水扁以对"台独"理念和路线的坚持与许信良互别苗头，并成功削弱了许信良的势力，最终在台湾地区领导人选举党内初选中出线。可以看出，陈水扁的两岸政策主张完全依自己选举的需要而定，根本没有稳定性。不过这一时期因为民进党作为在野党，两岸政策并不是其政策诉求中最为重要的部分，所以这些政策诉求的分歧当时并没有对两岸关系产生多大的冲击。

民进党执政的八年是该党有机会对两岸政策进行全面设计并实施的时期，也是民进党的两岸政策决策系统及政策执行能力受到严峻考验的时期。民进党上台以后立即在两岸政策的决策问题上遭遇到了困境。陈水扁成为当然的决策中心，因为其手中的政治资源以及胜选带来的政治声望使其成为党内不可挑战的权威。相应地这时民进党的决策体系发生了巨大变化，上台执政后的民进党决策主体，已毫无疑问地从民进党中央等党务系统转向以陈水扁为中心的政务系统，形成所谓的"以党辅政"现象。陈水扁以其强势的决策性格，为了选民手中的选票，果断地调整对选举不利的政策，并在这一过程中有意无意地忽略民进党中央和"立院党团"，甚至包括已经成为"自己人"的"行政院"。同时，由于握有庞大资源的陈水扁成为民进党的核心，所以党内弥漫着"唯扁是从"的气氛，进一步助长了陈水扁自我中心的强势心理和专断的决策作风。[1] 两岸

---

[1]　鞠海涛：《从"派系共治"到"以党辅政"——民进党决策模式分析》，《台湾研究》，2001年 4 期。

政策决策权这一时期集中到陈水扁手中，民进党内派系对两岸政策的主张已经无法通过原来的派系博弈模式表达出来，"派系共治"条件下两岸关系诉求的整合机制已经不复存在。很快陈水扁决策的粗糙性及随意性就对两岸关系产生了重大影响，甚至一度将两岸关系推向战争的边缘，两岸政策成为民进党执政的沉重包袱，直接影响到了执政绩效。

民进党上台伊始，面对缺乏执政经验以及岛内"朝小野大"的不利局面，再加上台湾社会对民进党"台独"主张的疑惧，不得不淡化"台独"色彩，推行所谓"新中间路线"。陈水扁在 2000 年"就职演说"中提出了"四不一没有"的承诺，信誓旦旦地保证在他的任期内不会改变"台海现状"。接着，陈水扁在 2001 年的"元旦祝词"中又提出"统合论"，鼓吹两岸建立"政治统合新架构"。及至权力巩固之后，民进党的两岸政策开始出现在"台独"路线上大幅飙进的趋势。2002 年 1 月 10 日，陈水扁在接见美国大西洋理事会访问团时宣称："在台湾的中华民国是一个主权独立的国家"，"我们承认两岸有很多争议特别是政治上的争议无法在短时间内解决，双方唯有搁置争议，加强接触与对话，才能缓和两岸关系，也才能把争议、歧见降低，化解于无形"。经过一段时间的试探后，同年 8 月初陈水扁公然抛出了"一边一国论"，引发了台海局势的又一次紧张。随后，陈水扁的"台独"言论日益升级，愈演愈烈，在各种不同场合一再宣称："台湾是一个主权独立的国家，与中华人民共和国互不隶属""任何有关独立现状的更动，都必须经由台湾全体住民以公民投票的方式决定。"[①] 这些表态作为执政当局的政策宣示立即在台海周边掀起了轩然大波，直接引发了两岸关系的紧张。此后，陈水扁当局在两岸政策方面不断阻挠两岸交流与合作，并通过推动"台独"路线不断挑战大陆的底线，使两岸局势长期处于紧张状态。

个人权威的强化及其对两岸政策决策影响力的加强，使两岸政策的稳定性大为减弱。2005 年以后，陈水扁及其家族的弊案不断曝光，民进党陷入了深重的政治危机。在这种情况下，陈水扁不断强化两岸对抗的"台独"政策，一方面想借以取得"台独基本教义派"的支持与谅解，另一方面也想以"台独"政策强化两岸关系的紧张程度，以求转移焦点并达到脱困的目的。这种纯粹为了自己利益而绑架民进党整个两岸政策的行为对该党的基本论述及两岸政策均是沉重打击。林浊水曾评论说，"有人认为陈水扁执政后期，努力推动正名、制

---

① 徐博东等著：《大国格局变动中的两岸关系》，九州出版社，2009 年，183 页。

宪，以致台独支持度和台湾人认同都达到 60%，贡献很大。其实，从 2005 年一连串荒腔走版的正名、制宪，根本不是在替台独打拼，而是在于巩固自己的权力，其结果不但对台独没帮助，反而制造许多被对手污名化的借口，大大不利台独"。① 在执政的最后几年，陈水扁事实上将激进"台独"诉求为中心的两岸政策和以"主体性"论述为中心的族群区隔政策建构成了一个掩护其官箴败坏行为的避难所，力求以此与党内要求检讨的声音和要求负责下台的社会舆论对抗。也就是说，陈水扁在危难时刻将"台独"诉求作为摆脱政治困境的工具，政策成为个人牟利的工具。可想而知，这一时期民进党的两岸政策已经完全失去了政策形成与执行等环节应该具有的审慎，至于政策的检讨，在陈水扁的强力压制下根本无从谈起。

　　陈水扁这一时期在两岸政策上不但以激进的"台独"诉求挑动台海局势的紧张，"台独"诉求也成为内部整肃的重要工具。陈水扁在面临政治危机的情况下加强权力以及巩固自己政治中心地位的冲动异常强烈。于是，"台独"路线和"台独"诉求成为党内区隔和打击异己的工具，党内不愿与扁同流者以及走中间路线者遭到广泛攻击。有论者这样描述当时的情形："深绿媒体、地下电台、网络部落格，对走中间路线的民进党政治人物攻讦特别严重。关键因素在于，面临年底的立委单一选区，多数选区的立委参选人，届时都必须调整走向中间路线才能当选，因此深绿人士唯一可发挥影响力的时机就是现在，他们必须把握民进党内初选前最后的机会。"② 这些攻讦和"排蓝民调"一起，使民进党内要求检讨陈水扁中间路线的政治人物受到沉重打击。不仅如此，陈水扁为了保证对民进党的绝对控制，取得"台独"基本教义派的绝对支持，已经完全不顾民进党的利益，将两岸关系工具化的功能发挥到了极致。2008 年台湾地区领导人选举初选结果出来后，扁仍持续打"台独"议题，以控制党内的议题主导权，使民进党的选举动员根本无法有效展开。有媒体评论说，民进党主席游锡堃这厢猛打"正常国家决议文"，陈水扁那边卯起劲来炒"入联"议题，"一个快毕业的人，和一个不选总统的人，拼命不让自己跛脚与边缘化，2008 总统大选男主角谢长廷，反被挤到一旁当道具"。③ 但是由于陈水扁在党内拥有绝对权威，民进党内虽然有检讨的声音，但多次发动检讨都无疾而终，即使"红衫军运动"

---

① （台湾）《苹果日报》，2008 年 5 月 29 日。

② （台湾）《中国时报》，2007 年 1 月 8 日。

③ （台湾）《中国时报》，2007 年 9 月 20 日。

那样的社会运动也没有阻挡住陈水扁利用两岸政策进行冒险的脚步。

2016 年民进党在选举中取得了胜利，意味着民进党的两岸政策重新回到了权威中心型的路径。蔡英文显然是想用前几年打选战时的两岸政策模糊策略来处理未来的两岸关系，最典型者就是以"两岸现状"的说辞应对外界对民进党两岸政策的质疑，不过这个"两岸现状"却是以民进党自己建构出来并已经模糊掉"九二共识"内涵的解释作为主要内容。这种做法很显然不能蒙混过关，而只能拖延时间。蔡英文需要足够的时间去完成与大陆对抗的布局，这种布局涵盖经济、社会、文化等各个方面，而其自恃的筹码则是台湾"民意"的支持以及美国等国对台湾的支持。民进党上台后两岸关系的根本性改变在于该党一直拒不承认"九二共识"和一个中国原则，从而使两岸关系继续交流及和平发展的基础面临被全面瓦解的可能性。这意味着民进党希望就两岸互动的起点进行重新讨论。这里的"起点"包含两层意涵：一是两岸共同的政治基础如何。如果两岸不能确立起共同接受的政治基础，政治互信自然是镜花水月，两岸的交流也将会受到相当大的影响。二是两岸交流的基本模式和基本状态也会发生重大变化，过去八年两岸间维持的"合作为主兼有对抗性因素"模式可能转化为"对抗为主、交流与合作为副"的模式，这事实上两岸沟通模式的重新建构，其过程相当复杂并带有很大的不确定性。在权威中心型的两岸政策路径之下，党内关于两岸关系的讨论遭到压制，所谓的"多元声音"已经逐渐消失。

一般来说只有民进党执政时期才会有威权中心的政治生态格局，这里的"执政"事实上包括在台湾地区领导人选举中获胜，也包括在地方选举中获胜，不过一般地方行政首长面临的两岸关系压力不大，两岸关系也不是这个层级的行政首长所要关心和能处理的问题。民进党在执政期间一直想找到一个能够协调党政的运作模式，在两岸政策上也一直想控制权力中心的决策随意性，但是成效都不大，其实这仍是民进党面临的一个重大问题，在野时期的两岸政策主张尚有协调的空间，但是真正到了执政后最需要协调的时候，却无法控制两岸关系决策的走向，也无法控制政治权威为了自己的利益操作两岸关系的行为。

4.2.3 权力分散型政治生态下的两岸政策博弈

民进党内向来有反权威的传统，该党在野时期一般很难形成比较强大的政治权威，也正是因为这样，派系共治一直是民进党内政治生态的一个重要特征。2008 年民进党败选下台以后，党内的派系结构随之面临着一次较大调整，陈水扁作为曾经的政治权威影响力已经急剧消退，民进党又进入一个"诸侯割据"的时代。蔡英文在这个时候接任党主席，首先要处理的不是两岸问题，而是内部权力斗争的问题，以及防止党内派系势力利用两岸关系挟持民进党。具体而言蔡英文首先必须要解决的问题是如何处理与陈水扁的关系，民进党下台初期党内各个政治势力在两岸政策主张上的角力也主要围绕着这一问题展开。

2009 年 6 月，在蔡英文要求研议"党公职人员访问中国注意事项"时，扁系中常委高志鹏放出风声要在中常会提案要求举办"中国政策大辩论"，而谢系"立委"管碧玲反对为了县市长登陆做路线辩论，"她认为这样将自曝其短，让外界误以为党内存在极大矛盾与歧见"。[①] 这种两岸政策大辩论争议的背后显然有着权力斗争的深刻考量，扁系势力的目标非常清楚，即通过所谓的辩论一方面强化"台独"路线对民进党的影响，一方面通过激烈"台独"主张动员"台独"基本教义派起来参与"保扁"活动，同时这种辩论还可以保持陈水扁及其派系势力对民进党的影响力。但是这时举行辩论显然对蔡英文和谢长廷是不利的，所以谢系反对这种辩论，蔡英文则通过民进党发言人郑文灿表示，"民进党中国政策的主要依据是党纲与 1999 年台湾前途决议文、2001 年开创台湾经济新局等相关决议文，这些看法在党内没有不同意见，也没有产生互相违背的主张"。[②] 很明显，蔡英文不可能在这个时候进行两岸政策辩论，这种辩论无异给陈水扁搭建一个表演的舞台。

此后，民进党的两岸政策主张一直在摆荡中前行，党内两岸政策诉求的基本结构没有什么大的改变。蔡英文两岸政策主张表现出非常典型的功利性，在不同的场合和不同的时间对两岸政策的表述也不相同。有台湾媒体对其台湾"五都"选举前的两岸政策表述进行了整理，认为蔡英文一直到四月"双英辩论"时，犹未明白宣示"反对 ECFA"；当时，她尚持"缓签／配套"的立场。辩论失利后，她的言论明显改变，包括："执政后，公投废 ECFA""流亡政府论""否定经济挂帅／质疑出口导向"等等。及至蔡英文宣布参选新北市后，又值台联"ECFA 公投案"被驳回，她的立场更趋尖锐，径指 ECFA 是"国共唱和"，并紧咬"财团受益／穷人受害"的阶级斗争论述。[③] 这一段时期蔡英文的两岸政策要达到的目标非常明确，即要以比较稳定和保守的诉求来稳定党内形

① （台湾）《联合报》，2009 年 6 月 8 日。
② （台湾）"中央社"2009 年 6 月 8 日电。
③ （台湾）《联合报》，2009 年 6 月 11 日。

势，而以相对激进的"台独"诉求来争取基本教义派的支持，占领党内权力斗争的制高点。这一时期蔡英文的着力点在于推动民进党的转型，按照蔡英文的说法，这种转型是使民进党的主要工作"转向阐述政策为主，较少触及政治议题"，以修补陈水扁以来民进党濒于倒塌的道德形象。不过这段时期民进党处理两岸政策的两难处境也越来越明显，一方面两岸交流与合作快速发展，大陆因素在台湾岛内的影响力越来越大，另一方面民进党的两岸政策却不敢突破"台独"诉求的框架，故而该党的两岸政策常陷于父子骑驴的困境。2012年蔡英文作为民进党候选人一直无法提出比较明确的两岸政策论述，在其"十年政纲"中将两岸政策一分为二，"两岸部分不称为两岸政策，而是分为两岸经贸篇、国家安全篇，要跳脱蓝营传统两岸思维，是以务实、正常化国家立场来切入"。[①]这种要调整却又不敢迈步的直接后果就是两岸政策的模糊不清，至于后面提出所谓"和而不同、和而求同"被讥为"空心菜"自然不奇怪。

2012年蔡英文败选辞去民进党主席，离两岸政策论述这一是非之地暂时远了一些，随后有关两岸政策主张的论述竞争主要在苏贞昌与谢长廷之间展开。2011年苏贞昌为了给党主席选举造势，提出了"台湾共识"概念，主张以民进党"台湾前途决议文"为主要精神，坚持"主权"立场，同时要守住"生存是王道、民主是基石"两大原则。[②]相比较蔡英文而言，苏贞昌的两岸政策诉求更为保守。随后在民进党主席选举中，苏贞昌以50.47%，也是自1998年党主席直选以来的历史最低得票率当选。这种弱势当选的局面意味着苏贞昌在党内不可能形成较强的领导力与号召力，也意味着苏贞昌难以整合党内各个派系的不同政策诉求，包括两岸政策诉求。苏贞昌出任民进党主席后做出在两岸政策上有所作为的姿态，声称将恢复"中国事务部"，创设"中国事务委员会"，要"透过对话凝聚中国政策，只要时机、条件适当，将不排除前往中国（大陆）访问"。[③]

不过随后民进党内部在两岸问题上的分歧逐渐浮现，围绕着两岸政策诉求展开的权力争夺也越来越激烈。苏贞昌作为党主席以及有意于2016年台湾地区领导人选举的政治人物，立场越来越趋于激进，针对两岸关系的发展以及两岸协商的快速推进不断发起狙击，两岸政策的表述也越来越极端。而民进党内的

① （台湾）《联合晚报》，2011年8月17日。
② （台湾）《自由时报》，2011年2月16日。
③ （台湾）《中国时报》，2012年5月28日。

另一个重要派系领袖谢长廷作为已经失去政治舞台的政治人物，力图在两岸政策主张方面有所突破并以此搭建自己的舞台，于是其两岸政策诉求出现了明显的转向。谢认为"中国崛起后，基于不使台湾被边缘化、有机会参与两岸谈判、代表台湾中下阶层发声，以及避免在总统选举中吃亏等四大理由，民进党应该与中国大陆交流，否则将永远当在野党"。[①] 谢提出了"宪法各表"的两岸政策主张，希望能够在这个主张的基础上展开与大陆的沟通并建构起民进党与共产党的共识。其实就其本质而言，谢长廷的主张并没有突破民进党的原有立场，其主要意图在于在两岸关系和平发展的情境下寻求变通和灵活的路径展开与大陆的互动。在不伤及"台独"核心理念的情况下，谢长廷提出"党纲"可以修改、可以公开讨论，并以"九二精神"代替"九二共识"，给台湾民众和大陆留下"民进党有所改变、值得期待"的印象。[②] 随后谢长廷展开了赴大陆参访的行程，在两岸引起轰动。

谢长廷在两岸政策议题上曝光度的增加引起了与苏贞昌之间的矛盾，这种矛盾在"中国事务委员会"的功能定位及运作方式问题上集中爆发。由于苏贞昌始终不愿对谢主张的"宪法各表"表态，双方一直无法在该"委员会"定位问题上达成共识。几经折冲之后，2012 年 11 月 27 日，民进党中常会通过"中国事务委员会设置要点"，苏贞昌兼任委员会召集人，并握有人事提名权，形同实质主导两岸政策。对此，党内"立委"多认为苏贞昌要一肩扛起两岸政策成败。同时，"中国事务委员会"不具交流功能，形同另一个幕僚单位。[③] 这次博弈之后，事实上意味着苏谢之间已经破局，不会再有合作的空间，此后谢长廷继续用维新基金会的名义展开与大陆的交流，苏贞昌垄断两岸政策话语权以争取政治利益的企图也日益明显。不过苏贞昌在排挤谢长廷的同时却也造成了自己的困境，即"党主席若亦有意竞逐总统，势必不利转型工程；这却正是当前已经验证的情势。为了自己要角逐总统，苏贞昌必须在'独派'与'转型派'之间计算自己的支持度，因此左顾右盼，不能大开大阖地推动转型工程"。[④] 这里也可以看出所谓的苏谢之争其实未必是政治立场的分歧所致，而是权力斗争的具体展现，两个派系在两岸政策诉求上的不同不过是一个工具而已。

---

① （台湾）《联合报》，2012 年 6 月 6 日。

② 孙哲主编：《亚太战略变局与中美新型大国关系》，时事出版社，2012 年，373 页。

③ （台湾）《中国时报》，2012 年 11 月 22 日。

④ （台湾）《联合报》，2012 年 10 月 18 日。

苏贞昌虽然在党主席任内力图控制两岸政策诉求的主导权，却提不出新的政策主张，只能以传统的街头动员方式维持媒体的曝光度，自然无法突破两岸政策的困局。2012 年底民进党籍前台南县长苏焕智针对民进党举办所谓的"火大游行"评论说，"对于当前的政经环境，'民进党提出具体政策主张，远比搞火大游行重要！'现在只是讲马英九下台，却没有具体主张，'游行是要干嘛？'他认为，游行走完后就不了了之，只是耗费能量，改革效果有限"。① 但是在同一时期，蔡英文却很少在两岸问题上表态，而是将主要精力放在内政问题上，成立"小英教育基金会"，上线"思想论坛"等活动平台，② 蔡英文选后活动重心在经济议题，对台湾社会经济发展进行全面深入的研究与了解。③ 同时蔡英文在亲绿知识界、社运界的经营也不遗余力。④ 蔡英文的这些做法使其政治影响力在党内不减反增。在具备了实力后，蔡英文不满于民进党中央的无所作为，"干脆跳过党机器，以民间身分主动出击"。⑤ 2013 年蔡英文以民间身份提出召开"国是会议"倡议，引发苏贞昌不满，⑥ 两人互别苗头的倾向日益明显，两岸政策成为两人区隔的重要工具。民进党经历了九场"华山会议"的辩论最后搞出了一个所谓的"总结报告"，"据转述蔡英文听完报告先问：'今天我们开了九场会，出了这份报告，然后呢？'苏贞昌说，报告里面有政策、有主张。但蔡仍追问：'有政策、有主张，然后呢？'苏始终未具体响应，气氛一度尴尬"。⑦ 显然蔡对于苏贞昌主导下民进党处理两岸政策的做法已经非常不耐。随后蔡英文通过操作"太阳花学运"向苏贞昌及民进党展示了其阻遏两岸关系快速发展的手腕以及影响青年世代的能力，这些都促成了在随后的民进党主席选举中苏贞昌不战而退。

可以看出，两岸政策和两岸诉求无论在民进党的权威中心时期还是权力分散化时期均是党内政治斗争的重要工具和媒介，相比较而言这种情况在权力分散化时期的表现更为明显。从岛内蓝绿对抗的政治结构以及民进党内"台独"意识形态占重要地位的政治生态来看，两岸政策上的区隔和利用仍会是民进党

---

① （台湾）《今日新闻》，2012 年 12 月 25 日。
② （台湾）"中央社"记者苏龙麒台北 2012 年 8 月 12 日电。
③ （台湾）《联合报》，20129 月 4 日。
④ （台湾）《联合报》，2014 年 4 月 16 日。
⑤ （台湾）《中国时报》，2013 年 8 月 10 日。
⑥ （台湾）今日新闻网，2013 年 8 月 12 日。
⑦ （台湾）《苹果日报》，2014 年 1 月 10 日。

权力结构重组过程中的重要内容。

4.3　民进党两岸政策议题上的基本行为取向

民进党大陆政策的形成及变迁牵涉到多个层面的问题。整体来说，一定形态的大陆政策或主张是岛内政治生态和党内政治生态共同影响的产物，某一时间点上的政策形态是长期斗争和博弈的结果。民进党在与国民党权力争夺以及内部的权力斗争中逐步形成了处理两岸政策的基本思维和比较固定的行为取向，这些行为取向对该党两岸政策的形成有较大影响。

4.3.1 民进党两岸政策主张在政策体系中的坐标

从基本功能来说，政党是联系政治上层建筑和市民社会之间的重要渠道，发挥着诸如代表人民、组织和招募精英、利益表达和聚集、组建政府等功能。在现代社会，不断强化与社会的联结，通过各种方式赢得并行使政治权力是政党功能发挥的基本方式。[1] 从上述概念的描述来看，政党是社会和政治上层建筑相联系的中介，主要功能在于利益整合与利益分配，同时兼有价值整合与价值分配的功能。这也意味着一旦社会结构发生变化，如新的利益分化形成或新的阶层出现，政党就必须进行相应政策和结构调整以适应这种变化，否则就可能出现政党成员减少、政党忠诚度减弱等对政党发展不利的局面。[2] 政策主张的实施及反馈是政党与社会联结的重要渠道，一般来说政党功能的自我实现是政策主张的重要目标，简而言之即政党要通过各种手段取得执政地位并且通过政策的实施取得稳定支持，进而在政党竞争中形成稳定优势。从这个意义上说，政党政策主张会尽量扩大包容性，尽可能地满足不同人群的诉求。这也意味着政策主张本身也是一种动员工具，政策制定和实施永远着眼于政治动员效果的最大化，唯有如此政党才能保持长期的影响力以及对社会进行统合的能力。

在大多数情况下，民进党的政策制定和实施主要围绕着岛内和党内的权力斗争展开，两岸政策议题在民进党的政策体系中处于相对边缘化的位置。2002年之前民进党执政未稳，在两岸政策和论述方面试图淡化"台独"色彩，最起

---

[1]　[英] 海伍德著，吴勇译：《政治学核心概念》，天津人民出版社，2008 年，271 页。

[2]　海伍德将这种情况称为 20 世纪西方政党政治的危机，主要表现除了上面提到的两点，还有单一社会议题的出现以及新社会运动的兴起等，见海伍德上引书，272 页。

码在两岸问题上还保持着弹性的姿态。2002 年下半年在感觉到自己的执政地位初步稳固以后，陈水扁"一边一国论"出笼，使两岸关系骤然紧张，民进党立即受到来自各方的压力，从而不得不在"台独"路线上大幅收缩。及至 2005 年以后陈水扁再次走向激进"台独"的道路，将两岸关系推向了战争的边缘。不过，此时民进党的"台独"冲撞因为有陈水扁贪腐问题缠身急于脱困的背景，所以这一时期民进党在两岸政策上的行为有其特殊性，这种状态在该党的政策演变过程中应该是"变态"而非"常态"。总体上来说，民进党的两岸政策诉求如"台湾独立"理念，"台湾主体性"理念、"台湾住民自决论"理念等均与特定时期权力斗争的需要有内在一致性。一方面民进党要利用这些诉求加强与国民党及大陆的区隔，从而加强对自己基本支持者的控制；另一方面，民进党不同派系均将两岸政策作为内部权力斗争的工具，因此不同政治人物对"台独"诉求的表述经常是不一致的，一般来说"台独"基本教义派的表述最为强硬，而力图巩固"台独"基本教义派支持的政治人物表态也会趋于强硬。苏贞昌当选民进党主席后，其两岸政策主张越来越激进，最后干脆宣称"台湾是主权国家，早已独立"，"作为民进党主席，中国政策立场就是民进党全代会通过的'台湾前途决议文'"。[①] 但是蔡英文在两岸政策主张的表述上就相对温和，而是以更加系统化的方式与民进党的整体诉求结合起来，力图寻求更加能够吸引台湾社会的两岸政策论述。

从民进党的发展历程来看，民进党对岛内政策的重视程度一般会超过两岸政策。自民进党成立以来，经历了"台独"路线的激烈冲撞并受到沉重打击后，部分政治人物开始推动"台独"转型，20 世纪 90 年代后期党内许多政治精英均开始淡化"台独"色彩，这一时期提出了"勤政、清廉、爱乡土"的诉求，将政策诉求聚焦于岛内公共政策和政党的政治操守议题，以求突破"台独"立场带来的困境，在大陆政策诉求方面该党则力求维持稳定。2000 年民进党上台后立即在"台独"问题上跃跃欲试，不断加大推动"台独"路线的力度，但最后的结果却是"台独"路线带来的困境立即浮现，执政危机不断加剧，该党在岛内的发展空间再度受到了极大压缩。及至民进党下台，蔡英文出任民进党主席后，对两岸政策进行了重新定位。2009 年 9 月蔡英文在接受媒体专访时提出两岸政策大致设想：在维护"主权立场"外，必须和大陆维持稳定的关系，"不

---

① （台湾）《联合报》，2013 年 5 月 30 日。

能让它恶化到变成一种对抗关系"，也就是"稳定但不能对抗"。① 随后，蔡英文将民进党大陆政策走向归纳为四个原则：（1）台湾与大陆之间的关系应遵循"互惠而非歧视、和平而非冲突、对等而非从属"的原则。（2）民进党主张从全球战略平衡与区域安全的角度，思考台湾与大陆的关系，使台湾不能陷于大陆设定的"一中"框架。（3）民进党主张以民主原则作为对外的防火墙与对内的防腐剂，大陆政策的制定与执行必须遵循"民主程序"，重大事项也必须由人民"公投"决定。（4）民进党坚持自由、民主与人权的价值，作为与中国大陆最大区隔以及"外交"的战略高点。② 以此看来，蔡英文两岸论述的基调是稳定，以为岛内政治斗争和党内权力结构调整争取时间。从蔡英文对民进党改造的规划来看，"重岛内轻两岸"将是未来政策制定和政治诉求建构的主要方向。

对民进党而言将政策诉求焦点集中于岛内公共政策并加强与选民的联结，显然比将政策诉求集中于两岸议题的风险来得要小。在目前的两岸关系格局中，民进党根本不可能具有决定两岸关系走向的能力，同时以台湾在整个台海格局中的边缘化地位，台湾未来走向受到大国政治影响甚巨，在大国博弈的棋盘中，民进党甚至没有决定自己行为的完全自由。也就是说，"台独"与否民进党自己根本无法决定，否则他们早就宣布"独立建国"了。对这个问题民进党前主席林义雄早就有过清醒的表述，1998 年林义雄接受采访时说，"大致来说，我们要了解中国（大陆）很大，而台湾很小，中国（大陆）能承担的起的风险台湾承担不起，所以处理中国（大陆）的问题要很慎重，不能够鲁莽，为了达到所要的目标，我们的立场要坚定，态度要和缓，就算要有什么做法，也要用很正式的方法，绝不要用刺激性的字眼"。③ 这种看法在民进党内很有市场，以时间换空间是一个大部分人都可以接受的选择，在无力突破目前台海局势现状的情况下，维持两岸关系基本稳定并阻遏两岸关系快速发展就是该党最为现实的选择。对于民进党政治人物来说两岸关系问题是一个尽量不要去触碰的议题。民进党下台后先后出任民进党主席的蔡英文和苏贞昌均持这种态度，他们在出任党主席之前基本上在两岸关系问题上不做主动表态，即使被逼表态也大都是以外交辞令进行回避。在党主席任上，苏贞昌在两岸政策论述方面没有任何突破，后期为争取"台独"基本教义派支持又重新回归传统的激进"台独"诉求。相

---

① （台湾）《中国时报》，2010 年 9 月 29 日。

② （台湾）"中央社" 2010 年 12 月 20 日电。

③ （台湾）《民众时报》，1998 年 8 月 7 日。

较而言蔡英文则一直在两岸关系论述方面保持模糊态度。台湾媒体对两人的风格对比后评论说，"苏贞昌台独本质鲜明，蔡英文则表现得较为含糊，一方面不得罪基本教义派，另一方面也预留了较为务实弹性空间"。"不清楚表态，含糊笼统，展现了蔡氏风格，也说明民进党处理两岸关系的两难。"① 这种模糊态度其实反映出蔡英文在两岸议题上的回避与拖延心态，其主要目的无外乎要降低在两岸议题上的损耗，集中精力加强在岛内政治角力中对国民党的优势。

自 2008 年蔡英文出任民进党主席以来政策诉求的目标非常明确，即利用国民党及泛蓝的内部矛盾和弱点，改造民进党的动员方式，全面扩大并巩固对国民党的优势。民进党的整体政策诉求框架可以用"远交近攻"来描述，即集中精力改变岛内的政治生态及政党力量对比，建立对国民党的绝对优势，累积处理两岸关系的资本和与大陆打交道的筹码。这种诉求在蔡英文诸多场合的表态中多有非常清楚的表述。2014 年蔡英文再次当选党主席后提出了民进党要完成的三大任务，一是成立 2014 选举对策委员会，尽全党之力打赢选战，基层组织坚实化也是委员会重要工作之一，民进党要在选战过程中全面扩大党的社会基础；二是民进党未来政策要贴近民意，更符合台湾社会未来发展的需求，要强化民进党在议题上的政策能力，让台湾社会的公共参与有革命性的改变；三是培养执政人才，"不只是党务主管年轻化跟（加强）开放性，也将要求青壮年在决策与执行中负起更大责任，为未来执政做好准备，'民进党世代接班从现在开始'"。② 这里并没有提及两岸政策诉求，更没有将其列为民进党未来短期内需要解决的问题。2016 年蔡英文上台后，沿袭了拖延与回避的策略，极力将两岸政策边缘化，并全面收缩两岸交流。相比较而言，内部问题在民进党的政策谱系中显然仍然具有优先的位置，对于两岸关系，民进党所追求者，不过是"稳定"而已。

民进党越来越将取得台湾岛内政治优势作为两岸政策制定及诉求建构的基本支撑，这一方面是由于民进党在经历了八年执政和"台独"冲撞后对两岸关系的基本格局进行了反思，同时也反映出民进党已经有了再次执政后长期与大陆打交道的准备。概而言之，民进党力图用改变岛内政治生态和政治结构的方式取得与大陆进行博弈的筹码，这种基本策略在相当长的时间内都不会改变。

---

① （台湾）《中国时报》，2014 年 1 月 21 日。

② （台湾）"中央社" 2014 年 5 月 28 日电。

4.3.2 民进党两岸政策诉求的基本结构

从历史发展轨迹来看，无论是民进党的两岸政策诉求还是执政时期的两岸政策设计，均有某种程度上的稳定性和一贯性。例如对"台独"立场的坚持。自 20 世纪 90 年代以来民进党一直没有放弃过"台独"诉求，曾经出现的"台独"转型不过是对"台独"实现方式的调整而已。事实上在民进党内部绝大部分时候都是只有主张"台独"的自由，但没有不主张"台独"的自由。故有学者评论说，民进党的两岸政策在实用主义与折中主义两种观点之间徘徊，始终难以摆脱"台独"纲领的束缚。[①]再如对两岸关系的基本态度，民进党一直坚持要保持两岸关系的适度紧张。民进党两岸政策及诉求的相对稳定性已经内化为比较固定的行为取向，这种行为取向在一定程度上是由民进党两岸政策及诉求的基本结构决定的。民进党两岸政策及诉求的基本结构主要可以从两岸政策诉求的理论基础、基本依托、实现情境和路径等几个层面展开讨论。

两岸政策诉求的理论基础。民进党两岸政策及诉求的理论基础从台湾政治变迁过程中逐步演化而来，其中相当一部分来源于威权时期与国民党斗争时完成的理论建构。在与国民党的斗争中，党外政治势力及后来的民进党创造出了以族群身份认同为基础的族群区隔论述，并在此基础上建构出了"主体性"和"民主化"两个基本支柱。"民主化"诉求是反对国民党的政治抗争中的有力武器，民进党利用这一武器取得了对抗国民党当局的价值正当性，同时也以此获得了美国等国际社会的支持。"主体性"以及围绕着这一概念形成的概念群是民进党在抗争过程中区隔国民党的重要工具，"主体性"诉求是以族群区隔为基础建立起来的，这里的"主体性"之"主体"在范围上并不指涉外省人，在面对国民党时民进党从来也不打算强调外省人的"主体性"。可以看出的是，民进党的理论建构立基于西方"主权在民"理论，不过这里的"民"在大多数情况下却只包括了本省人或是支持"台独"立场的民众。及至切换到两岸关系的场域，"主权在民"诉求的逻辑结果就是所谓"公民自决"理论，所以民进党在述及两岸法律定位时自然会剔除以"两岸处于内战状态"法理定位处理两岸关系的可能性。这也是民进党经常说"国共内战是国民党和共产党之间的事，和民进党无关"的缘由。及至国民党当局的威权统治逐渐崩解，民进党力图将已有的理论建构进行改造后用来对抗大陆的国家统一诉求，该党对"台湾主体性"概念

---

① 孙哲主编：《亚太战略变局与中美新型大国关系》，时事出版社，2012 年，374 页。

重新诠释，加进了两岸对抗的内容，并企图在两岸对抗中不断扩大自己的生存空间，这事实上是当年与国民党斗争手法的翻版。

两岸政策诉求的基本依托。自民进党 2008 年下台以后，民进党两岸政策主张的重新建构活动就已经开始，其中主要以蔡英文为代表。2009 年蔡英文提出的"新本土观"集中展现了这种企图。蔡英文认为"台湾主体意识"已经成为台湾社会的"共识"。"我们应该有足够的自信，可以把'本土'重新诠释为一个包容性的观念，让这个社会所有的新旧移民不分族群都能共享'本土'。包容性的本土观可以跟主权连结。我们是生命共同体，这个生命共同体的主权是我们自己的。要统要独，必须是我们自己的选择。重点不在选什么，重点在，选择权是我们自己的。"[①] 这种将台湾作为一个"生命共同体"的说法并非蔡英文首创，李登辉时期就有这一说法，不过蔡英文将这种建构"生命共同体"的规划付诸实施，在其出任民进党主席后的一系列活动中不再强调族群议题并放弃了族群撕裂的动员方式，而是诉诸"理性竞争"。这种尝试自蔡英文第一任党主席任期就已经开始了，在 2010 年的"五都"选举中，"蔡英文打了一场非常不民进党的选举，不挑拨族群、尽量不爆粗口、不激情谩骂，甚至不正面攻击对手，这是十年来民进党表现最温和的一场选举"。[②] 同时民进党不断加强对民间社会的渗透能力，力图将"主体性"观念灌输到台湾社会中去，不断强化民间对"生命共同体"的认知。

两岸政策诉求的实现情境。民进党的两岸政策从性质上来说是对抗性的。长期以来民进党一直习惯于有一个强大的敌人，只有如此才能充分发挥其战斗力与凝聚力的优势。民进党在长期发展过程中，与国民党的斗争成为其最为核心的政治活动，民进党好勇斗狠的性格也是在这一过程中养成的。在两岸关系问题上，民进党一直在努力寻找"敌人"。民进党 2000 年执政后在建构大陆负面形象方面不遗余力，其目标所指就是将大陆建构成"台湾的敌人"，并在这种建构过程中凝聚自己的支持。不过吊诡的是，这种对抗性观念的建构却是在"消除对抗"的幌子下完成的。蔡英文在检讨民进党执政教训时说，"我们执政时，自知政治实力不足，必须努力累积，却走错了方向。我们用政治对抗的方式来凝聚支持的力量。完全对抗，在反对运动初期是有正当性的，因为当时的威权政权拒绝民主，也没有民意基础，对抗能够得到社会的同情。但是当民进

---

① （台湾）《中国时报》，2009 年 3 月 22 日。

② （台湾）《中国时报》，2010 年 12 月 6 日。

党已经执政，台湾民主雏型成形后，台湾主体性已经是大家共识时，对抗就必须向包容转化"。①这里所谓的"包容"其实是指岛内政治而言，主要指涉内容为消弭岛内族群分裂与斗争，意即在占据话语优势的情况下实现岛内的族群和解，并在此基础上建构对大陆的敌对性共识。显然这种包容并不指涉两岸关系。前面已经提及，事实上在两岸关系方面民进党从来不惮于使用暴力，陈云林会长访问台湾期间蔡英文一手主导的暴力事件引起两岸震动，而2014年由蔡英文支持的"太阳花学运"更是以暴力的方式强行阻遏了两岸关系和平发展快速推进的势头。

政治与经济分离的实现路径。两岸关系自1978年以来发生了很大变化，两岸交流与合作不断扩大，两岸关系逐渐出现了结构性变化。这种情形无疑会对民进党的两岸政策产生深远影响。民进党对两岸交流采取排拒的态度，对两岸政治关系突破与进展尤其敏感，但是民进党却又知道无法阻止两岸关系发展的潮流，在几经折冲之后，形成了"政经分离"的基本策略，其核心在于不反对与大陆进行经济交流，但是政治立场不做任何改变。曾任台湾"陆委会主委"的洪财隆对此说得非常明白，"主动因应也好，被动响应也罢，中国及其一切，确确实实已经让我们无法再回避"。"台湾主体性的确立与两岸经贸松绑不必然会相互排斥，如果清楚知道自己的身分与打算，交往的空间只会更加宽广。"②2011年蔡英文也表示，两岸经贸关系密切是既成事实，无论哪一党执政都将无法单方面喊停。民进党若执政，不会采取极端或激进路线，未来若有某种形式的"台湾共识"，也会透过"立法程序"建立两岸互动基础。③可以看出，两岸关系交往密切并成为潮流是民进党内普遍的共识，但是该党在两岸交流中要坚持"台独"政治立场的认知也颇为一致。民进党在2008年以后与大陆的交往基本都是在这个原则指导下进行，党内代表人物不断到大陆访问，但是在岛内以"主体意识"为核心的观念渗透也在同步加强，这是民进党"政经分离"政策的一体两面，未来还会持续下去。

从民进党两岸政策诉求的基本结构来看，对岛内的经营显然是其基础。民进党一方面通过对在岛内的经营，力图加强对社会的影响，强调区别于国民党的理想性，声称台湾"社会的、民主的、甚至经济的基础工程，都尚未完成。

① （台湾）《中国时报》，2009年3月22日。
② （台湾）《中国时报》，2008年7月20日。
③ （台湾）《工商时报》，2011年9月15日。

民进党必须有理想性与使命感，承担起建构社会民主基础工程的重责大任"。[①]
民进党试图通过上述手段将"台独"诉求与社会公共政策全面融合，增强"台独"路线的隐蔽性，扩大"台独"诉求在台湾社会的生存空间。同时，民进党大力鼓吹利用价值诉求对大陆进行牵制的重要性，宣称民进党与中国大陆交往过程中，"仍应坚持作为现代社会的基本价值，比如说自由主义、人权、民主"。[②]
如此一方面可以增加"台独"诉求对民众的吸引力，也可以在一定程度上取得西方社会的支持。可以认为，民进党的两岸政策诉求正在向精细化方向发展，"台独"诉求也更加隐蔽。

4.3.3 两岸政策诉求重要内容：议题主导权争夺

在民进党两岸政策诉求变化中，话语权争夺是一个非常重要的内容，民进党政策诉求的调整很大程度上出于议题主导权掌控的需要。前面已经谈及，一般来说议题主导权意味着政策制定过程中的主动权，从政党政治生态的角度来说，则意味着政治动员中的主动权。议题主导权包括制定议题的能力以及政策实施过程中行为主体的参与能力，两岸政策及诉求的议题主导权争夺在民进党内权力争夺中及民进党与国民党的政治竞争中均有体现。

话语权争夺过程中最为重要的部分是议题设定，即在两岸政策博弈中应该围绕着哪些议题展开以及应该由谁来设定议题和主导两岸政策。不同的议题设定反映出不同的逻辑思维，进而会导致不同的政治后果，并对两岸关系基本结构产生影响。在民进党执政期间，该党一直将议题设定限制在两岸主权分歧方面，这种议题设定的结果一方面是使岛内的族群动员大行其道，对台湾社会产生了严重的伤害，另一方面则使两岸对抗程度不断加深，甚至濒临战争边缘。而在国民党重新执政以后，两岸关系的主导议题变为经济与民生议题，由此导致的两岸之间交流与合作不断扩大，两岸关系的紧张程度不断降低。主导性议题设定的不同，两岸关系的走向会有霄壤之别。以两岸合作与分歧的关系为例，可以非常直接地看清楚这个问题。无论是国民党执政还是民进党执政期间，两岸都存在不同程度上的交流与合作，也存在不同形式的分歧，但上述交流、合作与分歧对两岸关系形成的影响在不同时期极不相同。民进党执政时期两岸的交流与合作虽然存在，但因民进党拒不承认"九二共识"并将两岸关系的主导

---

① （台湾）《中国时报》，2009 年 3 月 22 日。
② （台湾）《今日新闻》，2009 年 5 月 4 日。

性议题设定聚焦于政治分歧，因此这些交流与合作无法有效降低两岸关系的紧张局面，两岸的政治对抗性色彩越来越明显，民进党两岸议题的"泛政治化"倾向也越发严重；国民党重新执政以后，两岸关系间虽然也存在着分歧，但两岸均有将议题设定于民生议题的共识，因此这些分歧并不影响两岸达成一系列共识，两岸交流与合作也达到了新的高度。以经济议题为中心取向的两岸政策产生的直接结果就是两岸关系"去政治化"及"脱敏感化"。有论者在谈及这个问题时说，"不同于前任的敌对政治"，马英九的大陆政策是在一个自相矛盾的"去政治化"过程中展开的，其主要特点是消除贯穿在台湾内部及两岸之间的潜在对抗性。可以说目前两岸交流是以摒弃"政治"（politics，即一系列确保稳定秩序的实践和制度）和"政治性"（the political，即对手间无法消除的敌对性）之间的差异为前提的，从而导致了政治争论空间的萎缩和取消，以及对所有政治问题采用非政治的方法来解决。① 相反，以政治分歧为中心取向的主导性议题设定则会对两岸关系及两岸政策产生"泛政治化"的效果，政治分歧也会随着交流扩展而不断扩大。

一般来说，两岸政策只能由执政当局实施，作为在野党一般只有发表政策主张的权力，对两岸政策的制定与执行往往无缘置喙，不过这并不意味着在野党没有能力对两岸政策产生影响，这种影响一般是通过议题主导权争夺实现的。对民进党来说，在国民党执政时期，首先要避免的状况就是在两岸政策上被边缘化，柯建铭就说"两岸政策是个急迫的议题，却也一直是民进党的罩门，""如果绿营想要拿回执政权，就不可以回避，民进党不应该让两岸论述成为国民党的专利。"② 民进党的两岸政策诉求与国民党的两岸政策诉求在一定程度上具有相反的逻辑，即国民党强调通过交流与合作逐步解决两岸历史遗留问题，民进党则强调通过与大陆的对抗与区隔完成台湾"独立建国"的法理定位重构。随着国民党主导的以经济民生议题为中心的两岸政策成为主流并使两岸关系"去政治化"的程度不断加深，对民进党来说无疑已经形成空前的压力。不过民进党需要在议题上与国民党保持区隔，并不愿向国民党所主导以经济民生为中心的议题方向靠拢，而是力图通过各种方式加强自己在两岸议题上的发言权和影响力。蔡英文声称"台湾政党不应在两岸议题过度竞争，否则面对中国会没筹

---

① 刘世鼎、史维：《去政治化的台湾政治》，《思想》，第 20 辑：《儒家与现代政治》，（台湾）联经出版事业股份有限公司，2012 年，93—94 页。

② （台湾）《联合晚报》，2010 年 12 月 1 日。

码可用"。① 明确表达了不愿随国民党起舞的态度。为了避免在两岸议题上被边缘化，民进党又重新祭出街头运动的套路，不断污名化两岸关系，大肆抹黑两岸合作与交流。在蔡英文第一任党主席以及苏贞昌在任党主席期间，民进党进行了一系列街头抗议，企图阻遏两岸关系的快速发展。这些运动均告失效后，蔡英文支持了"太阳花学运"，以激烈对抗以及攻击执政当局和公权力部门的方式强行将两岸服贸协议阻挡下来。从实际后果来看，两岸关系和平发展快速推进的势头在一定程度上受到阻遏，国民党在这个议题上的主导权也遭到了削弱。

民进党在争夺两岸议题主导权的同时也积极进行"主体性危机"观念的建构和传播，并将这些观念作为获取议题主导权的重要支持基础。在处理两岸关系问题时，民进党一方面强调所谓台湾的"主体意识"和"主体性"，一方面则不断强调"台独"无法实现或者因大陆推动国家统一而引发的"主体意识"消解危机。民进党通过持续不断的政治社会化过程，将这种危机感固化。这种危机感在一定程度上是台湾社会"恐中"情绪的根源，也是民进党敢于以"台独"立场为底色制定大陆政策的社会心理基础之一，并在一定程度上决定了民进党两岸政策主张的对抗性特征。米尔斯在谈到危机及危机感对行为的影响时说，"一旦危机被说成是全面的和永久的，决策的后果也具有了整体性，社会生活各个主要领域的决定也肯定与整体相关。到了一定程度，这些后果对其他秩序也有影响并得到评估：机不可失，时不我待"。② 正是由于"主体性消解"危机感的普遍存在，在平时的政治活动中，很显然泛绿对于两岸议题主导权有更强烈的掌控冲动，他们对两岸政策的解读明显具有"泛政治化"的倾向，同时泛绿阵营对两岸政策也更为敏感，一旦感觉到受到威胁，反应也格外强烈。

2014 年"太阳花学运"不过是这种激烈对抗与冲撞的一个典型个案，其目的从表面来看就是要阻挡两岸交流快速发展的势头，按照蔡英文的话说就是在两岸交流中要有民进党的声音，使台湾的两岸政策从"'一元的两岸政策思考'，变成'双元的两岸政策思考'"。③ 有评论认为这次运动的终极目的"就是正名制宪、就是台独。这不是学运的质变，而是以反服贸为手段，以制订监督条例为工具，在华丽词藻包装下推动台独制宪"。④"主体性"消解的危机感长期存在，

---

① （台湾）"中央社" 2013 年 7 月 28 日电。
② ［美］米尔斯著，王逸舟译：《权力精英》，（台湾）桂冠图书股份有限公司，2002 年，377 页。
③ （台湾）《联合报》，2013 年 8 月 9 日。
④ （台湾）《中国时报》，2014 年 4 月 4 日。

使台湾岛内包括两岸政策在内的各种政策议题主导权争夺都比较激烈。民进党在以传统的街头游行示威方式阻遏两岸关系发展的企图失败后，选择了以直接冲击"立法院"这种在法律上说已经是"政变"的激烈方式来实现抢夺两岸议题主导权的目标，令人匪夷所思，如果这种手段对民进党而言有效且无害，未来该党还会故伎重施。

两岸政策主张的议题主导权不仅在台海两岸、国民党与民进党之间展开，民进党内部也有两岸议题主导权的争夺问题。两岸政策主张在民进党内部权力博弈中一直是一个重要工具，议题主导权争夺是其最重要的表现形式。2014 年前后蔡英文、苏贞昌、谢长廷在两岸议题上的争夺是比较典型的例子。蔡英文用突袭的方式阻遏两岸关系的发展以抢夺两岸议题主导权，并顺利逼退了党内竞争者，取得了党内权力斗争的胜利。当然蔡英文如此行动有其党内支持基础，即她在党内的支持度一直超过其他派系领袖。林浊水说，2012 年民进党选举失败之后，民进党内"私下已有默契，要推蔡英文参选 2016，尽管有人不以为然，但这是多数人的共识"。[①] 正是有这种支持基础，蔡英文能够好整以暇对未来政治生涯进行全面规划。蔡英文显然与苏贞昌及谢长廷在两岸政策主张方面都有不同的想法。苏贞昌与蔡英文之间想法差异有目共睹，此处不须赘述；蔡英文与谢长廷之间的分歧则从二人对合作的态度上可见端倪，谢长廷在党主席选举的问题上一直想寻求与蔡英文的合作，但是蔡英文却不为所动。[②] 这反映出蔡英文对谢长廷势力坐大的担心，也表达了对谢长廷两岸政策论述的不支持，同时也向外界传达了自己对两岸关系议题具有实质主导能力的自负。

民进党两岸议题话语权的争夺从来都和岛内政治动员密切相关。自 2008 年以后民进党的一系列活动均围绕污名化两岸交流与合作并将国民党打成"卖台集团"这一中心展开。在民进党的"反 ECFA 活动"中就已经明确提出要通过反对运动与公民社会相结合，以增加民进党对社会的影响力。就推动"ECFA 公投"议题蔡英文曾经表示，"民进党希望透过 ECFA 公投说服社会，ECFA 将影响台湾社会的政治及经济生活；推 ECFA 公投不是为选举，而在推动社会运

---

①　（台湾）《旺报》，2012 年 1 月 27 日。

②　周玉蔻：《蔡英文的美丽与哀愁》，（台湾）《美丽岛电子报》，发布日期：2014 年 4 月 15 日，更新日期：2014 年 4 月 15 日 13:13。需要说明的是，这里谈及的三人"两岸政策主张方面不同的想法"既指三人对民进党两岸政策具体论述的不同观点，同时也有三人对两岸政策论述在整体政策中之坐标以及政策实施具体路径方面的认知差异。

动"。^①蔡英文认为"ECFA 公投"就是"要让民众聚焦讨论和辩论,毕竟 ECFA 会根本改变台湾政经社会"。"在两岸关系发展中的经贸活动仍应步步为营,小心观察,如果外贸太过依存中国,未来经济自主性会产生问题。"^②民进党通过不停地炒作两岸交流的负面效果,使民众对两岸交流产生戒心,进而形成排拒两岸交流与合作的思维定式。一般来说,思维定式往往是通过议题的不停重复来实现。^③从民进党与公民社会联结的基本诉求来看,利用政治动员培养民间对两岸交流与合作负面认知的思维定式将是争取议题主导权的一个重要方向,也是民进党消解两岸合作交流快速发展的重要手段。

---

① (台湾)"中央社"2009 年 5 月 19 日电。

② (台湾)"中央社"2009 年 6 月 1 日电。

③ 佟文娟:《过程与分析:媒体与台湾政治民主化(1949—2007)》,厦门大学出版社,2009年,156 页。

第 5 章 政党政治变迁与民进党政治生态的互动

5.1 国民党与民进党的发展模式比较

国民党与民进党是台湾政坛上两个主要政党，这两个政党的发展及互动模式对台湾政党政治的基本样态具有深刻影响。两个政党均在追求发展模式的优化，不过由于受到台湾社会政治文化结构、政治制度结构以及政党各自内部结构等方面因素的制约，使两党发展模式出现了较为显著的差异。这些差异从长期看可能对政党政治的发展趋势产生较大影响。政党发展模式系指政党在特定的语境中依据自己的历史、制度及文化特征形成的发展方向和路径选择。政党发展模式所呈现出来的基本样态既受到现有特定语境的制约，同时又是在政党发展及政治博弈过程中理性选择的结果。从这个意义上说，政党发展模式既具有相对稳定性，同时也具有动态性的特征，稳定性标示的是政党受到具体语境的制约而呈现出比较稳定的行为取向，而动态性特征则标示出政党随着语境变化进行适应性调整的行为选择。特定地区不同政党发展模式的互动是政党政治的主要内容，对政党发展模式的分析是政党政治分析中值得关注的问题。

5.1.1 两党的政党类型区隔及动员模式差异

政党的发展模式及在此基础上形成的政党政治基本生态与政治系统内主要政党所属的政党类型密切相关。[①] 不过在不同的视角下政党呈现出的类型学特征并不相同。迪韦尔热从政党结构及其功能的角度出发将政党划分为干部型政

---

① 政党的所属类型标示了政党发展模式相对稳定的一面，也在一定程度上标示了政党政治的相对稳定性。不同类型的政党会产生不同的问题处理模式，党际之间关系处理模式则受到这些政党自身问题处理模式的影响，特定政党之间互动结构也是在这个基础上产生。

党与群众型政党两种类型。① 帕诺比昂科（Angelo Panebianco）强调政党起源（genetictypes）的重要性，他把选举看作是现代政党的主要目标，因而将政党的关键性变迁阐述为一种从"群众官僚型政党 (Mass-bureaucratic Party)"向"职业选举型政党（Electoral-professional Party）"的转换。② 笔者认为，在竞争性语境中政党发展的核心问题在于其生存与扩张的能力，主要涉及动员模式及其有效性、与社会联结方式和政党内部的凝聚力等三个方面的内容。如果以此为逻辑起点进行分析，台湾的两个主要政党分别可以归类为"组织－资源分配型"政党和"组织－意识动员型"政党两种类型，其中国民党属于前者，而民进党属于后者。③

对于国民党的政党类型问题，学者的认知多有不同。迪克森（Bruce J.dickson）将国民党称为"列宁式政党"，④ 若林正丈将民主化之前的国民党称为"疑似列宁式的政党"，即具有列宁主义政党的特征，同时又区别于典型的列宁主义政党。⑤ 按照若林正丈的说法，国民党在台湾建立起的二元侍从主义体制是其政治统治的基本支撑结构，在这种基本结构下，资源分配与利益交换是国民党政治运作的核心。不过这种运作机制的一个前提条件就是国民党"党国体制"的长期存在，党的系统长期控制资源⑥ 汲取及分配权。同时，在威权统治时期国民党没有有力的竞争者，政治世代长期以来更新换代的速度非常慢，结构及人员老化情况较为严重。也正是在这个意义上说国民党属于"组织－资源分配型"政党，其主要意涵在于：国民党主要通过严密的组织系统完成对社会的统

---

① 岑树海：《政党类型学研究的三种基本范式转换——从群众型政党、全方位型政党到卡特尔型政党》，《北京行政学院学报》，2014 年 2 期。

② 赵婷、娄士强：《政党类型学研究综述》，《燕山大学学报（哲学社会科学版）》，第 13 卷第 2 期，2012 年 6 月。

③ 在台湾还存在大量的小党，这些政党在台湾政坛中没有太大的影响力，本章对这部分政党不作分析。这部分政党的情况比较复杂，其中有的属于理念型政党，如绿党，高效的政治动员效果未必是他们追求的目标，特定理念的宣传才是其真正的目的，许多"急统"与"急独"的政党也多属这种类型。当然如果理念宣达到一定的效果，支持者日众，政治动员在政党目标谱系中的地位会上升。台湾小党中有部分是针对特定人群的政党组织，如"工教联盟""中国妇女党"等，不过一般动员力都比较差。台湾小党中有相当一部分属于个人型政党，宋楚瑜的亲民党就是比较典型的例子，这些政党对领袖的个人形象依赖性极大，也比较不稳定。

④ Bruce J.dickson ,*Democratization in China and Taiwan*, Oxford University Press Inc.,New York,1997, pp40-41.

⑤ ［日］若林正丈著，许佩贤、洪金珠译：《台湾：分裂国家与民主化》，（台湾）新自然主义股份有限公司，2009 年，32—33 页。

⑥ 这里的"资源"系广义的概念，涉及政治权力、经济资源、声望以及话语等各个方面。

合与动员，而这种统合与动员主要以资源分配与利益交换的手段完成，掌握了资源分配权的国民党当局在政治系统中居于中心的位置。及至 20 世纪 80 年代以降，国民党已经无法垄断资源分配权，但是该党的基本动员模式并没有太大调整，特别是长期资源分配结构下形成的政治心态更是迟迟无法改变，这是该党目前遭遇到困境的一个重要原因。

民进党是在国民党压制下成长起来的政治势力，体制外的抗争曾是该党取得政治资源的重要手段，较强的组织性是该党的一个重要特征。当然目前学界对这一问题并无共识，台湾学者和政治人物对民进党是"内造政党"还是"外造政党"的问题一直争论不休。林浊水认为，民进党的发展过程中"由一切皆由党中央主导、并以体制外群众运动为主轴的外造政党逐步转型，内造色彩加重，甚至随着执政态势的发展而渐渐出现影子内阁的雏形"。[①] 显然林浊水关于"外造政党"主要有两个方面的标准：一是体制外斗争是党的行为主线，一是党中央的强大控制力。以这两个标准来看，民进党显然既不是外造政党也不是内造政党，而是兼具这两个方面的特征。林浊水这里强调的是民进党中央无法对作为公职人员的党员进行直接控制，却无法否认民进党中央对党员个人具有较强约束力的现实，党的意志通过"立法院"党团进行贯彻也没有什么问题。以这方面的特征而言，民进党较为符合外造型政党的特征。前文提到，组织的约束力较强是民进党长期以来能够与国民党抗衡的重要资本。同时，民进党在发展初期并没有类似国民党那样的资源优势，无法建立起类似国民党的侍从主义体制，这一时期的民进党主要靠以下几种手法进行动员：（1）家族势力，这在党外时期及民进党发展初期表现比较明显，典型者如高雄余家；（2）政治理念，最为典型者为"民主化"理念和"本土化"理念；（3）基层服务，即强化公益性服务和选区服务，并长期在某一地区"深耕"，从感情上取得民众的同情与支持。在民进党的发展过程中，党的组织系统为政治动员提供了平台，而理念性的动员则是该党的重要特征。在民进党的动员系统中，地方党部在大部分情况下都难以发挥国民党地方党部作为利益交换中介的功能，民进党也没有形成如国民党那样绵密的组织系统，在选举动员中，该党利用政治诉求进行动员的力度比国民党大得多。也正是从这个意义上可以把民进党称为"组织－政治意识型"政党。从这个意义上说，在对国民党与民进党进行比较时，党员数量是尤

---

① 林浊水：《测量台湾新座标——林浊水文集》，（台湾）财团法人浊水溪文教基金会，1998年10月，237页。

其不具可比性的一个指标，对于民进党这样比较重理念宣传的政党来说，党员数量并不是制约发展的关键问题。

政党类型不同意味着其动员模式会有相当大的差异，其中最典型的表现是两个政党对地方派系的不同态度。地方派系本来是在国民党威权时期留下来的政治结构，长期与国民党的关系非常密切，在相当长时期内地方派系是国民党对地方进行统合的重要中介，也是利益交换的重要枢纽。2000 年之前国民党与地方派系的紧密勾连是其保持政治优势的重要原因。不过 2000 年以后，国民党面临着资源分配权缩减的现实，与派系之间的联系被削弱。马英九出任国民党主席后力图改变与地方派系的联结方式，却遭遇到了巨大的阻力。有论者曾经指出，"国民党选举一向跟地方派系紧紧相连，县市长是派系要角、立委是派系代表，利益交换是必然，但马英九不时兴这一套，他就是不信，国民党没有派系活不下去。不过，失去派系的地方奥援，不玩资源利益交换，马英九就算做到清廉诉求，也必须面对某些重要法案过不了关、失去地方执政权的局面"。[①]马英九执政的经历也证明，处理好与地方派系之间的关系对该党的发展至关重要。有的评论认为，2008 年马英九大获全胜的原因是地方派系大团结。"民进党执政造成亲国民党的地方派系失去政治资源，所以大家合作挺马。可是在马政府上台之后，他们的感觉与民进党执政时并没有多大区别，既然如此，何必那么卖力挺马？"[②]作为国民党"组织 – 资源分配型"政党的标志性结构，国民党与地方派系的关系事实上成为影响该党未来发展的关键问题，这个问题的核心在于传统的与派系竞合模式在国民党资源萎缩的情况下无以为继，而且由于其利益交换所具有的"黑金政治"特征使国民党长期无法摆脱道德低位的困境，然而新的动员模式却因党内阻挠无法建立起来，动员力下降已经是非常现实的问题。

民进党并不排斥利用地方派系。民进党从党外时期开始，"要与权势、财势庞大的国民党相抗，同样得依靠地方士绅与派系家族之力。云林的苏治芬家族就是典型，嘉义的陈明文原属蓝营，靠绿营与派系的支持，当选县长后转投绿营，连任两届后，即使号称要打破地方派系的生态，但从蓝绿登记、乃至无党自行参选者的背景来看，完全不脱当年嘉义派系之斗的原型"。[③]不过对民进党

---

① （台湾）《中国时报》，2009 年 6 月 29 日。

② （台湾）《苹果日报》，2011 年 08 月 25 日。

③ （台湾）《中国时报》，2009 年 10 月 13 日。

而言利用地方派系在其动员系统中长期以来并不是主要手段，该党对地方派系没有太强的依赖性。唯其如此，国民党与民进党所说的"基层经营"之涵义也并不相同，国民党的基层经营强调加强基层组织的功能，强化对桩脚的控制。民进党所谓的基层经营主要有两个层次上的意涵：（1）打入国民党传统的桩脚系统，不断侵蚀国民党的基层组织基础。有论者认为，民进党人通常不太经营村里长的职务，一些年轻、少壮派的党员，他们不是对议员以上的职务感兴趣，就是对县市政府的职务极力争取，使得基层的村里长变成空虚的状态。① 不过这可能只是民进党发展过程中较早期的情况，民进党在当时不经营地方基层是因为国民党利用其拥有的庞大资源在地方上建立了强固的利益交换关系，民进党无力进行竞争。不过随着国民党资源的萎缩以及民进党手中资源的增加，这种局面早已改观。以民进党长期执政的高雄为例，"民进党主政高雄十多年来，基层绿化程度不断扩大、不断加深，县市合并之后，民进党更以执政优势，精准又绵密地切入农会、宗教、区里、部落、水利会、同乡会等各个系统，蓝营的空间正不断压缩"。② 2008 年民进党下台以后，对基层的渗透更加重视，蔡英文第一次当选民进党主席后曾表示，"才知道里长的重要性"，③ 故加强基层渗透成为蔡英文当然的政策选择。（2）通过长期的基层服务"深耕基层"，不断加强与基层选民的情感联结，从国民党那里争夺支持者。民进党的基层经营及动员模式的变化隐含着一个逻辑上的可能性，即随着民进党与地方派系的利益交换成为普遍现象，民进党在政党类型上"国民党化"的趋势不可避免。

5.1.2 国民党与民进党的社会联结方式差异

政党的社会联结方式系指政党如何处理与社会的关系，具体来说就是如何通过与社会的互动强化政党的影响力。一般认为政党担负着政治表达与利益聚集的功能，将民众的利益诉求聚集起来形成政策并加以实施是政党能够存在的功能性基础。这一在西方语境中得出的结论虽然无法对台湾的政治过程提供令人比较满意的解释，④ 然而就强调政党社会联结对政党发展的重要性这一问题上，对台湾政党政治研究还是具有一定的启发意义。

---

① （台湾）《旺报》，2012 年 2 月 4 日。
② （台湾）《联合报》，2013 年 9 月 13 日。
③ （台湾）《旺报》，2012 年 2 月 4 日。
④ 这个结论是在不考虑社会意识及社会文化影响的前提下得出的，在台湾这种中国传统政治文化影响比较强烈的地区只有部分的解释力。

国民党败退台湾后设计出了以"二元侍从主义"为核心的社会联结和控制机制。① 这种"二元侍从主义"体制为国民党当局提供了社会控制的工具，这也是所谓"国民党比较重视组织"的原因，这种组织形式的核心就在于利益与政治忠诚的交换。这种社会联结方式可以称为"控制型模式"，这与当时国民党垄断资源的情形是相匹配的。不过这种结构在提供了社会控制的功能之外同时也限制了社会渗透的效果，也就是说这种统合并不是着眼于个人，而是着眼于基层组织（包括地方派系和党的基层组织），无法形成对个人层面的全面渗透。② 此外，地方派系的形成与强化在国民党垄断资源的情况下可以作为政治控制的工具，但从逻辑上也意味着地方自主性的增强。有学者研究后指出，在民主代议制度下政治权力来自选票的原则下，具有掌握与汲取选票能力的地方派系、财团积极介入选举向"国会"进军，挟民意以强化其权力的基础与正当性，侵蚀并挑战执政党中央及行政部门的支配地位，在公共政策的决策过程中拥有更多的发言权与影响力，甚至跳脱党中央的节制组成各次级团体合纵连横，为特殊的利益护航或通过与行政部门相对立的政策方案。③ 派系自主性增强的实质就是，一旦国民党手中的政治资源缩减，该党与地方派系之间的关系就会被重构，国民党与派系的侍从关系转向选择性结盟关系，国民党显然无法如以前那样再控制地方派系作为与社会联结的中介。但是国民党却又无法放弃传统利用地方派系进行社会联结的运作模式，"在很长一段时间内家族、派系加财力仍是成为国民党提名参选者必备的条件"。④ 国民党长期陷于如何调整与社会联结问题的泥淖难以脱身，这无疑为未来的发展蒙上了阴影。

民进党与民间社会的联结方式与国民党有所不同。民进党的做法主要是加强基层服务，强化对社会的理念渗透，同时想方设法加强与基层民众的情感联结。民进党的这种社会联结方式可以称为"渗透型模式"，在不拒斥基层组织的情况下，重在强调理念的建构以及形象的塑造。这种联结方式一般来说不需要

---

① 这里的二元侍从主义指统治精英将手中的一部分资源分割给举行地方选举县市的复数派系，从而形成恩庇侍从结构；而地方派系领导者利用"地方联合垄断经济"而产生的资源，来培养自己在社会上的侍从主义网络，从而形成另一重侍从主义结构。见若林正丈前引书，42页。

② 在这种统合模式下，国民党当局并不直接面对社会中的个人，地方派系充当了执政当局与个人之间的中介组织。这种结构虽然缓冲了个人与执政当局之间直接冲突所产生的矛盾，不过也使执政当局对个人的控制并不彻底。

③ 廖益兴：《台湾威权体制及其转化的效应》，（台湾）《政治学报》，21期，1993年12月，83页。

④ （台湾）《中国时报》，2009年10月13日。

中介，直接指向社会中单个的人，在联结方式上具有扁平化的特征。以基层服务为例，2008 年以来民进党的力度明显加强。2012 年蔡英文败选后分别于 8 月和 10 月成立"小英教育基金会"和"小英之友会"，作为经营基层的重要平台，其中"小英之友会"扩张速度非常快，一年后已在全台九个县市成立了"小英之友会"，志工达到约 1500 人，这些志工以妇女、退休人士居多，其中有许多高级知识分子，包括退休的大学教授、高科技公司的退休老板等。这个组织的主要目标就是"扩张社会连结、强化社会组织"，"小英之友会现阶段任务就是社会公益，除了净滩、小区服务外，也倡导反核"。① 此外长期扎根基层与选民互动也是民进党强化与社会联结的重要方式，如林佳龙在台中的长期"深耕"就是比较典型的个案，这种做法在接近与民众感情、塑造候选人形象方面较为有效。有学者指出，即使台湾已经进入现代社会，传统亲信信任格局仍具有旺盛的生命力。无论是经济活动，或是政治和社会生活领域，以血缘和地缘为立足点的信任基础，逐渐过渡到建构于经验上的信任基础。"由亲而信"的信任格局被视为左右中国人社会关系的基调，这种建构在个人才智表现和互动经验上的信任基础，由于是建立在附着于特定个人的直接人际关系互动上，因而信任基础的本质并没有改变，仍然是以人为中心亲信哲学的延长，变的是对"亲"的定义，所谓亲者，从原来的以血缘和地缘界限，过渡到以实际互动中的观察和体会来定义。② 这种情况形成了台湾政党与社会联结方式的具体语境，这种语境与西方社会有较大差异。相比较而言，民进党的这种渗透方式更加具有"人情味"，同时也更加容易引起基层民众的情感共鸣，基层民众一旦被吸引则会产生较强的归属感，民进党在南台湾的政治版图不断巩固就是这种政治文化影响的结果。

国民党与民进党在加强社会联结方式上的差异在青年选民的争取上表现得比较明显，民进党在这方面的政策成效相对来说要超过国民党。由于选举竞争日渐激烈，台湾两个主要政党均加大了争取青年选民的力度，他们依据青年选民群体的政治文化特征制定具体措施来吸引青年选民支持，"平时主要依靠建立青年组织体系，累积青年的政党认同，选举时期则围绕政党形象营销、候选人

---

① （台湾）《联合报》，2013 年 8 月 19。
② 张苙芸：《当代台湾社会的信任与不信任》，张苙芸、吕玉瑕、王昌甫主编：《90 年代的台湾社会：社会变迁基本调查研究系列二（下）》专书第一号，（台湾）"中央研究院"社会学研究所筹备处，1997 年，299 页。

形象营销、政策营销三个主轴，全面争取青年选票"。① 两个政党对于"首投族"的争夺更加激烈，有论者认为"首投族的政治倾向与支持度可左右大选的结果，且依台湾民众的政治特性，第一次投票选择了政党之后就难以改变口味，也将影响长远的政治版图，因之蓝绿阵营都用心经营、极力争取"。在这方面民进党显然更胜一筹，2011 年的民调显示"首投族尤其是 20 多岁的人多数倾向民进党，因民进党年轻，没有论资排辈的包袱，且较会讲年轻人的语言，让对现实不满的年轻人产生认同感"。② 2014 年 3 月台湾出现的所谓"太阳花学运"就是民进党吸引并利用青年以牟取自己政党利益的一次"成果展示"，民进党利用其对青年学生的影响对马英九当局施加了巨大压力，并影响了国民党两岸政策推动的进程。

民进党与国民党在社会联结方式上的不同也可以从两个政党取得资金以维持政党运转的方式上展现出来。国民党威权统治之下有所谓的"党库通国库"的便利，再加上庞大的"党产"，执政当局手中有大量的资源可以用来挥霍，这种情况下去讨论政党的资源汲取能力其实没有什么意义。国民党候选人可以轻易取得资源，于是选举成为一件有利可图的事情。这种情况至少造成了两个结果：一是国民党的选举高度依赖党中央的巨额补助，二是资源利用的效率非常差。及至台湾进入民主化阶段特别是 2000 年失去执政权后，国民党手中的资源大为减少，政党运转所需资金的获取才成为一个问题。从现实来看，民进党对国民党的"党产"穷追猛打，力图切断国民党的金脉，国民党对此基本没有办法应对，能够动用的经济资源急剧缩减。随着"党产"消耗完毕，国民党将面临更严峻的组织经营上的困境：失去了政党的巨额补助，国民党籍参选人势必要提高"民间"筹款能力，也要提高竞选经费的使用效率。③ 相比较而言民进党一直在建构自己远离资本家和大财团的形象，除了陈水扁时期的公开政商勾结以外，民进党在大部分时间内都在力图保持与财团的距离。当然能不能做到另当别论，但民进党对这种形象的建构是不遗余力的。在政党运作资金方面民进党强调通过募款解决财务问题，并将这种行为与政治动员结合起来。每到选举民进党的候选人都会举办募款餐会或者进行小额募款，目的在于既要解决财

① 艾明江：《近年来台湾主要政党与青年选民群体的互动分析》，《世界经济与政治论坛》，2010 年 3 期。
② 江素惠：《台湾的年轻世代》，《同舟共进》，2011 年 9 期。
③ 熊俊莉：《从政治献金视角看台湾政党的选举策略》，《两岸关系》，2010 年第 10 期。

务问题，也要借此加强支持群众的向心力。2012 年选举中蔡英文甚至举行"小额募款，改变台湾"记者会，号召支持者出钱出力。[①] 小额募款一方面向社会表明民进党的清廉，另一方面则在情感上将支持者与自己的情感拉近，给予支持者以较强的政治参与感，从而成为民进党加强社会联结的一个重要方式。

5.1.3 国、民两党内部凝聚力的差异及其原因

对于一个政党来说凝聚力主要来自两个方面：一是政党对党员和党内派系能够产生的约束，二是党员和党内派系势力对党的向心力。其中前者属于维持和强化凝聚力的消极方式，后者属于积极方式。一般来说党员和党内派系出于理念认同基础上产生的向心力是政党凝聚力的源泉。相比较而言政党对党内成员和派系的有效约束虽然可以产生震慑作用，但这种约束如果不能内化为党员和派系的行为取向，则该政党的凝聚力自然会弱化，政党的竞争力也不可避免会出现下降的趋势。

从目前台湾两个主要政党的情况来看，民进党的内部凝聚力显然要大于国民党，其中最主要的标志就是国民党历经数次分裂已经元气大伤，但是民进党虽然经历过分裂，如 90 年代"建国党"的出走以及一系列政治人物如许信良等出走等事件，却没有受到太大冲击，其整体支持度反而不断上升，而出走的政治势力却一蹶不振，很快就被边缘化。本书前面论及这个问题，这里再做进一步补充论证。有论者认为这是因为国民党的社会联结方式所致，"国民党的特色是人脉丰富，也就是依赖人际关系而获得选票"。[②] 这种人脉关系的最主要表现就是与地方派系的紧密勾连，即支持民众与国民党之间的互动一般是以地方派系为中介展开，支持者对党的忠诚度显然要小于对派系领袖的忠诚度，所以政治人物只要能带走一部分地方派系，支持民众也会跟着出走，国民党就会分裂。当然这种分裂并不随时都能发生，能否分裂的关键在于有实力政治人物的理性选择，对政治人物来说，留在国民党还可以分到一些政治资源，离开国民党就要自己开疆辟土，风险无疑很大。马英九当选台湾地区领导人之后国民党内并不缺乏试图分裂者，其中最典型者就是王金平，但是因为其政治实力已经大幅萎缩，选择留在国民党内显然比出走可以捞取更多的政治资源，所以尽管王金平屡遭马英九打击，但还是坚持留在党内与马周旋。需要指出的是，地方势力

---

① （台湾）"中央社"记者林绅旭台北 2011 年 7 月 15 日电。
② （台湾）《苹果日报》，2009 年 08 月 05 日。

能够发挥作用的空间与政治制度的基本样态密切相关，在"单一选区两票制"下，"立委"当选显然要比旧制下的难度加大，地方派系能够挥洒的空间缩小，与国民党中央抗衡的能力自然减弱。不过对于国民党来说虽然没有裂解的危险，但"裂而不分"的结果却同样可怕。由于传统的派系运作模式已经逐渐瓦解，国民党内部的整合一直都是一个大问题，成为国民党凝聚力流失的重大危机。

民进党内部凝聚力能够维系的一个重要原因在于支持者对党的忠诚度要高于对政治人物的忠诚度，也就是说民进党主要的政治版图建立在政治意识之上，群众是跟着政治议题走，台面上政治人物离开民进党，支持民众不会跟着走，连党主席离开民进党都不例外。当绿营台面上人物分裂时，支持民众会弃弱保强，政治版图不会分裂。① 故而民进党虽然内斗剧烈，却一直能保持"分而不裂"的状态，并能保持较强的内聚力。民进党政治人物对该党分裂抱持有相当的警惕态度，一旦出现分裂的情形则会快速行动进行止损。当年杨秋兴离开民进党时，党内高层政治人物快速反应，将杨秋兴执政团队中的部分青年世代迅速"抢救"出来，当时陈菊当选高雄市长后还特意留下了部分职位给高雄县原杨秋兴的部属。这种举措保证了杨秋兴离开民进党既没有带走支持者，同时也没有带走执政团队，其出走对民进党造成的负面冲击被降到了最低。

台湾两个主要政党凝聚力的不同直接影响到了各自党内政治生态的发展态势。马英九在第二任期开始后不久就遇到了空前的政治危机，虽然马英九担任国民党主席，但党内实力派政治人物却开始公开与国民党中央互别苗头。2013年12月郝龙斌不顾国民党中央三令五申"特侦组不能废"的表态，公然主张废"特侦组"，随即引来国民党中央的严正驳斥。其实郝龙斌与国民党中央唱反调已经不是第一次了，打从2012年主张陈水扁保外就医开始，郝龙斌就想"走自己的路"。国民党另外两个实力派人物朱立伦、胡志强与国民党中央也多有冲突，在无法取得自己预想中的政治位置后，抛开国民党中央积极为自己的政治前途谋划。② 至于王金平与马英九的矛盾更是典型，国民党的决议在"立法院党团"的贯彻情况本来就不乐观，"关说案"后更是雪上加霜。随着马英九任期临近，党内"裂而不分"的局面日渐严重，凝聚力涣散的局面一直难以改观。及至2016年国民党下台后，国民党在强化内部凝聚力的问题上长期没有作为，党内涣散的局面也继续恶化。

---

① （台湾）《苹果日报》，2009年07月29日。

② （台湾）《苹果日报》，2013年12月21日。

　　反观民进党虽然经历了陈水扁家族弊案的冲击，凝聚力并没有受到太大的冲击，即使是在受弊案冲击最为严重的时期，陈水扁的政治威望大幅削减，民进党内也依旧能够取得"挺扁"的共识。及至 2008 年蔡英文出任民进党主席以来，一方面加强与陈水扁的切割，另一方面则加强对扁系人马的收编，同时推进民进党的世代交替工作。苏贞昌担任党主席期间是民进党内新老世代最后角力的时期，而"太阳花学运"则使这次世代角力的结果水落石出。这场所谓的"学运"爆发后，民进党主席苏贞昌与前民进党主席谢长廷相继退出民进党主席选举，先前已宣布参选的蔡英文表示要以"我们必须坚定的承担，承先启后，完成世代传承和党的改革"的态度，继续参选。① 从这次党主席选举的过程可以看出，不管苏贞昌和谢长廷有多少无奈，但是最后还是要接受必须退出政治舞台中心的现实。

　　从台湾政坛两个主要政党的表现来看，内聚力的差别是明显的，如果再进一步追问的话，这种差别的形成还与两个政党论述之间的差别有关。杨照认为"民进党赖以得到人民支持，靠的不是什么清楚、杰出的政策路线，也不是什么了不起的未来远景，更不是展现了值得代言人欣赏、信任的治国能力。民进党靠的，是其长期所代表的价值信念，是这些价值信念带来人民的希望，也刺激出人民的信赖"。② 从基本价值的角度来看，民进党的主要论述是清晰的，这些论述建构起来的愿景也是明晰的，虽然"台独"诉求根本不可能实现，但民进党却屡屡借此转移焦点，引外部压力激发支持者的狂热，在这种情况下，虚幻的"台独"诉求反而可能在支持者意识里建构一种相对的稳定感。反观国民党在政治论述方面长期以来却无法更新，自"反攻大陆"的政治诉求破灭之后，国民党长期以来无法提出能够深入台湾民众的政治诉求。国家统一诉求被国民党丢弃意味着该党的政治理想性减弱。后来国民党将诉求的主要焦点放在经济和民生议题上，不过这种做法并不能帮助国民党摆脱困境，主要原因在于一方面这些议题具有非常强烈的不稳定性；另一方面，在进行政治动员时，与政治意识为中心的议题相比这些议题的动员力一般会比较弱。如果国民党未来无法重新恢复国家统一的论述，在政治论述的市场上事实上无法和民进党区隔和竞争。长期和较为宏大的政治理念在政党政治的运作中并非是虚无缥缈的东西，

---

　　①　（台湾）"中央社"记者叶素萍台北 2014 年 4 月 14 日电。

　　②　杨照《困境台湾——我们还能怎么办？》，（台湾）INK 印刻出版有限公司，2006 年，40—41 页。

清晰的论述往往有助于建立起政党实践的目标，可以给支持者以清晰的愿景，同时更可以使政治动员的路径选择更加有效。国民党仅仅将论述锁定在经济民生议题上却没有宏大的国家统一观，很难实现高效的政治动员。如何实现国家统一观与民生议题的连接并形成系统的论述，是国民党未来必须要解决的问题。

发展模式对于一个政党来说具有相对稳定性，一旦形成短期内比较难以改变，这种稳定性是各种因素累加的结果，同时也是政党内部各种势力长期博弈的结果。在政党的发展过程中，对政党发展模式的调整是政党结构调整的最高表现形式，也是难度最大的部分。如果从政党生存的角度来看，显然政党发展模式的优化是政治竞争压力下的最佳选择，但这种选择却并不总能如期实现。台湾两个主要政党均存在着这个问题，国民党的组织动员模式已经被证明需要进行调整，但马英九与地方派系切割的努力被证明是不成功的；民进党的"台独"路线是未来发展的最大瓶颈，但该党却一直无法进行调整。台湾两个主要政党的互动是以各自的发展模式为基础展开的，故而主要政党的互动模式也相应地具有一定的稳定性，这也意味着台湾政党政治未来一段时期内的走向具有较强的可预期性。也正是因为如此，台湾两个主要政党发展模式的调整及互动模式的变化是值得长期关注的问题。

5.1.4 政党互动中的学习与调适问题

政党的学习及调适是政党互动中的一个重要内容，对政党政治发展产生的影响也是多方面的。所谓的政党学习能力系指某一政党对同一系统中其他政党行之有效的动员方式和行为模式进行深入反思，并以此为依据改变自己的行为和论述以增强对选民吸引力的活动。在竞争性选举中政党之间相互学习和影响的情况非常普遍，台湾社会的两个主要政党也是如此。国民党提名方式的调整显然参考了民进党的经验，而民进党对基层经营的加强也在一定程度上取自国民党的经验。如果仔细比较起来会发现台湾的两个政党在政党运作模式和公共政策等方面均有从对方学习经验以改造自己的政党体质以增加政党生存能力的情形。政党的学习能力以及在此基础上进行自身行为模式调适的能力是政党能否维持并不断扩大生存空间的关键，学习与行为调整是政党互动中政党在遭受外部压力时的自然反应，反映出政党对环境适应的基本能力。

在政党互动的过程中，对政治动员最为有效的行为模式最容易受到模仿，而政治论述和意识形态则较有相对的独立性，只有在持续的冲击之下才会有所调整。台湾两个主要政党中很多行为都有趋同的情形，例如竞争团队的年轻化在国民党和民进党内都是一个普遍的现象，大量的青年人进入竞选团队，利用各种新出现的传播形式展开政治动员。一般来说某个政党的行为只要在选举动员中表现出较高的效率，其他政党很快就会进行吸收改造并加以运用。2008 年以后国民党在选举中逐渐注意到议题营造的重要性，即重视"空军"的力量，应该也是在反思之后对选举风格进行改革的结果。

相对而言，政治论述则具有相对的独立性，因而也具有相对的稳定性，其发展变化往往要经过较长时间以及在较为明显的外部压力下才能实现。一般来说政治论述的调整大都是在社会发展的背景下，政党意识形态的传统被打破，在各种意识形态之间相互影响甚至互相接近、互相渗透的情况下，强调意识形态的特殊性，往往很难吸引民众。这就使政党不得不寻找新的途径来动员民众，赢得支持。执政党要想保证自己的执政地位，就必须对自己的意识形态做出调整。① 这意味着政党政治论述的调整往往会经历一个比较长的过程，但是一旦调整展开，则是属于较为根本性的调整，对政党未来发展会产生长期的影响。

政党之间的竞争是政治系统内各个政党对自身进行适应性调整的直接动力。民进党动员方式的改革以及效率提高必然会引起国民党的生存危机，从而压迫国民党加强学习并调整自己的行为模式进行应对。2000 国民党下台后进行的党组织改革，压缩了庞大的党工系统，同时在动员模式、提名方式以及基层经营方面均进行了调整。马英九出任党主席后，开始系统改造国民党的组织以及文化结构，目标在于使国民党适应高度竞争性的政治情境，也就是说要将国民党改造成一个"选举机器"。这种调整无疑是民进党政治版图扩张压力下的结果。2008 年选举中国民党实现了空前的团结，成功替代民进党成为执政党，事实上是上述压力下危机感与紧迫感的集中爆发。2008 年民进党下台以后不断加强基层服务的力度，同时与大陆的务实交流也在逐渐展开，这些都是在国民党的压力下进行的适应性调整。从这个意义上说，台湾两个主要政党事实上构成了互为镜像的关系，彼此均从对方观照自己并以对方来定义自己的存在。

不过在政党互动的过程中各个政党表现出来的调整能力是不同的。在大多数情况下，政党内部的改革都是困难重重。概括起来说政党能否实现自身的改革以适应形势的发展，主要取决于两个方面的因素。一是内部利益分配结构

---

① 付杰:《试析美国两大政党处理与政治生态关系的经验》,《当代世界与社会主义》, 2006年 1 期。

及其强固性。政党政治核心内容是利益和资源的分配。一般来说制度化程度越高、生存时间越久的政党，内部越容易形成利益分配格局固化的情形。一旦政党的结构调整触及这些固化的利益分配结构时，就会遭到很大的阻力。国民党在 2000 年以后撤裁党工时遇到的阻力非常大，就是如此原因使然，这些党工长期服务于国民党，其生活的主要内容均与党务活动密切相关，一旦脱离党务系统，从情感和利益上均难以接受。二是政党生存所遭遇到的危机程度。一般来说，在遭遇到较为严重的危机时，利益结构中的行为者可能为了长期的利益被迫放弃若干短期利益，但是一旦危机过去，传统的行为模式又会回潮，消解此前改革的效果。所以我们在政党政治中经常看到的情形是，一个政党在某些方面虽然想进行适应性调整，但是改革却无法向前推展。马英九在对国民党进行改革所遭遇的阻力已经有目共睹，蔡英文在 2008 年以后对民进党进行改革时也有同样的遭遇，在如何与陈水扁切割以及如何实现世代交替的问题上屡屡碰壁。在外界压力下进行调整能力的强弱在一定程度上决定了政党适应性调整能否实现，也在一定程度上决定了政党未来的基本生存状态。学习能力弱的政党显然没有办法适应形势的发展，最后自然免不了消亡的下场。

5.2 台湾政党体制的制度化问题

台湾的政党体制并不是稳定的两党制。以制度化视角来看，台湾政党在政党间互动模式、政党与社会联结模式以及政党内部结构等层面上均处于不同程度的不稳定状态，政党体制的制度化水平相对较低。因此在论及台湾岛内政治问题时，"两党制"的判断不能作为一个不言自明的前提来使用，而是要对其涵义进行讨论。政党体制 ① 是政党与社会之间以及政党之间互动关系的综合反映，因此政党及政党体制被认为是现代政治的核心内容，政党体制的较高制度化水平是一个政治系统保持稳定性的重要前提。台湾经历了 2000 年和 2008 年两次政党轮替之后，似乎已经形成了两党制的政党体制。不过从学理上来看，台湾的政党体制仍处于制度化水平比较低的阶段，政党之间的互动模式以及政党与

---

① 此处采用的是 G·萨托利的概念，这一概念在有的文献中也称为"政党制度"。见〔荷〕Paul Pennings 等著，何景荣译：《比较政党制度变迁》，（台湾）韦伯文化出版国际出版有限公司，2006 年；又见〔英〕戴维·米勒、韦农·波格丹诺著，邓正来译：《布莱克维尔政治学百科全书》，中国政法大学出版社，2002 年，568 页。

社会的联结方式等均难称稳定。台湾政党体制未来的制度化取向对台湾政治发展走势会产生较大影响。

5.2.1　政党及政党体制的制度化

制度化研究是一种较为古老的组织分析方法。有学者归纳出目前存在的三种制度化观：一是基于回报递增的制度化观，强调物质激励的作用；二是基于承诺递增的制度化观，强调身份的作用；三是基于文化思想观念的制度化观，强调文化和思想观念（包括各种信念、图式和各种预设等）在制度化过程中发挥的重要作用。[①] 不过，尽管这些观点强调的理论层面不同、借用的理论资源有异，但这些对制度化的分析中还是存在若干比较一致的学术认知：首先，组织的制度化是一个过程，组织不断调整与社会的互动模式，取得社会承认，为自己争取和扩大生存资源；其次，制度化沉淀的结果表现为某种物质或者状态，即组织和程序在公众心中被具体化，该组织或程序有自己特定的行为模式，并且能得到认同者的重视和支持。[②] 可以看出，制度化其实是过程与结果相互咬合的复杂系统。亨廷顿认为所谓的制度化就是"组织和程序获取价值和稳定性的一种进程"，对于一个政治系统或者政治组织而言，其制度化程度可以根据它的那些组织和程序所具备的适应性、复杂性、自主性和内部协调性来衡量。[③] 因此，制度化的核心内涵是组织如何获致"稳定性"，即在比较连续和稳定的语境下组织和程序如何增强适应性并提高生存能力，进而建构出能够稳定运作政治系统的过程。组织的制度化过程同时也是政治系统的制度化过程，不同组织通过制度化过程形成了比较稳定的互动模式，从而形塑了制度化程度较高的政治系统。

制度化范式为政党政治分析提供了新的视角。在该视角下政党体制结构及运作过程的相对稳定性成为考察政党体制的关键指标。制度化分析框架更多强调政党体制发展和获得稳定性的动态过程。政党体制制度化的分析主要在两个层面上展开：一是在比较稳定的政治运作系统中，政党如何通过内部结构调整

---

① ［美］W·理查德·斯科特著，姚伟、王黎芳译：《制度与组织——思想观念与物质利益（第三版）》，中国人民大学出版社，2010 年，135 页。

② ［英］Moshe Maor 著，高千雯译：《政党制度的比较分析》，（台湾）韦伯文化出版国际出版有限公司，2005 年，81 页。

③ ［美］塞缪尔·P.亨廷顿著，王冠华等译：《变动社会中的政治秩序》，三联书店，1989 年，12 页。

优化功能以增加与其他政党竞争的能力；二是各个政党经过长期博弈，形成比较稳定的互动模式，使政党体制的基本结构具体相对稳定性。

政党体制的制度化是在政党自身制度化的基础上形成的，是政党自身制度化并且在政党间形成比较稳定互动模式以后建构起来的政治系统。按照亨廷顿的观点，政党制度化的主要表征在于政党形成了比较稳定的处理内外部事务的方式，诸如政策论述、精英甄补、利益整合、政治沟通以及政治动员模式等，同时在党内形成了比较稳定的权力约束和政治资源分配机制。政党体制的制度化过程也是政党与社会、政党之间的互动模式建构过程。在这一过程中，"政党体制本身除了要能够比较合理地反映社会中合法存在的各种力量和利益关系，增强这个体制中政党协调各种力量和利益之间关系的能力，同时还须有一个能尽快体现社会变化要求的信息反馈系统，以使自己及早作出适应这一变化的调整，亦即政党体制的不断改革"。① 在规则比较完备的竞争性环境下，政党体制制度化水平会随着政党政治实践的推展而不断提高。

政党体制的制度化理论本身就隐含了两个预设：一是这里所说的政党体制是在竞争性政党制度下存在的政党运作系统，竞争是政党制度化的内生性强制力量；二是政党体制的"稳定性"是一个相对的概念，并不排斥体制变化的内涵，即在变迁与稳定之间，"并不永远存在着明显的划分界线。稳定的政党制度可能会逐渐演变，朝向另一类的政党竞争形态的迈进，甚或造成体系的瓦解"。② 事实上，政党体制随时间推移发生变化其实是非常正常的现象。③ 但如果不是政治和社会环境发生剧烈变化，这种变化过程是缓慢的。

政党体制的制度化程度大致可以从四个维度上来衡量。一是政治体制的稳定性。即民众即使对所有政党都不满意，但是对基本政治制度和政治安排是接受的，对竞争性政党体制以及通过定期选举释放政治参与压力的制度是支持的。二是政党体系结构的相对稳定性。制度化程度高的政党体制相对更加稳定，体系内部主要政党的力量对比及互动关系模式都比较稳定。三是政党与社会的联结模式相对固定。也就是说，在制度化程度较高的政党体制中，政党在社会中

① 付杰、付明喜：《政党政治进化与政府绩效》，《河北学刊》，2007年1月，第27卷第1期。
② ［荷］Paul Pennings等著，何景荣译：《比较政党制度变迁》，（台湾）韦伯文化出版国际出版有限公司，2006年，5页。
③ ［英］艾伦·韦尔著，谢峰译：《政党与政党制度》，北京大学出版社，2011年，203页。在艾伦·韦尔看来，政治制度、选民构成、社会分野、政治价值和议题变化都是政党体制稳定性发生变化的根源。

有深厚的社会基础，政党熟悉选民的偏好，而且知道如何利用选民的偏好去建构起比较稳定的支持。在这种情况下，选民的投票取向也呈现出一定的规律性。正是因为这样，制度化程度较高体制中的政党倾向于坚持他们的意识形态立场。四是政党组织相对稳定。政党结构稳固完善、覆盖地域广阔、组织良好并且拥有自己的资源是制度化较高的标志。在制度化程度比较高的体制中，党内各种程序，包括选择和改变党的领导团体的程序都常规化了。[①] 对于台湾来说，政治体制的稳定性已经基本确立起来，选举政治作为政治压力释放的基本方式已经被社会所接受。所以本文在讨论台湾的政党体制制度问题时主要从后面三个维度上展开。

5.2.2 台湾政党互动模式与政党体制制度化

政党互动模式的稳定性是衡量政党体制制度化程度的重要指标。台湾政党体制的制度化起点应该从 80 年代算起，因为台湾从这时开始形成了以竞争性选举为主要特征的政党政治。此前在国民党当局威权统治之下，台湾基本上不存在竞争性的政党体制，也难以形成规范意义上的政党体制制度化过程。[②] 20 世纪 80 年代以来，随着经济发展和社会结构的分化，台湾社会对国民党当局坚持的党国体制日益不满，但是在既得利益集团的强力反对下，国民党却无法自主革新，也无法迅速适应环境变化，自然无法消解社会结构变动和反对力量坐大带来的政治压力，最终失去一党执政的地位。这种因为社会压力而导致的民主转型被学者视为国民党自主性和适应性偏弱的表现。[③] 台湾政治变迁过程伴随着族群裂痕的显性化、群体身份认同[④] 的重新建构过程，事实上是在"民主化"

---

① ［美］斯考特·梅恩瓦宁著：《在第三波民主中重新检视政党理论》，见荣敬本、高新军主编：《政党比较研究资料》，中央编译出版社，2002 年，254—274 页。

② 一般认为，80 年代以前的台湾属于党国体制。在萨托利看来，党国体制是一种政治发展不成熟的表现，因而"那些适用于结构化的、分层的政治实体的概念并不能用于诸如此类的未开发的和未成熟的政治实体。"在只存在一个政党的地方，要么只有党国体制，要么没有什么重要的体制。萨托利的结论是，"巩固的一党制国家缺乏政党体系。"见［意］G·萨托利著，王明进译：《政党与政党体制》，商务印书馆，2006 年，71—72 页。故而，根据台湾政党政治发展的情况，笔者认为在 80 年代正式的民主化过程开启之前台湾没有规范意义上的政党体制。

③ 胡荣荣：《自主性和适应性：政党视角下的政治变迁——以二战后的新加坡和台湾地区为例》，《国外理论动态》，2011 年第 11 期。

④ 在台湾民主化过程中，身份认同的混乱主要有两个面向：(1)"本土认同"与"国家认同"的分离与异化；(2)"本省人"和"外省人"认同的区隔。后者属于族群身份认同，是"我群"与"他群"的区分。就对台湾政党体制制度化的影响而言，后者产生的影响更大。

的旗号下对台湾社会观念和价值系统进行了重构，政党互动的基本规则也在政党博弈过程中不断发生变化。

台湾政党的互动模式从开始就具有对抗性色彩。这与台湾威权统治崩解过程中形成的对抗性结构有关。国民党当局败退台湾之后长期垄断政治资源分配权，导致族群分野显性化，相应的族群分野观念这个时期也在政治斗争的推动下建构起来，对抗性动员也因此成为在野势力政治动员时的主流选择。这也意味着台湾有政党互动之始，就带有离心竞争的倾向。一般来说政党竞争模式主要有两种类型，一种是向心竞争（Centre-Seeking），即政党认为选民的大部分处于中间位置，他们的政纲和承诺以吸引中间选民为目标。在向心竞争的情况下，政党间竞争的烈度相对较低，政治生活倾向于平静而稳定。另一种是离心竞争（Centre-Fleeing），即政党认为选民的大部分处于对立性政治认知的两端，因而政党不采取中间主义的立场，而是以极端的对抗性诉求作为动员手段。[1]台湾政党政治在变迁过程中形成的所谓"蓝、绿对抗"并不是严格西方意义上政策选择取向上的分歧，而是在族群对立基础上掺杂了情感等因素的政党区隔，政党互动在对立性身份认同动员下走向离心竞争自是题中之义。

台湾在民主化过程中形成的政党互动模式具有两个方面的特征，一是政党之间的斗争性而非竞争性。由于规则的缺失以及族群矛盾的长期存在，以消灭对方为目的的政治斗争成为政党互动的基本模式，"冲突—妥协—规则重构"成为政党政治变迁的基本路径。二是政治斗争中的民粹主义色彩浓厚，这是脱胎于威权主义体制下之政党政治的一般特征。正如胡小君在分析东亚现代化时所说的那样，"现代化前期政治危机的处理方式预设了之后政党政治发展的先决条件"，威权统治消解过程中的斗争推动了反对派的政治联合和群众性政党的组织发展。但是"在政党竞争规则尚未得到完全遵守的情况下，群众型组织党的对决往往引发对各自群众基础更为深刻和激烈的政治动员，形成分裂的政党关系，在掺杂了族群矛盾的地方甚至会引发政治共同体的断裂。"[2]台湾对抗性的政党互动模式虽然没有造成如此严重的后果，但是这种互动模式的存在却是政党体制不稳定的一个重要根源。

---

[1]　孙莉莉：《台湾地区政党体制形成的特点及其启示》，《当代世界与社会主义》（双月刊），2012年第1期。

[2]　胡小君：《东亚民主转型与政党政治的发展模式》，《马克思主义与现实》（双月刊），2009年第4期。

　　这种对抗性互动模式的不稳定性因为台湾社会普遍存在的对立性观念结构得到加强。台湾对立性的观念结构是民主化过程中反对势力长期建构的结果，并通过选举和政党斗争的政治社会化作用固定下来。一般来说，在竞争性的政党体制下，美化自身与攻击对手是常见现象。如白鲁恂所言，"政治是通过把相互关系归结为社会中一切形式的事件而形成的。这一过程以最简单和最自然的形式，涉及那些确定自己的政策与已降临社会的一切美好事物之间联系的掌权者，涉及那些无情地与同样这些政策俱来的一切罪恶做出解释的在野者"。[①] 不过台湾的问题在于，在政治社会化过程中民进党的政治人物通过"主体性"话语建构，不断强化"我群"和"他群"的区隔，在心理结构上形成了两个主要政党是"敌对关系"而非"竞争关系"的认知结构。这事实上将台湾社会在认知上划分为两个彼此敌视的阵营，双方会通过各种方式压迫对方改变立场和观念。从台湾岛内的情况来看，泛绿阵营通过"主体性"话语建构，已经形成了一套在岛内占据主流的话语系统，对泛蓝阵营的政治生存空间产生了强烈的挤压效果，因此引发的泛蓝支持流失非常明显，所谓"蓝消绿涨"趋势背后反映的是敌对性心理结构支配下社会观念结构变动，而这种变动又会对当前的政党互动模式产生强化作用，加剧政党体制的不稳定性。

　　台湾这种对抗性的政党互动模式并没有达到相对均衡的水平。换言之，台湾政坛上有重要影响的两个政党在支持基础、基本论述、话语权等方面的实力对比并没有达到相对均衡的状态，而是处于较为激烈的变动时期，稳定性也相对较差。相比较而言民进党支持者的政党认同度要高于国民党支持者。唯其如此，国民党候选人如果想上位，更多要依靠基层组织动员和个人魅力，在基层组织日益弱化的今天，这也意味着国民党的支持基础相比民进党而言更容易溃散。在民进党看来，假如对立性建构有利于将国民党彻底击垮，该党决不会轻易放弃这一动员利器。不过另一方面，台湾社会大众的政治认知正在发生变化，例如对过于激烈之对抗性动员的否定，可以认为选民的投票取向在向一般性的温和议题回归；同样，2008 年以来政党的政治诉求向经济议题和民生议题回归的趋势，也有消减对抗性结构的效果。但是，不管是这些因素最后的综合影响如何，可以确定的是台湾的政党互动模式处于较为激烈的重塑过程之中，离相对稳定还有距离，政党体制短期内很难达到较高的制度化水平。

---

　　① ［美］鲁恂·W. 派伊著，任晓、王元译：《政治发展面面观》，天津人民出版社，2009 年，177 页。

5.2.3 政党与社会联结方式改变与政党体制制度化

政党与社会之间的良性互动是政党得以存在的基本前提，政党与社会之间的联结方式是政党体制制度化的重要内容。对于以取得选举胜利为目标的政党来说，如何通过自己的行为获致社会承认并取得选民支持，是政党能够存在与发展的先决条件，因而取得民众信任也是政党、特别是政党领袖最为重要的任务。一般情况下，政党与社会的联结主要是以选举为中介完成的，"当政党必须以竞争赢得选举时，政党领导人必须努力搜集公民偏爱的信息，"然后再提出选民能够接受的政策诉求，并以此赢得选举。① 西方社会一般认为政策诉求与政策实施是政党与社会联结的主要方式，然而在台湾社会却未必是这样，在相当多的时候选民所以支持或不支持某一政党，往往不取决于该政党的立场和政策诉求，而是取决于他们和该政党的关系远近。

台湾两个主要大党国民党和民进党与社会联结的方式有很大不同，这与两个政党各自的历史传统有关，也与民主化过程中两个政党的所处的不同位置有关。

在2000年失去执政权之前，国民党几十年来主要以地方派系为中介实现与地方社会的联结，国民党当局通过利益交换的方式，向地方派系挹注资源，以换取他们的政治支持。前文已经提及，这种利益交换性质的政治联结方式被学者称为"恩庇－侍从"结构。国民党利用地方派系将控制力渗透到地方社会，而地方派系与追随者（选民）之间也建立了一个次级层次的侍从关系，派系领导人从获得的经济利益中再分配给选民以部分利益。② 这种联结方式保证了国民党威权体制的长期稳定，但是也带来了"黑金政治"等负面影响。2000年民进党上台事实上意味着国民党对政治和社会资源分配的垄断权已经被打破，同时也意味着这种利益交换的链条被截断，逼迫国民党不得不进行社会联结模式的转型。国民党在这方面改革的基本方向是以政策和服务取向取代原来的地方派系取向，通过强化选民服务、扶植候选人在地方上长期经营等方式加强与选民和地方的联结。2012年台湾地区领导人选举中国民党重视文宣和议题而淡化

---

① ［美］查尔斯·E. 林布隆（Charles E. Lindblom）著，朱国斌译：《政策制定过程》，华夏出版社，1988年，141—142页。现在大陆一般将该作者的名字翻译成"林德布洛姆"。
② 孙代尧：《台湾威权体制及其转型研究》，中国社会科学出版社，2003年，121页。

地方派系动员的做法就是社会联结模式变革的反映。^① 不过这种改革在党内并不被看好，地方派系为中心的联结方式培植出了强大的既得利益集团，改革的阻力主要来自这股势力，未来改革成效如何，还是一个有待持续观察的问题。

民进党在长期与国民党的对抗性互动中形成了民粹主义路线，即发动大规模群众运动与国民党抗争，以体制外的压力达到争取更多政治资源和更大政治活动空间的目的。从早期的党外势力到后来的民进党事实上形成了一套比较系统和有效的社会联结模式，主要特点是以议题为中心，建构族群身份区隔，利用竞争性选举，以基层服务为媒介加强与民众的联结。这种联结模式在国民党威权统治时期主要表现为情感联结与利益联结两种方式。就前者而言，党外势力（民进党）通过身份认同建构，以省籍族群为基础建构出"我群"与"他群"的区隔，将与国民党的政治对立归结为"自己人"与"外省人"之间的斗争，从情感上取得了许多本省民众的支持。就后者而言，民进党的民意代表往往会通过议会斗争，为地方争取利益，从而提升自己和民进党在民众中的形象。

台湾两个主要政党会对民主化过程中形成的社会联结模式产生路径依赖。究其原因，这些政党开始时所从事的是解构旧有制度和建构新制度的工作，而在民主化以后其政治理念、组织和活动方式以及其后它们在政治生活中的地位和作用也都与此紧密关联。^② 这也符合规则形成及变革的一般特点，就社会组织的一般理论来说，组织在形成以后也许会历经调整甚至在与瞬息万变的环境互动过程中发生重大改变，但形成的过程却会留下无法抹去的痕迹。^③ 台湾的两个政党在社会联结方式上都有路径依赖的问题，对国民党而言就是与地方派系"剪不断、理还乱"的关系，以及难以摆脱的"黑金政治"阴影；对民进党而言则是对社会运动式政治动员的迷信。萧新煌就认为民进党上台以后已经失去了社会运动的主导权，在国民党重新上台之后，要重新发起社会运动对其进行批

---

① 目前国民党的社会联结方式中，地方派系仍是一个重要组成部分。马英九和金溥聪所推行的改革并非完全与派系剥离，而是要与"黑金政治"切割。事实上，台湾政治中的地方派系政治是无法消除的，这与社会结构和社会认知有关，而与政治领导人无关。所以，未来如何处理与地方派系之间的关系，对国民党来说是一个头疼的问题。社会联结方式的不稳定成为影响国民党体制稳定性的重要因素。

② 徐锋：《传统与超越：东亚政党政治的特点及其转型》，《马克思主义与现实》（双月刊），2006 年第 6 期。

③ ［英］Moshe Maor 著，高千雯译：《政党制度的比较分析》，（台湾）韦伯文化出版国际出版有限公司，2005 年，74 页。

判。① 两个主要政党在社会联结方式上的路径依赖在一定程度上保持了他们与社会关系的相对稳定性。

但是这种稳定性只能是相对的。在竞争性选举制度确立及以政党政治为中心的制度结构基本定型以后，双方对基本政治制度价值的认知已经没有什么差别，如何在新形势下找到"感动人民"的方法，是政党未来发展必须面对的问题。同时随着全球化时代的来临，"社会媒体化、信息化趋势的增强，公民社会的进一步发展壮大，使政党传统的教育和动员功能、综合民意和表达功能、对公共权力的监督功能等不同程度地受到冲击。发达的传媒和互联网成为民众了解政治资讯、沟通信息、反映诉求、监督政府的工具，人们不必再通过政党了解特定的政治信息和表达意见"。② 在这种情形下，政党精英和领导人为更加贴近大众、博取好感、联络感情和获得选票，与社会互动的方式也相应进行了调整。

台湾主要政党正在逐步向掮客型政党发展。掮客型政党的主要特征是政党全面介入社会生活，通过尽可能多的渠道强化与社会的联结。具体而言就是以政党服务功能的加强，直接向选民、候选人和被选举的官员提供他们所需要的物质和服务。在那些政党不直接提供服务的领域，政党则将它们自己作为掮客介入到候选人和其他组织之间。③ 在经历了政治挫折之后，台湾的政党大都强调加强基层服务的功能，但是在这方面显然民进党走得比国民党要远。民进党在失败之后一直强调要"扎根基层"，并且对基层组织进行了调整，全面加强党组织的动员能力。相反国民党在这方面表现却不尽如人意，例如在2000年以来南台湾的选举中，遭到挫败以后许多候选人并没有"深耕基层"的打算，逐渐淡出了民众的视线。从这种对比中可以看出国民党与地方联结的缺失以及在这方面对民进党的相对劣势。

这意味着台湾政党政治中意识形态的动员已经很难打动选民，而深入基层的掮客型政党则成为未来发展的基本趋势。这也意味着政党与社会联结方式开始有"去政治化"的倾向，向生活化和精细化方向演进。按照格林斯坦的说法，

---

① 萧新煌:《台湾社会运动的挑战与突破》，见萧新煌、顾忠华主编:《台湾社会运动再出发》，(台湾)巨流图书股份有限公司，2010年，3—11页。

② 董卫华:《冷战结束20年后的世界政党政治发展趋向》，《当代世界与社会主义》(双月刊)，2010年第2期。

③ [美]史蒂芬·E.弗兰泽奇著，李秀梅译:《技术年代的政党》，商务印书馆，2010年，33页。

这种政党与社会的联结模式主要特征是：人们主要通过他们信任的人的话语来解释遥远的政治冲突与其自身利益和价值观之间的关系，这些人使他们同生活的许多领域保持多方面的联系，人们相信这些人站在他们一边并牢记他们的利益。[①]这无疑是台湾政党与社会联结方式比较重大的变化，未来能在社会联结方式上占据优势的政党在以后的发展中就可以走得更远。

5.2.4 政党结构变化与政党体制制度化

政党的制度化对政党体制的制度化会产生很大影响，政党内部的结构变化往往会决定着政党体制的基本发展方向。政党制度化的程度主要通过两个面向来观察，一是内部组织结构的变化，二是政党消解内部矛盾和争端以增强凝聚力的能力。政党内部组织结构的基本状态反映了政党自身的自主性、凝聚力和互动结构等。笔者认为，台湾政党的制度化程度主要应该以各个政党内部的派系结构及组织作为讨论重点。在萨托利看来，"不仅政党内的政治次单元可以被强有力组织起来，而且政党与其次单元相比甚至可能是组织得更弱的机体"。"派别囊括了从最大的到最小的拥有相对于政党单元的自主性次集团。"[②]在台湾政党政治话语结构中，这种次团体主要表现为派系。各个派系之间分化组合以及与所属政党展开博弈，经过一段时间的沉淀以后会形成比较稳定的互动模式，也就形成了政党的制度化结果。

派系的存在是竞争性政党体制下的必然结果。政党本身的诉求并不是民主，制度化的方向也并不以党内民主为目标。如萨托利所说，建立或依靠组织并不是为了创造民主的形式，而主要是为了建立一个有纪律有效率的团体。[③]如果从追求效率的角度而言，政党制度化的结果极有可能是走向集权化方向，也就是形成米歇尔斯所谓的"寡头统治"的局面。2000 年民进党上台以来，党内民主被破坏以及"侍从型派系"的兴起，都为上述判断提供了有说服力的注脚。但是这种情况却并不能否定派系存在的可能性。[④]因为从另外一个向度上说，党内

---

① ［美］格林斯坦、波尔斯比著，竺乾威等译：《政治学手册精选（上卷）》，商务印书馆，1990 年，476 页。

② ［意］G·萨托利著，王明进译：《政党与政党体制》，商务印书馆，2006 年，110 页。

③ ［美］乔万尼·萨托里著，冯克利、阎克文译：《民主新论》，上海人民出版社，2009 年，169 页。

④ 在一定程度上说，竞争性体制下政党派系的生态与领导人是否强势有关。如果有一个强势的领导人，则派系功能会受到抑制，否则派系就表现得比较活跃。

政治人物组成派系争夺政治资源的冲动永远存在，派系的出现是选举政治下党内利益分化不可避免的结果。而且派系的竞争具有传染性，即组织会诱生组织。如果一些派别组织化了，其他一些先前没有组织的派别可能要群起效法，以便更有效地同组织起来的集团进行竞争。民进党内"新潮流系"的长期存在，客观上促进了非"新潮流系"政治势力的联结，成为民进党内派系生成的重要推手。

在竞争性选举制度下，对于国民党和民进党这样具有刚性特征的政党来说，派系结构的生成、逐步演化并形成稳定互动机制是制度化的重要表现形式，对于国民党和民进党来说，派系组织的基本结构与存在样态有很大的差异。

民进党的派系结构脱胎于党外时期，在对抗国民党统治的斗争中形成了自己的运行规则，形成了组党初期的"合作型派系"。前文述及，这些派系能够聚合在一起的推动力主要有二：一是争取更大政治利益的需要，二是对抗国民党压力的需要。这种被称作"派系共治"的派系互动模式成为民进党派系结构的初级形式。及至90年代"美丽岛律师世代"开始掌握党内权力分配的主导权以后，党内的派系结构逐步演化为几个"侍从型派系"相互竞合的结构。[1]2008年失去执政权之后，陈水扁的派系已经基本瓦解；谢长廷则因为手中没有了政治资源，派系实力也日益下滑；蔡英文经过了几次选举的历练，派系势力快速扩张。民进党逐渐形成了"新潮流系"、蔡系以及以林佳龙为首的"正国会"等山头竞合的局面，苏系、谢系等传统派系则逐步萎缩。

国民党内的派系结构不如民进党清晰。国民党原来主要的功能并非在于竞争性选举，而是一种资源分配机制和社会统合机制。进入竞争性选举时代以后，国民党内原先存在的威权思维和集权化结构一时难以改变，建立在这些基本结构之上的集权化思维也很难改变。马英九上台以后，对国民党进行了大刀阔斧的改革，因为原先老旧的组织结构已经无法承载起竞争性选举的任务。但是改革却不可避免地触动党内部分人的既得利益，利益受到侵犯者会集结起来进行对抗，党内派系结构的清晰化是必然的趋势。不过目前国民党内的派系结构还称不上稳定，可以认为处于派系分化的初级阶段。

派系等次级结构的生成及互动关系的稳定程度是影响政党体制制度化的重要因素，其对台湾政党凝聚力的影响可以从内外两个层面上分析。就外部因素

---

[1] 陈星：《庇护主义视角下的民进党派系问题》，《台湾研究》，2012年第1期。

而言，选民的政党认同度是使政党内部各个派系保持凝聚力的直接推动因素。选民认同度高的政党中政治人物选择出走或分裂会付出极大的成本，或者也可以说，分裂成本低的政党凝聚力相对较弱。台湾两个主要政党中，民进党支持者政党认同度高于国民党支持者。从内部结构看，各个政党内部政治精英对党内政治资源分配模式的接受程度以及派系间的协调与合作程度都会影响政党的凝聚力，进而影响政党的制度化程度。制度化本身就是政党活动可接受的稳定表达，政党可能因为这种表达获得合法性、稳定性和资源。[①] 台湾两个主要政党中，民进党内虽然存在着激烈的权力斗争，但资源分配的规则却是相对稳定的；国民党内现在还没有形成党内普遍接受的资源分配模式。事实上，自 2000 年下台以后，国民党内的资源分配模式一直处于重构过程中，到现在还没有结束，马英九的决策模式一直受到诟病就是典型个案，反映出国民党的凝聚力还有待加强。

从政党自身的制度化水平来看，民进党在经历了陈水扁的强势主导之后开始派系结构的重塑。蔡英文出任民进党主席以后，经历了自 2008 以来的派系重组，至 2016 年民进党重新上台后，大致形成了以"蔡系""新潮流系""正国会"等派系为基本架构的派系结构，如果权力结构短期内不发生变化，这种派系结构暂时是稳定的。[②] 国民党的制度化程度相对较低，还处于内部派系规则形成和试误期，没有形成比较稳定的派系互动模式和资源分配模式。上述情况无疑会影响台湾政党体制的制度化水平。易言之，台湾政党制度化水平的提高需要在政党政治运作过程中经过长时间折冲才能达成，政党体制的制度化亦复如是。

政党体制的制度化程度反映出台湾地区政党政治运行的稳定程度。一般来说，政党体制制度化程度较高的政治系统内，政党行为的可预测性也会显著加强。不过目前台湾的政党体制制度化程度并不高。自 1986 年民进党成立以来，台湾的政党体制一直具有不稳定的特征。90 年代这种不稳定性主要表现在两个主要政党的内部结构都在发生较为剧烈的变化，民进党内部权力结构和党内政治伦理都处于规则形成阶段；国民党向选举型政党转变，从权力结构到组织结

---

① ［美］约翰·W. 迈耶、［美］布利安·罗恩：《制度化的组织：作为神话与仪式的正式结构》，见［美］沃尔特·W. 鲍威尔、［美］保罗·J. 迪马吉奥主编，姚伟译：《组织分析的新制度主义》，上海人民出版社，2008 年，54 页。

② 在这种派系结构下，不稳定因素是存在的。"蔡系"与"新系"之间的矛盾是存在的，这是民进党派系结构的不稳定之一；同时，传统派系的伺机回潮，也是派系结构的不稳定因素。

构也都进入了剧烈变动期。21 世纪以来的 10 多年间，台湾政党体制的不稳定性主要表现为诸多政党的分化组合。如"台联党"和亲民党的成立、国民党的改造、民进党执政以后内部组织结构的调整等，台湾政党体制从原来的"两个大党加两个小党"过渡到两个大党竞争的格局，亲民党和"台联党"已经极度萎缩。然而目前国民党和民进党争胜的局面能否在未来比较长的时期内保持稳定？答案似乎不是那么肯定，其中一个重要原因就是国民党的改革与改造远没有结束，内部结构变化剧烈。影响所及，台湾的政党体制不可能有比较高的制度化水平。当然，影响政党体制制度化水平的因素很多，诸如选举制度、选民的政治认知等，这里无须一一列举。总的来说，只有在台湾选举制度基本稳定、政党内部形成比较稳定的运行机制、选民的政党认知逐渐稳定以及政党互动关系逐步趋稳的情况下，台湾政党体制的制度化水平才能逐渐提高。

第6章 台湾社会与民进党政党生态的互动

6.1 中国传统政治文化对台湾政治的影响

从形式上来看台湾地区虽然采用了西方的政治制度模式，但是其政治运作规则却受中国传统政治文化影响甚深。台湾社会的传统政治文化经过现代转型，继续在社会认知和政治价值取向等方面对台湾政治生态发挥着重要影响。影响所及，台湾政党政治生态也和西方社会有很大差异。故而在讨论台湾的政治变迁及政治生态时，中国传统政治文化的影响是无法回避的问题。

6.1.1 中国传统政治文化在台湾的现代转型

中国传统政治文化对台湾政治有着深远影响，这种影响自明清时期台湾形成较成规模的社会以来一直如此。这里的"传统政治文化"系指中国特有的、在过去产生、经过了历史的社会化过程、至今仍在政治生活中活着的东西，是相对稳定地积淀在中国民众心理层面上的政治态度和政治价值取向。[①]一般来说政治文化主要指涉对象为在一定社会结构基础上形成的稳定心理结构。这种政治心理相对稳定且在大部分情况下表现为"集体无意识"，但是这些政治心理

[①] 马庆钰:《告别西西弗斯——中国政治文化分析与展望》，中国社会科学出版社，2002年，前言，3页。目前学界一般谈到"政治文化"时往往借用阿尔蒙德的分析框架，即政治文化是一个人群在特定时期流行的一套政治态度、信仰和情感。这些政治文化是由该人群的历史和现在社会、经济和政治进程所形成。人们在过去的经历中形成的态度类型对未来的政治行为有着重要的强制作用。见［美］加布里埃尔·A·阿尔蒙德、小G·宾厄姆·鲍威尔著，曹沛霖等译:《比较政治学——体系、过程和政策》，上海译文出版社，1987年，29页。显然，阿尔蒙德所涉及的主要是某一时间断面上的政治认知问题，这可能与其研究框架对政治认知的量化要求有关。阿尔蒙德虽然提及了历史和经济社会对政治文化的影响，但是对这些影响为何以及产生影响的机制为何等问题并没有给予系统回答。如果要讨论传统文化对现代社会的影响，则必须从纵向和横向两个维度上分析传统文化与政治基本存在样态的关联性。笔者认为马庆钰对于"中国传统政治文化"的概念界定不仅聚焦于政治文化的实然状态，同时也给予政治文化的历史面向分析以同等重要的关注，事实上为传统政治文化的分析提供了纵向和横向两个维度兼顾的分析框架，具有较强的解释力。

却无时无刻不在影响着社会大众的政治行为，成为政治行为的基本背景，或者可以说是政治行为的外部系统环境，甚至在很多时候这种环境影响已经内化为社会成员的基本价值观和行为取向。简单来说，中国传统政治文化的现实载体是长期存在的家国同构的政治结构，按梁漱溟的说法，"中国传统社会举整个社会各种关系而一概家庭化之，务使其情益亲，其义益重。……全社会之人，不期而辗转互相联锁起来，无形中成为一种组织"。① 继而在这一基础上形成了统合社会的儒家伦理，即以宗族观念为中心向周边扩展的社会秩序观。这一秩序观在中国的乡村地区渗透极为彻底，使乡土社会成为一个"没有政治的，有的只有教化"的社会，这个"教化"是依儒家长幼之序建立的"长老统治"，也是依儒家传统建立的"礼治秩序"。这个"礼治秩序"系指人之行为合于儒家礼教的伦理规范的社会。② 台湾自明清以来逐步形成了与大陆祖籍地结构相同的传统社会，③ 建立在家族结构和宗族观念基础上的传统政治文化在台湾也随之形成并巩固下来，并成为此后政治文化演变的起点和基础。

与大陆祖籍地在近代化过程中所遇到的情形一样，传统政治文化在台湾的社会现代化过程中也遇到了转型的问题。随着社会的发展，传统政治文化赖以生存的社会基础以及社会结构发生了根本性变化，传统政治文化如何调适以适应环境的变迁就成为政治文化发展的重要问题。可以认为，近代以来台湾社会结构的变化是传统政治文化现代转型的最重要推动力。在经济发展与都市化的冲击之下，台湾的农村发生巨大变化。除了人口的绝对下降外，台湾农村的道路交通、学校教育等基础设施也在向城市看齐。由于交通的便利增加了农村与外界接触的机会，大批农村人口到城镇学习、就业、贸易，来往于城乡之间，将都市的生活方式及价值观念传播于乡下。尤其是大众媒体普及后，报纸、收音机，特别是电视对于农村生活的影响是革命性的，台湾农村的都市化趋势也愈来愈明显，农村社会的价值观念及人际关系越来越与都市社会趋同。④ 传统农村社会的都市化倾向意味着传统的社会联结方式发生了变化，政治生活的组

---

① 梁漱溟:《中国文化要义》,（台湾）里仁书局，1982年，81页。

② 金耀基:《中国的现代转向（增订版）》, Oxford University Press(China) Limited, 7—8 页。

③ 两岸学界对台湾社会的发展模式存在争论，代表性的观点主要有台湾学者李国祁教授的"内地化"模式、陈其南教授的"土著化"模式、大陆学者陈孔立教授的"双向型"模式，但这些争论都不否认这一事实：明清台湾社会的发展是来自中国大陆的汉人移民在移入地重新建构传统社会的过程，与大陆祖籍地同构的社会形态的形成是其自然结果。见陈孔立:《清代台湾移民社会研究》（增订本），九州出版社，2003年，84—86页。

④ 李振广:《当代台湾政治文化转型探源》, 中国经济出版社，2010年，85页。

织形式也随之改变，相应地依附于政治结构之上的政治文化也必定会相应调整，台湾光复以后西方政治制度的移入更加速了台湾传统政治文化的现代转型过程。

　　刘国深教授认为台湾政治文化的变化既受到历史以来政治文化变迁积淀的影响，也有台湾总体文化发展环境变化的因素；既有权力冲突的因素，又有政治结构多元化之下的政治社会化因素；其中经济结构变迁的影响不容忽视。[①]易言之，作为台湾政治文化主要内容的政治认知和情感以及评价显然与传统的历史情境以及现实的政治社会生活密切相关，政治文化的现存样态是在传统政治文化的约束下现实政治博弈的结果。这也意味着台湾的政治文化演变过程既有传统政治文化嬗变的共性，同时又表现出因其独特的历史发展路径而导致的个殊性特征。中国传统政治文化以其长期以来在台湾政治文化中的主导性地位，经过现代化调适以后构成台湾政治文化的底色。西方政治制度在台湾确立的过程中，与之相应的西方政治文化一直无法在台湾生根，相反基本政治制度的运作一直受到中国传统政治文化的制约。出现这种情况并不奇怪。从一般意义上说，政治文化是政治系统的深层结构，是深藏于政治"显秩序"下的"隐秩序"或政治"显规则"下的"潜规则"。[②]就内生型的政治体系而言，这种"显秩序"与"潜秩序"在逻辑上是一致的；相反对于外生型的政治体系类型来说，由于"显秩序"与"隐秩序"在逻辑上的不一致，虽然"显秩序"通过政治变革可以快速改变，但"隐秩序"却会顽强抵抗，甚至以其强大生命力对"显秩序"进行改造。以世界范围内的政治变迁经历来看，政治制度的移植相对容易，但很少看到政治文化移植成功的个案。台湾当然也不例外，虽然采取了西方的制度形式，却不能不以改造后的传统政治文化作为政治系统的基本支撑。

　　经过长期的适应性转化，中国传统政治文化的核心结构在台湾留存下来，其中最主要者就是以"家"为中心的认知结构和秩序观。经济的发展和社会结构的变迁使台湾家族结构发生了巨大变化，家庭规模缩小，家族联系也因为社会流动增加而有所削弱，但是以"家"为中心认知世界的心理结构却依旧顽强地存在。其实这不是台湾独有的现象，在整个儒家文化圈中的国家和地区大都如此，一直到现在家庭仍是"社会基本的单位，也是核心价值观传承的地方。家庭中因为年龄、性别、威权、地位与阶层的差异，所形成的人际关系，正足

---

① 刘国深等著：《台湾政治概论》，九州出版社，2006 年，31 页。
② 吕元礼：《政治文化：传统与现代的会通》，人民出版社，2004 年，40 页。

以提供丰富的环境，学习如何做人处世"。①从台湾的个案可以看出，传统政治文化在宗族结构保存比较完整的乡村地区甚至都市地区依旧发挥着强大的功能，在都市化程度比较高的桃园、新北市等地区，随处可见家族势力影响政治的痕迹。在家族势力不那么强大的地区，传统政治文化会以地缘等类血缘的关系建构出与家族认同较为相似的政治认知心理结构。在台北市的芦洲地区，由于南部移民比较多，以地缘亲近感为基础建立起来的政治态度显然与台北市其它地方有较大差异。如果这个结构再进一步扩大的话，就是台湾政治中经常看到的以族群区隔为中心的政治文化认知模式。

台湾传统政治文化的转型实质就是在传统的社会结构被打破，同时传统的制度形式被西方式制度形式取代以后，传统政治文化必须通过自身调适以寻求生存空间的问题。易言之，台湾社会虽然采用了西方政治的政治制度形式，但是这种制度形式的生存与发展还必须与传统的政治文化妥协，而这种妥协在相当大程度上表现为传统政治文化对移入制度的改造，传统政治文化自身的变化也与这种改造相始终，这种改造的后果并不是单纯中国传统文化与西方政治制度适合与否的问题，而是双方在什么样的历史形态和历史阶段上进行调适和结合的问题。②故而可以认为台湾的"民主化"事实上也是一个西方民主制度的在地化过程。也正是因为这个原因，台湾的政治制度虽然在形式上与西方相似，但是其运作规则以及制度本身所内蕴的政治文化意涵却已经大异其趣。

6.1.2 传统政治文化在台湾政治中的现代表现形式

台湾较大规模传统政治文化现代转型主要发生于 20 世纪 80 年代以来的"政治民主化"过程之中。在此之前虽然台湾当局一直力图给外界营造出"民主"的形象，但基本还是利用传统政治文化进行威权统治，社会统合主要采取以自上而下强制压制和自下而上的合法性建构相结合的方式，其中以自上而下的强制方式为主。金耀基认为直到 70 年代初期，台湾人民的政治态度和价值观仍深受儒家思想影响。不过这一时期传统政治文化与西方政治制度本身内蕴政治文化之间的扞格不断以激烈冲突的外显形式表达出来，其实质就是传统政治文化如何在西方政治制度上完成自身调适的问题。台湾政治文化的演进表明它

---

① ［美］哈里森（L.E.Harrison）、［美］亨廷顿（S.P.Huntington）等编著，李振昌、林慈淑等译：《文化为什么很重要》，（台湾）联经出版事业有限公司，2003 年，366 页。
② 温迪雅：《温迪雅访谈》，东方出版中心，1998 年，113 页。

虽然已经明显地脱离了儒家的政治观，但后者的影响远远没有消亡。[①] 不但如此，在新的制度模式下，传统政治文化中大部分基因以其传统形态存在，一部分则以新的变异形式切入现代政治生活，对台湾政治生态产生着深刻影响。

"关系网络"仍是台湾政治文化中的重要内容，对台湾政治生态产生了极大影响。"关系网络"在传统社会是社会治理模式的重要组成部分，也是社会资本累积并发挥作用的重要外化方式。直到今天"关系"在台湾的政治生活中仍扮演着重要作用。台湾学者文崇一认为，中国人对"关系"十分敏感，"有没有关系，通常成为要不要帮忙和支持的关键，甚至使说话的态度也有差别。'帮忙'更是如此，没有关系就不易找到工作，特别是比较重要的工作，因为那往往需要有人帮忙，官僚组织中的裙带关系、家世关系、僚属关系就是这样建立起来的。这种网络一旦成立，就容易成为一种具有排他性的团体，外人很难打入"。[②]关系网络及其存在方式在台湾社会与传统社会几乎没有什么变化，对政治的影响也是深远的，最具体的表现就是台湾政治生活中从选民的投票取向、行政机关的人才选拔、政治人物的基层服务等，都可以看到"关系"产生的重要影响。在台湾选举中，到菜市场与民众握手成为候选人的必修功课；在用人方面，虽然社会舆论对"关系型用人方式"大加挞伐，政治人物也多以此攻击政敌，但不管蓝营还是绿营的政治人物，一旦得势都不得不以与自己关系紧密的关系网络为基础进行精英甄补。在台湾政坛上，善不善于经营关系对政治人物的行为能力和自身处境有重大影响，陈水扁因为善于经营关系，在其弊案缠身的情况下仍有民进党为其背书；马英九因为不愿经营关系（"不粘锅"），虽然还在台上执政却已经落得四面楚歌。如果不从传统政治文化的角度出发去思考这些现象，大概很难弄清楚个中缘由。

建立于关系网络之上的人缘、人情和人伦三位（维）一体差序结构是台湾社会心理结构的重要组成部分，是影响政治生活和社会生活的重要心理结构。有学者认为中国人际关系的基本模式是由人缘、人情和人伦构成的三位（维）一体，它们彼此包含又各有其自身的功能。一般来说人情是其核心，它体现了传统中国人以亲亲（家）为基础的心理和行为样式。"情"为人际行为提供"是

---

①　金耀基：《中国政治与文化（增订版）》，Oxford University Press(China) Limited, 2013，220—225 页。

②　文崇一：《中国人的富贵与命运》，见文崇一、萧新煌主编：《中国人：观念与行为》，中国人民大学出版社，2013 年，20 页。

什么"的判断，"伦"为人际行为提供"怎么做"的准则，"缘"为人际行为提供"为什么"的说明，从而构成了一个包含价值、心理和规范的系统。[①]这种三位一体的差序结构与中国传统政治文化中以"家"为中心的社会政治经济结构密切相关，在传统社会宗法制度是其系统化和外化的物质形式，在此基础上形成的差序观念以及秩序观则建构起了这一系统的观念结构，其中后者是中国传统政治文化的核心内容。目前台湾政治生活中这种差序格局的存在是传统政治文化遗留下来的重要文化基因。这种结构现在仍是台湾社会的重要组织规则，台湾政治在相当程度上说是在此基础上运行的，诸如南部农业县市的政治生态，宗族势力的强大就显示了这种伦理结构对政治的深远影响。即使是在北部相对都市化的地区，也不乏建立在这种结构之上的政治家族势力存在。

传统政治文化中，差序结构不同层次之间进行交换和联结的重要中介是"报"的观念。这里的"报"是一种回馈机制，即在对方的举动之后进行相应回馈的行为。这种"报"的内容多种多样，可以是"报恩"，也可以是"报仇"，也可以是一般意义上的"报答"。在差序格局的语境下，"报"就是"我得到了什么然后以同等或更多的内容进行回馈"的问题。以此而言，"报"事实上成为一种差序格局下的社会和政治规范，这些规范又因人们在差序性"关系网"中所处的相对位置、彼此间"义务"的性质以及双方长期刻意操作面子及其他观念所造成的义务不同而有所改变。[②]2000年台湾地区领导人选举中宋楚瑜在受到李登辉打压的情况下仍然能够得到高度支持，很大程度上取决于传统文化中这种"报"的观念存在，因为宋在省长任内颇能收取民心，民众视之为"不得不报"的恩惠。不过这种"报"只是限于宋一个人的，却无法转移到亲民党身上，同时"报"的观念还决定了这种回馈有时间和次数限制，一旦"报"完，这种回馈也就结束了，如果没有新的同样性质的互动，新一轮的"报"自然是无从谈起。从这个意义上说，宋楚瑜的支持度下降及亲民党的萎缩其实不难想象。

台湾政治中的对抗性特征也带有明显的传统政治文化基因。中国传统中以"家"为中心的文化心理认知模式具有排他性的特征，台湾现代社会以族群认同等社会分歧为基础建构起来的政治文化认知显然继承了这种文化基因，这种政治文化影响下的政治行为特征就是排他性以及激烈的对抗性。具体而言就是

---

① 翟学伟：《人情、面子与权力的再生产》，北京大学出版社，2005年，84页。
② 黄光国：《人情与面子：中国人的权力游戏》，见黄光国、胡先缙等著：《面子——中国人的权力游戏》，中国人民大学出版社，2004年，5页。

"人们的基本政治认同度较低，在此基础上形成政治观念、情感及价值取向的差异和矛盾。反映在政治行为上，则表现为倾向采取对抗、攻击，甚至暴力性的行为，由此出现冲突、分裂的政治、社会关系"。[①] 传统政治文化中差序格局观念的存在和关系网络的建构，以及人际关系中"报"的观念的长期存在都在一定程度上压缩了理性选择和理性诉求的生存空间。由此可以想象到的是，在这种传统政治文化心理结构上结合现实存在的社会分歧建构起排他性论述后，社会很难不出现强烈对抗的政党政治以及分裂与对抗的政治结构。对于政治人物来说，政治利益实现永远是第一位的，其从来不惮于使用裂解社会的手法达成自己与政党的利益，如果这时没有相应的社会和政治力对其进行制约，政治系统的稳定性可能会受到挑战。

6.1.3 传统政治文化因素对台湾政党运行模式的影响

台湾传统政治文化深刻地影响着政党运作的基本结构，并在西方制度的基础上重新塑造出带有本地特色的政党运作模式。当然在讨论这个问题时也需要指出，传统政治文化在不同地区的影响是有差异的，在都市化程度相对较高的台北市可能影响比较小，而越是到乡村地区，其影响越大。但整体来说，传统政治文化对台湾政党政治的影响却是广泛而深刻的，甚至可以说在一定程度上决定了台湾政党政治的基本存在样态。

受传统政治文化的影响，台湾社会逐步形成了建立在"人情、人缘、人伦"等人际关系网络基础上的政党认同，其突出特点在于其"非公共政策取向"。从根源上讲，这种现象的出现肇源于传统政治文化中宗法观念的遗留。宗法观念的作用方式一方面表现为宗族势力的普遍存在并对台湾的社会和政治仍有强大的制度性影响，另一方面则表现为对台湾社会的心理结构有深远影响。台湾社会存在着诸多重家族伦理、亲情礼法但是忽视法律规范和法律制度的现象，社会普遍认同人际关系网络对于个人发展的重要性，对现代生活规范则保持一定的排斥和抗拒心理。由此出现所谓"关系社会""熟人社会"现象：裙带之风盛行，"人大于法"，潜规则重于正式规则，轻视法制而致使法制流于形式，法律制度也可以变通执行。在今天的台湾南部农村社会，宗法观念的影响尤其深刻，这种宗亲观念在一定程度上比法制观念认同度更高。具体表现为一部分社会民

[①]　王为：《台湾社会政治文化结构变迁及其冲突性特征》，《太平洋学报》，20 卷 2 期，2012年 2 月。

众对"本土化""本省人""自己人"的价值评价高于其他民主政治价值。[①] 这种带有宗法观念色彩的政党认同一方面固化了政党支持者群体，同时也导致了政治竞争中政策理性讨论空间的缺失。前一段时间台湾政治争论中出现的"黑白不明""是非不分"的情形，以及部分民众"只讲立场"，"不问是非"的现象，均带有传统政治文化中"自己人认同"的痕迹。政治文化如此，政党自然也就失去了进行政策讨论以及理性辩论的动力，从而使台湾政党政治中非政策取向的情形越来越明显。

政治人物与选民之间以人情建构和巩固为主要内容的互动方式也带有较强的传统政治文化色彩。台湾学者赵永茂教授发现，台湾选举中候选人喜欢以送钱或送礼的方式来收买选票，而协助他们运作的便是邻、里长、助选亲友、派系"死忠"细胞、党工、"选棍"及黑道分子等所谓"桩脚"。[②] 从法制社会的视角来看，这种送礼行为显然属于贿选，属于应该禁止之列，不过在台湾社会许多选民却未必把这个问题看得如此严重。在传统的人际关系网络中，所谓的"送礼"其实不过是这种人际关系维持的一种方式，即送礼者和收礼者可以通过多次的互动与回馈过程加深彼此之间的"关系"。一般在民众的心中，送礼未必只是具有贪小便宜的动机，而是表达了一种候选人对支持者的"重视"，这里"送礼"本身就成为候选人与选民双方沟通与交流的一个重要渠道。也正是这个原因，台湾选举中的贿选现象一直存在，所变化者不过是在不同环境下变换一下形式而已。而没有资源去送礼的候选人也可以建立起与选民的互动，那就是通过选区服务的方式进行，通过选区服务双方建立起以"人情"为中心的联结机制，从而建立起选举过程中的互动与回馈关系。这是政治互动中人情建构的另外一种方式，如果做得比较好的话也可以收到和送礼相同的效果。

于是"桩脚政治"成为台湾政党政治的重要特色。20世纪50年代以来，"桩脚"在选举过程中一直扮演着重要的动员角色，是无论蓝绿都极力争取的政治力量。"桩脚"本身不但具有相当稳固的人际网络，同时也扮演着派系工具的角色，在大部分情况下，政党唯有透过"桩脚"的运作才能有效达成组织动员。"桩脚"的背景可能相当复杂而多元，但是拥有政治职位却是其能够在选举中

---

① 王为：《台湾地区政治研究》，世界知识出版社，2011年，136页。

② 赵永茂：《台湾地方黑道之形成背景及其与选举之关系》，（台湾）《理论与政策》，7卷2期，1993年2月。这里赵永茂教授用的是"椿脚"的概念，下文蔡明惠用的也是这一概念。"椿脚"，也叫"桩脚"，是台湾基层政治中大量存在的政治掮客，是选举中进行利益交换的重要中介。台湾社会在谈及这个问题时一般都称其为"桩脚"，所以本文也一律以"桩脚"称之。

发挥作用的重要前提。因此，大量掌握村里长及乡镇代表这些基层政治职位就成为地方派系构筑"桩脚"系统、巩固地方势力的主要方式。同时地方派系也藉着这些职位角色的运作，利用各种政治利益、经济利益及象征利益完成人情及关系连带过程，完成地方派系对于地方社会的"团体化"及"再团体化"过程。① "桩脚"事实上是候选人与选民之间互动关系的中介。台湾政党政治中所谓"深耕基层"其实相当重要的一部分工作就是加强与"桩脚"的联系，不断扩大自己在基层的支持。相比较而言以前国民党对基层的"桩脚"控制比较有效，不过随着民进党手中的资源增加，并加强了争夺"桩脚"的力度，两党在这方面的差距逐步缩小。

"身份区隔型"的意识形态建构也明显带有中国传统政治文化中"三位（维）一体"差序观念的遗风，即政党的诉求建立于"我群"与"他群"区隔的基础之上，这与一般认为的西方政党政治建立于公共政策理性选择基础之上的政治文化有明显差别。② 徐火炎认为，在早期以地方自治为主的选举中，反对国民党外省籍统治的政治异议分子，在"本省/外省"的省籍分歧上获得根基。亦即早期台湾选举中政治上的反对势力是依附"省籍分歧"才得以形成并获得延续。同时"中央"民意代表补选及以后的定期增额选举，以省籍分歧为诉求的地方性政治异议分子，由于选区的扩大不仅逐渐联合结盟，同时也在省籍分歧的基础上结合社会逐渐形成的"威权/民主"之价值冲突，而进一步获得组织化的发展。③ 这里需要指出的是，台湾以族群对抗为中心的"社会分歧"是反国民党势力长期刻意建构的结果，其核心在于"我群"与"他群"的区隔。④ 这种

---

① 蔡明惠:《台湾乡镇派系与政治变迁：河口镇"山顶"与"街仔"的斗争》,（台湾）洪业文化事业有限公司，1998 年，117—188 页。

② 此处"我群"与"他群"区隔并不仅指台湾社会的省籍族群区隔，也包括泛绿势力建构起来的"台湾人"与"大陆人"、"民主"与"反民主"的区隔等，这种区隔型意识形态的核心在于通过建立一种身份认同上的归属感，从而形成比较稳定的政治支持。不过这种区隔的建构从态度上讲有消极和积极的分别，如民进党建构身份区隔的冲动就比国民党强烈，而国民党就在这个问题上比较消极。一旦一个政党把身份区隔作为主要诉求，会逼迫其它政党强化自己的身份标识以资对抗。

③ 徐火炎:《台湾的选举与社会分歧结构：政党竞争与民主化》,见陈明通、郑永年主编:《两岸基层选举与政治社会变迁：哈佛大学东西方学者的对话》,（台湾）月旦出版股份有限公司，1998 年，142 页。

④ 当然这种建构有其现实基础，在当时台湾主要的社会矛盾表现为政治资源分配不均衡，占人口少数的外省人在政治资源分配过程中占绝对优势，此为本省人与外省人"省籍矛盾"的物质基础。这些矛盾与冲突经过系统的建构和符号化后，最后以省籍族群问题的面目呈现出来，并对台湾的政党政治产生了深刻影响。

建构一旦完成，建构出来的符号系统及其想象可以在一定时期和一定范围内作为社会意识长期存在，即便面临强大的社会压力也不会轻易消亡。族群议题的变化就是一个例子，现在台湾政坛上很少再用赤裸裸的族群议题进行政治动员，但是族群动员却一直没有消失，族群议题不断以新面目出现在政治舞台上。此外台湾社会类似"民主"、统"独"等议题的建构大都如此。这些身份区隔的建构表面上看肇源于政见的分歧，实际上却是建立在"差序格局"政治伦理观念基础上的排他性文化基因在起作用。

可以看出，台湾的政治制度虽然和西方国家实现了形式上的同一，但是在内涵上却出现了巨大的差异。这种差异主要是传统政治文化的影响所致，有学者将其称为是台湾民主的"空洞化"现象，并把出现这种现象的原因归结为两个方面：（1）前现代的人际关系传统使政治"泛伦理化"了，地方、宗族、"庇护—被庇护"关系等种种因素消解了现代政治程序的严肃性，民进党在台湾南部的竞选成功就与上述因素有关；（2）长期的专制统治所孕育的腐败和金钱政治风气愈演愈烈，形成了破坏选举公平性的恶性循环，选举不能有效表达民意，反而成了权钱交易的方便通道。[①] 上述台湾政党政治和民主制度的"空洞化"现象，其实是西方制度移植到中国传统政治文化土壤中出现的自然排异反应。最后双方调适的结果，是西方的制度文化与传统文化在一定程度上达成妥协，双方在激烈的冲突中寻求到一个平衡点，如此政党制度和民主制度才算是基本定型。沿着这种路径形成的民主制度已经远不是西方的民主制度，而只能是开创了一种在中国传统文化基础上的民主形式，当这种民主形式趋于稳定时，政党政治自然也会随之稳定，并形成符合传统政治文化的运作规则和运作模式。

6.2 解析民进党的"草根性格"

草根文化是相对于庙堂文化而言的一种社会文化存在方式。相对于精英阶层而言，在一个社会中草根阶层永远是人口占大多数的组成部分，在传统社会中草根社会往往与被统治的人群重叠，这一人群由于在政治生活中长期处于话语权缺失的状态，一般难以留下什么痕迹。但同时可以看到的是，草根社会的生命力非常强韧，在长期历史变迁中展示了强大的生存能力，只要条件许可，

---

① 庄礼伟：《台湾政治文化的沉沦与迷失》，《南风窗》，2001 年 12 月（下）。

草根社会会在很短的时间内形成比较稳定的运作规范、价值观及伦理观，这些构成了草根文化的主要内容。草根社会在长期历史发展过程中虽然经常被漠视，但其对政治生态的深刻影响却无法被忽视，因为这些文化形态往往决定了"民意"的基本形态。从传统社会所谓"天视自我民视，天听自我民听"[1] 政治信条中，大致可以看出草根社会对政治生态的强大影响力。及至现代社会，在竞争性选举下形成的政治生态更是到处凸显草根社会的强大影响，无论哪一个政党，如果不能在政治动员中获得草根社会的支持，很快就会出现生存危机。从政治分析的意涵上说"草根"进入政治分析的时间并不长，该概念作为中文词汇最先在港台地区使用，如"草根性""草根阶层""草根民众""草根议员"等，20世纪 80 年代末期台湾民主化运动中"草根政治"作为一种扎根基层的民主实践逐渐受到重视。[2] 台湾自 1945 年以来的发展历程中，草根社会对政治的影响力越来越大，民进党作为带有"外造政党"特征的政党，草根性格是其重要特征，这种政治性格对其内部政治结构及台湾政党政治生态都产生了巨大影响。

6.2.1 民进党的"草根性格"基因

上文已经提及，"草根"概念出现在中国政治理论分析视野中的时间并不长，笔者在中国期刊网上查询的结果，大陆对草根社会及草根文化的研究是在网络逐渐成为社会沟通重要渠道并对生活产生重大影响的背景下开始出现的，主要集中于类似"超女""快男"等可以突出表现底层民众行为认知方式的社会现象方面，主要研究范围也多集中在社会底层文化方面。在台湾社会，随着政治的剧烈变迁，社会结构以及利益聚合和表达的形式都发生了重大变化，草根社会在政治生活中的作用日益显现出来，对草根社会及草根文化的研究日益增多，近来在台湾社会形成的"社会力"概念及围绕着这一概念展开的相关研究大都是在草根社会研究的基础上展开。一般来说草根文化与底层文化、通俗文化、大众文化的概念在内涵上有诸多重叠之处，与精英文化、高雅文化在内涵上是对立的，后者是一种由政治知识精英创造的、蕴涵着人文理想、体现着形而上价值文化的诉求系统；而前者则是生于底层，长于民间，被主流意识形态涵化、规训与形塑的烙印不明显，立足于乡土、有强大生命力和感染力的文化诉求形式，它反映了社会民众的集体心理和生活关切，是一定时期内社会民众

---

① 《尚书·泰誓第二》，见《五经四书》，中华书局，2009 年，248 页。
② 杨早、萨支山编：《话题 2011》，三联书店，2012 年，184 页。

利益诉求的晴雨表。①显然，在台湾草根社会影响力的凸显及草根文化受到相应重视是政治结构变迁的结果，民进党正是在这种结构变迁的背景下产生，因此其政治行为取向中自然带有鲜明的当时社会结构变迁烙印。

在现代民主制度形式下，草根社会因其对政治结构以及政治制度的重大影响力而在整个制度结构中具有关键性地位，同时在信息高度流通的现代社会，草根社会的自主性也在不断加强。在谈到台湾民主制度时殷海光曾说，"人的言论和行动趋向，说到究极处，无论是有意或无意的，总都是取决于内心深处所藏的人生观和价值观念和基本情感"。自由民主的实现与否，要看民众的道德实践。因为"货真价实的民主是长在草根儿上的"。②从政治发展和变迁的意义上讲，这里的"草根社会"与政治学上所说的"民间社会"其实有很大的相似性，在大部分情况下可以互相通用。现代社会政治上层建筑与基层民众之间的联结主要通过利益综合和表达以及政策制定、实施与反馈的循环过程来完成，这种回馈模式与以前自上而下的社会统合模式已经有相当大的不同。在现代模式下民间社会可以快速地将其诉求传递到政治系统的上层，同时围绕着选举展开的长时期持续政治动员也在客观上增强了民间社会的自组织能力，民间组织的扩大使草根社会获得了若干制度化的形式，通过这些形式，草根社会的政治影响力与以前相比自然不可同日而语。

草根社会在文化形式上或者说在心态上可能是易变的，但是其文化结构却相当稳定，这种文化结构的核心就是传统性，当然这里的"传统性"和传统文化中精致文化的"传统性"有所差别，这种"传统性"其实是在长期生活中形成的规范草根社会行为的规则系统，重乡情、重义气是其重要特征。现在台湾研究学界一般的看法大都是台湾南部地区的草根性更强，"在中南部地区，一过嘉义，草根文化的影响还是很明显"。"草根文化的特色是重乡情，重义气。中南部的台湾人，在这点上表现得比号称忠义堂所在地的山东人不遑多让。"③此处的"草根文化"主要是指传统社会中下层社会、特别是农村社会的"俗文化"，与都市地区和上层社会的"雅文化"是相对而言的。有学者认为台湾南部地区与北部地区在历史与文化等方面有这种明显的"雅""俗"差异。"南部是典型

① 朱清河、张俊惠：《"草根文化"的媒介依赖及其社会效用》，《现代传播》，2013年第6期（总第203期）。
② 何卓恩、张斌峰、夏明编：《大陆赴台知识分子研究》，九州出版社，2011年，114页。
③ 王安忆等著，韩小惠、刘孝存主编：《闲说中国人（续编）》，中国文联出版社，2003年，387页。

的草根文化，北部是典型的都市文化。北部都市化程度高，文化多元，现代性强。南部文化相对单一，以闽南文化为主，传统性更强。特别是彰化县、嘉义与云林地区，民众颇具开拓性格与斗争精神。"① 不过这里需要指出的是，随着都市化的展开，这种草根文化是否会被弱化并最终趋于消失？从事实情况来看可能答案是否定的，台湾社会的草根文化具有强大生命力，究其原因主要有以下两个方面。

首先是草根社会本身就具有一定的秩序再生和理念结构调整能力，这种能力在很多时候表现为对外来冲击及内部结构调整的改造与适应能力，正是因为这种能力的存在，使草根社会的发展保持了连续性，同时又具有一定的可塑性。正如有的学者所言，我们要了解草根社会是如何"融贯"不同的知识、信念并切实践行之，从而消除"从外部引入的、更多反映现代生活方式和压力"的观念之间的紧张。② 这种情况其实反映了草根社会对外来理念的强大改造能力，而用来改造这些外来观念的武器则是长期存在于草根社会的基本认知和本土理念。易言之，无论多么高深和神圣的理念及诉求，在草根社会中往往会被翻译成能为草根社会接受的、和草根文化内涵一致和相符的概念，也就是说理念本身会有一个"世俗化"和"在地化"的过程，在这个过程中理念的内涵被改造以后才能纳入草根文化的话语系统中去。从这个意义上讲，草根社会的社会文化结构其实是相当稳定并单一的，遇到不同的文化及理念会主动试图去改造，如果改造不成则会进行抵制。这种情形其实也是政治动员中的一个大问题，能否用民众能听得懂的语言告诉他们政党的基本诉求成为政治动员成功与否的关键。

其次是在台湾社会的语境中，草根性格在大多数情况下都是专指以台湾南部为代表的传统"俗文化"，但是在更宽泛的意义上，只要是底层社会、与政治系统上层联系比较少的政治组织以及群体都可以称为"草根社会"，或者说其具有一定的"草根性"。从这个意义上讲，草根性其实在都市地区和乡村地区都存在，不过双方的具体表现形式稍有不同而已。许纪霖在谈到台湾社会草根文化的时候甚至认为在某一时期的整个中产阶级都有草根化倾向。"草根化的文化培育了整整一代草根化的中产阶级。他们大都出身底层，与社会小传统有着千丝

① 全国台湾研究会编:《两岸关系研究报告（2002 年）》，九州出版社，2004 年，260—261页。

② 朱晓阳编:《面向"法律的语言混乱"：从社会与文化人类学视角》，中央民族大学出版社，2008 年，26—27 页。

万缕的联系。他们拥有和管理下的台湾中小企业，经历了世界经济几十年的惊涛骇浪，就像汪洋中的一条船，竟然撑过来了。即使面临愈见严重的东南亚金融危机，他们也不无自信和乐观。"许氏认为在这些中产阶级信念的背后就是这种生生不灭的草根文化起到了关键支撑作用。① 以此言之，草根社会其实是政治系统二分法中的一端而已，这种意义上的草根社会已经不再单纯指涉台湾南部地区为典型的俗文化了。

这两种草根社会虽然有所不同，但都有外化的符号系统。都市区的草根社会对时尚和潮流的追求以及对自身和生存环境矛盾的调适往往成为身份认同的标志，因为这些事物具有较强的可变性，故而草根社会缺乏可以标示其存在的稳定性符号系统，这也可以解释为什么这种草根社会往往稳定性不如乡村地区的草根社会强。在乡村地区外化的符号是比较成系统并长期存在的，如乡村地区普通民众比较一致的衣着、特定乡村地区的方言等，类似符号很多，从而形成了一个比较复杂的符号系统，这些符号往往成为标示草根社会身份的重要外化形式。当然台湾也有一些特有的草根文化标志，如嚼食槟榔等。台湾学者潘美玲描述说，在风起云涌的社会运动中，槟榔的主要消费群体除了广大基层的劳工大众，就是处于台湾社会弱势族群的少数民族，因此参与社运或同情弱势团体的大学生与社会精英人士也尝试嚼食槟榔，以此作为和弱势团体同一阵线的表现。嚼食槟榔的习惯长期沿袭下来，逐渐变成了草根性的标志，政治人物将槟榔作为与其选民拉近距离的桥梁，在婚丧喜庆、选举拜票、会见选民的交际场合，递上香烟与槟榔都是基本的礼数。特别是在地方议会里，经常可见黑牙红唇"为民喉舌"的民意代表，槟榔成为台湾选举与草莽文化的呈现。② 能否嚼食槟榔，在台湾的某些地方成为判断政治人物是否具有"草根性"的标尺。杨美惠在谈到颜清标时，判断其身份的标准就是嚼食槟榔，杨美惠将颜清标归为宗教人物而非政治人物，并认为颜清标"吃槟榔的习惯和浓重的台湾口音表明了他的草根身份"。③ 总体来看，乡村地区的草根文化更加稳定，比较而言更多呈现出传统价值观和伦理观的痕迹。

---

① 许纪霖：《新世纪的思想地图》，天津人民出版社，2002 年，176 页。

② 潘美玲：《台湾的槟榔消费文化》，见朱燕华、张维安编著：《经济与社会：两岸三地社会文化的分析》，（台湾）生智文化事业有限公司，2001 年，225 页。

③ 金泽、陈进国主编：《宗教人类学（第 2 辑）》，社会科学文献出版社，2010 年，412 页。

6.2.2 民进党"草根性格"的实质

民进党一直声称自己深具"草根性"，并将其作为该党具有"本土性"的重要依据。在民进党的诉求中，无论是"本土化""民主化"以及"爱乡土"的政治宣示，还是后来"本省"与"外省"的族群分野建构，都与这种"草根性"的宣示有关。这种草根性宣示的实质就是立基于台湾草根社会的传统和质朴的文化积淀之上进行政治动员，并以此作为取得对国民党竞争优势的主要手段。从台湾草根社会的特点来看，草根式的动员往往是以情感动员为主，类似欧美社会中普遍存在的政策取向的理性动员模式在台湾的草根动员中生存空间很小（当然不能说没有）。因此郝时远指出，台湾政治"民主化"与"本土化"的互渗作用，一方面"让台湾的民粹力量，不仅是理性的诉求，更多的是情感的号召"；另一方面这种"情感的号召"往往借助于"族裔背景""草根社会""历史想象"等"族群话语"来进行认同政治的社会动员。因此，"台独"势力操弄的"族群政治"也突出地表现出"族裔民粹主义"运动的共同逻辑，即"本土化动员、文化政治化以及共同体纯洁化"，其目标是构建一个"台湾民族"。① 在民进党的实际选举操作中，该党"草根性"的自我认定是其政治动员策略形成的重要基础，该党在宣示自己草根性的同时，就已经预设了自己与草根社会密切关联的想象，而民进党依据草根社会特征制定的动员策略，则又导致了其草根性预设的自我实现，进而使草根性理念更为根深蒂固地植入该党的精神世界。

民进党组党初期及之前的党外时期，立足于大众与国民党对抗是其最基本的生存之道。在当时情境下如果没有草根社会的支持，很难想象党外势力和组党初期的民进党有能力与国民党当局抗衡。所以党外势力中的激进势力一直比较强调利用民间政治动员达到扩大政治生存空间的目的，特别是20世纪80年代崛起的党外新生代力量，尤其如此。党外新生代一般都受过高等教育，从事党外杂志的编辑采访工作。他们反叛性强，知识面宽阔，有一定的理论修养，深信宣传、组织群众的意义，热衷于开展激烈的群众运动，特别是"美丽岛事件"被镇压令他们对体制内改革感到失望，因而不认同康宁祥的"选举公职挂帅"路线。他们认为，国民党当局根本不尊重民意，故台湾应走向"新国家体制的革命路线"，"惟有走入草根、标举台独理念、组织反体制的群众运动，才能凝聚足够力量对抗国民党政权"。② 党外势力中的路线之争也是因此而起，这

---

① 郝时远:《台湾的"族群"与"族群政治"析论》,《中国社会科学》, 2004 年第 2 期。

② 许世铨等编:《台湾研究年度报告（2002）》, 九州出版社, 2003 年, 138 页。

些激进路线其实就是"疾风暴雨式革命"而非"渐进式改革"意义上的群众路线，特别是在农村地区，主要依托草根社会的特性完成政治动员。利用此类手法进行政治动员成为民进党成立后"新潮流系"等激进势力的主要手段，该派系提出"打倒国民党政权，实现台湾独立"，建立"东方瑞士台湾国"。为达此目标，他们认为应以底层的工农群众为运动主体，广泛建立"民主草根组织"，动员群众，通过街头抗争和议会选举凝集力量，彻底推翻国民党政权的统治。①民进党后来基本接受了"新潮流系"的动员模式，虽然在动员冲突的强度上时强时弱，但是走入草根社会作为政党立足和生存的基础则作为政党活动的基本原则被坚持下来。民进党通过基层服务等各种手法不断加强在草根社会的存在感，这是民进党能够不断扩大政治影响力的基础。

民进党的草根动员是不断利用草根社会的文化资源形成政治运动，然后收割政治运动成果并进一步塑造草根文化的循环往复过程。民进党成立之前党外势力利用草根动员不断扩大自己的政治版图，并且逼迫国民党当局步步后退。有学者认为，到了20世纪90年代后期，从反对党的地位已得到承认的这个角度来看，台湾的政党体系已经制度化了。当时"要登记成立一个新政党是非常容易的，且行政机关也不再使用公权力来限制政党的活动。更重要的是，反对党已经可以发展草根性组织并建立它与其他次级团体的联系"。②当然这里的"政党体系"事实上指竞争性政党制度已经形成并且开始运作，但从后来政党政治生态发展的历史轨迹来看，这种政党体系并不稳定。整体看来20世纪80年代和90年代，随着政治高压逐步减弱，民进党政治人物利用草根社会进行政治动员的运作模式已经基本确立起来。有学者在述及这个问题时说，到了20世纪80年代中期，党外政团已经具有相当的政治实力与民意基础，且声势日渐上涨，俨然是一个实力坚强的反对党架式；许多具有政治企图心的人物，聚集靠拢，并以街头作为累积政治资本的舞台。他们占据游行的宣传车，成为街头运动的头人，以相同的语言、声调、对国民党的批判，带领群众在街头冲撞，但实则他们并不关心群众的诉求是否能够实现。这种政客与群众互动关系的欺骗性，

---

① 中国社会科学院台湾研究所：《台湾机构·社团·企业大全》，中国友谊出版公司，1993年，43—44页。

② 朱云汉：《从党国体制到支配性一党体制：国民党与台湾的民主转型》，见朱云汉、陈明通、郑永年：《两岸基层选举与政治社会变迁——哈佛大学东西方学者的对话》，（台湾）月旦出版社股份有限公司，1998年。

乃至政客收割社会运动成果的行径，早在 20 世纪 80 年代中就已经显露了。① 从政党动员的角度来说，草根社会实质是民进党诸多动员方式中的一种，只不过这种动员方式对民进党来说效果比较好，而且操作起来也得心应手，所以这一动员方式成为民进党政治动员的主流方式。

台湾社会就发展阶段而言可以认为处于从传统社会向现代社会过度的阶段。台湾草根社会展现出以传统文化为主、杂以西方文化若干片段的文化特征。换句话说，台湾草根社会传统文化与西方泊来的政治制度及其文化之间的冲突仍然存在，两种政治文化并没有找到一个相对稳定的平衡点，因而台湾社会的草根运动在很多时候均显现出相对比较暴烈的特点。顾忠华认为，台湾的民主化必须和成熟的公民文化相辅相成，这种现代型的公民文化除了采借自西方的经验外，它还应该是"生长"的，其中混杂了许多传承下来的、向其他文化学习到的，以及自发创造的质素。这种生长过程的本质特征就是本土的草根文化如何同化和改造外来理念的过程，这个过程显然远没有完成。因而可以看到的是，现在草根社会中影响最大者仍然是传统的家庭本位观念。在这一观念下，一般的群体成员不愿意信任亲属团体以外的陌生人，对于政治及政治人物的评价也存在着对内与对外不同的道德"双重标准"，这种情况事实上妨碍了普遍规则的树立。② 民进党政治动员中很多诉求即是出于加强与草根社会情感联结的需要，在这个过程中该党极力将自己塑造成"本省人"代言人的形象，同时结合在地方上的家族势力加强基层经营，逐步巩固该党在地方上的支持。民进党这种做法的实质在于以西方式的动员方式，充分利用台湾草根社会的文化特征，最大限度获取政治支持。这种动员方式的核心还是在于情感联结的加强，这与台湾社会由传统向现代过渡的文化特征倒是相符的。

当然，台湾草根社会的存在状态并不是一成不变的，随着社会的发展以及草根社会自组织能力的加强，草根社会在公共空间中的影响逐步增强，对政治生态的影响也不断增大。近年来台湾"都市社会运动与地域性社会运动类型繁多，以不同方式与不同议题切入公共空间的抗争"。这些运动包含了发生在城市与乡村中的社区动员，也包括了台湾少数民族、妇女与其他边缘弱势群体的抗

① 陈素香：《八〇九〇二千及之前和之后》，《思想》，第 22 辑，（台湾）联经出版事业股份有限公司，2012 年，214—215 页。
② 顾忠华：《民主社会中的个人与社群》，殷海光基金会主编：《市民社会与民主的反思》，（台湾）桂冠图书股份有限公司，1998 年，43—44 页。

议，还包括因住宅、公园、古迹与环境等议题而引发的社会运动。这种看似琐细与边缘性群体的社会运动，其实反映了日常生活领域的反权威与反歧视斗争，也是草根民主的运动。① 在 20 世纪 90 年代民进党还可以掌握这些草根动员的领导权以及社会运动发展的话语权，使这些草根动员行为成为民进党扩大政治影响力的重要助力。民进党上台后当年参与草根运动的民间精英大多被民进党收编进权力系统，成为权力的婢女，他们领导的草根运动烟消云散，他们自身也与草根社会渐行渐远。及至民进党执政后期，社会问题大量浮现，公民团体的活动又重新活跃起来。不过这次兴起的草根运动在经历了较长时间沉淀以后，显示出了较强的"去政治化"特征。陈水扁在台上的时候爆发的"红衫军运动"，民进党下台后爆发的"白衫军运动"，都展示出草根社会的自主性，民进党虽然想重新掌握社会运动的主导权，但是社会运动在经过民进党的欺骗之后显然已经对其抱持很强的不信任感。蔡英文在 2008 年以后一直强调要处理与公民团体的关系问题，即是在考虑协调及处理与草根社会关系的问题。

民进党植根于草根社会展开政治动员，意味着台湾政党政治逐步走向民粹主义道路是必然趋势。民粹主义是一个相当复杂的概念，一般来说主要包括如下内涵：作为一种意识形态，民粹主义基本的含义是它的极端平民化倾向和极端民主主义立场，即极端地强调平民群众的价值和理想，把平民化和大众化作为所有社会、政治和文化活动合法性最终和唯一的来源、对普通大众在特定情况下通常会出现的某种非理性的、情绪性的共识也盲目顺从，并以此作为评判社会历史发展的标准。② 由于台湾草根社会特有的传统文化特征，大部分草根社会对于以加强情感联结为基础的政治动员模式具有天然的认同感，民进党出于选举需要自然会有强化情感动员而轻理性动员的冲动；同时民进党与国民党的力量对比长期处于劣势，利用草根社会进行政治动员在相当长时间内都是该党生存的重要基础，故而民进党只能屈就草根社会而不可能对草根社会进行大规模改造，这种局面从客观上说会使草根社会影响政治生态发展的能力增强，同时无疑也会导致草根社会自我存在感的膨胀，从而反向强化民粹主义的盛行。不过对民进党而言，如果民粹主义能够带来政治利益，该党会有利用民粹主义

① 夏铸九:《另类公共空间计划》，见郭继生:《台湾视觉文化：艺术家二十年文集》，艺术家出版社，1995 年，176 页。
② 陈丹丹、刘起林:《草根文化诉求的价值两面性及其民粹主义根基》，《理论与创作》，2007 年 5 期。

牟取政治利益的冲动，这是台湾政治走向民粹主义的关键。2014 年爆发"太阳花学运"其实是一次民粹主义的大胆尝试。这次"学运"将"台独"诉求、反对大陆和草根社会对两岸关系发展的不确定感及其带来的恐惧心理紧密结合起来，成功地策划了一次利用草根社会进行民粹主义动员的闹剧。事实上如果向前追溯的话，可以发现这种民粹式的动员根本不是什么新鲜事，民进党政治版图的不断扩大其实就是利用民粹动员的方式实现的。未来可以预料的是民进党不会轻易放弃这种动员方式，所以未来台湾的民粹主义氛围还有可能进一步加强。

6.2.3 草根文化与民进党的政治性格

民进党从街头运动起家，其草根背景对该党的政治性格影响非常大。受草根背景影响民进党最为典型的一个特征就是善于"向草根社会喊话"，即利用媒体炒作议题，并能通过各种手段将议题效用发挥到最大。许纪霖曾经针对民进党的这种政治性格有过精辟的评论，"在台湾政治转型过程中冒出了一大批在议会、媒体、街头跌打滚爬中成长起来的草莽政客。他们大都出身民间，文化不高，但政治欲望和能量不小，一脑袋的所谓台湾本土意识，擅长把握民众心理，无论在媒体的镜头，还是公众集会上，很懂得如何煽情、作秀"。许纪霖认为一种制度本身不是自立的，它需要社会底层的政治文化支持。台湾草根化的文化，也许只能熏陶出以民进党为代表的草根化政党，进而大概也只能出现草根化的政党政治生态。[1] 易言之，民进党的草根性表演一定要有市场才有可能持续进行下去，这意味着这种草根性表演在一定程度上与台湾社会草根阶层的心理需求是契合的，政客也恰到好处地把握住了民众心理，对于草根阶层来说议事场合的冗长讨论显然不如媒体作秀更能展示出草根文化中"我群"与"他群"的归属意涵区隔。正是因为如此，民进党的"议题战"在很多时候并不关注政策理性，议题炒作策略的制定依据主要集中于这些作秀行为能否对草根阶层产生充分的"剧场动员效果"，至于选后这些议题的落实情况则基本无人过问。

民进党的草根性格另一重要表征是暴力偏好。民进党在长期街头运动中获得了极大的利益，所以对暴力对抗有一种难以割舍的偏好，即便是民进党在台上执政期间，也不排斥用街头暴力的方式进行政治动员。这种情形在民进党

---

[1]　许纪霖：《新世纪的思想地图》，天津人民出版社，2002 年，175—176 页。

2008 年下台以后表现得更为典型，党内要求"重新走上街头"的呼声日益增加。从民进党发展的历史轨迹来看，民进党在遭遇低谷的时候往往首先就会想到暴力对抗，他们倾向于首先用街头暴力将声势拉抬起来，同时也使局势变得更加扑朔迷离，民进党可以在混乱中寻找机会。蔡英文成为重新在野后的民进党主席之初，其学者背景和女性特质，强调对话沟通的行事风格，使台湾社会期待她能率领民进党重回"中间路线"。但后来台湾社会发现，让民进党回到"中间路线"几无可能，蔡英文的政治性格因为与民进党"草根""暴力"的习气格格不入，领导能力受到普遍质疑。[①]直至在 2010 年的新北市选举中，蔡英文提出要打一场"理性的选战"，而习惯于冲撞的幕僚却无法适应这种没有冲撞的做法。不过需要说明的是，这并不意味着蔡英文对暴力行为退避三舍，实际上蔡英文从来不惮于使用暴力。海协会陈云林会长访问台湾期间，蔡英文发动示威抗议活动，率领群众包围晶华酒店，最终局面无法掌控，造成抗议群众与警方数度爆发冲突，被称为"暴力小英"；2014 年的"太阳花学运"背后则随处可见蔡英文的影子，同时事后从利益的收割来看最大的获益者也非蔡英文莫属。从这些迹象可以断定，虽然蔡英文要改变民进党的选举文化和运作模式，但在条件许可的情况下，蔡在暴力的选择及运用上却丝毫不会犹豫。

当然民进党草莽性格的使用也分场合，该党在"用不用暴力""什么时候使用""用了给谁看"等问题上都有精细的算计，决定上述行为最主要的依据是政治动员效果最大化，这一点永远是根本。一般来说，在都市地区，民进党会针对都市地区的草根社会展开温情攻势，这种情况在南部和北部其实都是一样的。都市地区因为社会结构和乡村地区不同，对议题的关注点也有所不同。同时由于参与式政治文化的兴起，以及建立"公民社会"、推广"草根民主"的呼声高涨，民进党的部分政治精英因时而动，提出了相对"理性"的政治诉求。陈水扁在 1996 年竞选台北市长时提出了"市民主义"的口号，谢长廷则在高雄提出

---

① 林劲：《现阶段民进党基本态势分析》，周志怀、杨立宪、严峻主编：《两岸关系：共同利益与和谐发展·全国台湾研究会 2010 年学术研讨会论文选编》，九州出版社，2010 年，188 页。这里需要说明的是，回到"中间路线"以及推动"理性"选举并非蔡英文的政策目标，对于蔡英文来说，强化动员能力，加强民进党的生存能力，取得对国民党的竞争优势是自 2008 年以后的主要政治目标，而利用暴力手段与理性手段相结合的方式则是目标达成的必要途径。而且，学界经常说民进党"回到中间路线"，但民进党到底有没有"中间路线"还是一个疑问，这个问题比较复杂，需要另为文说明。不过由于坊间多用此说法，本书也采用"回到中间路线"的说法。

了"社区主义"的诉求。①同样，2010 年新北市长选举时蔡英文提出的也是比较中性和温和的口号。一般来说，民进党在都会区的选举中比较强调用理性温和的口号争取民众支持，而在乡村地区会更加诉诸情感联结以及利用传统的社会网络进行政治动员。

受草根性格影响，民进党尤其强调基层服务和加强与公民团体联结的重要性。在台湾与草根社会的结合一般有两种方式，一种是通过选区服务强化对草根社会的渗透，一种则以体制外冲突的方式完成对草根社会的动员。就前者而言，民进党下台以后，也就是在蔡英文第一任主席任期内，已经开始强化对基层的渗透。就后者而言，民进党在 2012 年以来的论述调整正在逐步向适应"公民社会"发展的方向靠拢。林劲教授曾经指出，2008 年下台以后民进党面对体制内实力跟国民党相差悬殊的局面，不少人主张应该重回街头，与社运团体结合，通过体制外的草根行动来共同对抗"一党独大"的国民党。考虑到国民党向来和社会运动者的政策主张距离较远，因此民进党与社运团体再度携手监督国民党，极有可能是未来台湾政治发展的生态之一。②果然 2013 年以后，蔡英文在逐步取得党主席选举优势情况下，渐次提出要与社会运动团体结合进而形成新的草根社会动员机制的诉求，并指明这是民进党未来发展要考虑的主要方向，也是民进党未来要解决的问题。"太阳花学运"是与民进党与公民运动"结合"的典型个案，不过这种"结合"并非是与公民团体的简单结盟，而是带有塑造台湾公民社会发展方向的意图。民进党通过体制外的学生运动吸引社会关注，然后再通过下乡及下基层进行政治传播的方式完成民进党对社会运动团体的整合以及收编。如果民进党的这种做法能够取得较大效果，未来对民间社会的渗透和掌控能力会日益加强。

民进党对草根社会的政治动员和破坏国民党与草根社会的联结同时进行。无论是民进党也好，还是国民党也好，对草根社会的渗透都以充分利用草根社会的文化特征为前提，但是在与草根社会联结的具体路径方面，两个政党却有显著不同。台湾草根社会对政治能够产生影响的典型特征就是人际关系网络。有学者认为人情与关系构成的社会网络结构是派系得以透过选举形成政治支配

① 王茹:《台湾的社区总体营造政策及评析》，见孙云主编:《台湾研究 25 年精粹·政治篇》，九州出版社，2005 年。
② 林劲、聂学林:《民进党基层经营初探》，见周志怀主编:《台湾研究优秀成果奖获奖论文汇编（2008 卷）》，九州出版社，2009 年，83 页。

力的基础。"人情与关系如影随形，跟在每个人际互动的场域，地方派系作为人的一种聚合方式"，本身既是人情与关系的参与者，同时也是人情与关系的维护者。① 民进党平时对草根社会渗透方式主要以基层服务为主，总体上看属于情感动员的范畴，即通过长期的互动来拉近与选民的距离，并因此取得他们的支持。国民党一贯的做法比较倾向于利益交换，所以国民党一直无法摆脱"黑金"的困扰。在对草根社会的影响力上显然国民党比民进党稍逊。故有学者认为，2000 年国民党在台湾"大选"中的惨败，其原因除了李登辉打压宋楚瑜导致国民党一分为二及"黑金政治"外，与国民党与草根社会的联结弱化、吸纳新生社会阶层能力不强、没有注意及时增强党的阶级基础和扩大群众基础有着密切的因果关系。国民党选举失败后召开党代表大会总结教训，开展了所谓的"草根运动"，争取最底层民众的支持，以准备日后夺回执政地位。② 但是如果国民党不能改变传统地方派系动员模式，转而加强基层服务，要想形成较强的草根社会渗透力，恐怕还有相当长的路要走。2014 年底"九合一"选举结果揭晓，国民党出现了崩盘式的惨败，从选举的具体情况来看基层动员系统基本崩盘。这意味着事实上国民党在基层经营方面十几年来基本没有什么进展，反而不断倒退，如果这种局面一直持续下去，国民党想挽回颓势基本是不可能的，该党的逐渐萎缩将会成为大概率事件。

6.3　民进党发展过程中的话语建构问题

政党的话语体系是政党文化重要的外化形式，也是政治文化的重要组成部分。在台湾的政治变迁过程中，话语建构是民进党与国民党进行政治斗争的重要工具。通过系统的话语建构，民进党逐步消解了国民党统治的意识形态基础并在话语权争夺中取得了主动地位。民进党的话语建构行为对台湾的政治生态产生了重大影响，政党恶斗、民粹主义的扩张等现象均与此有很大关联。对一个政治系统而言，话语体系的实然状态在一定程度上反映了一个社会的秩序观，特定言说方式和言说内容与社会权力结构的基本样态及规则和制度的分布状态

---

① 陈介玄：《派系网络、椿脚网络及俗民网络——论台湾地方派系形成之社会意义》，见台湾东海大学东亚社会经济研究中心编：《地方社会》，（台湾）联经出版事业股份有限公司，1997 年，50 页。

② 桑学成：《执政条件下党的先进性建设研究》，江苏人民出版社，2009 年，50—51 页。

密切相关。话语分析可以从横向与纵向两个维度上展开。从横向上说，话语存在及其结构反映了一定社会特定时期权力结构分布的基本特征，话语的言说方式本身就是权力结构的外化形式，而话语结构又会反过来对权力结构产生一定影响；从纵向上来说，话语的形成有其历史过程，话语结构及言说方式的变迁往往是政治结构变迁结果的外显形式。故而在政治变迁剧烈的地区，一般也存在着激烈的话语斗争，各个政治势力为争夺话语权会进行激烈角逐。在政治竞争中取得话语主导权就意味着占领了政治制高点，行为者在政治竞逐中的主动权自然会大大加强。在民进党的发展过程中，建构有利于己的话语体系是该党争夺政治斗争主动权的重要手段，话语建构及其利用也因此成为影响台湾政党政治发展的重要因素。如果说草根性格的形成是民进党适应台湾传统政治文化的结果，而话语建构则是该党主动影响政治文化结构的尝试，是民进党攻击性格的体现。

6.3.1 民进党话语体系的基本内容

话语建构是一个复杂的过程，涉及传播方、接受方、文本（包括声音、文字、图片、视频等）、沟通、语境等要素。话语建构与权力结构的变化有着内在关联，与权力斗争往往相伴而生，并成为权力结构嬗变的重要组成部分。一般的话语建构主要以意识形态区隔塑造、身份认同区隔塑造等方式影响人们对政治事务的判断并强化敌我政治边界。话语建构是一种智慧密集型工作，在激烈的生存和发展竞争、对抗中，政治行为者有可能有意运用夸大、扭曲、煽情、造梦、简单化等手段来创造于己有利的舆论氛围，寻求民众支持，甚至建立在话语方面的统治权。[①] 仅从形成过程来看，话语建构涵盖了话语设计、话语传播、话语被接受并在现存话语体系中开辟出生存空间等不同阶段。在台湾政治发展过程中，民进党政治话语的建构过程从 20 世纪五六十年代发轫，一直到现在也没有结束。概括而言，民进党建构起来的话语体系主要包括"主体性"话语、社会力话语、民主化话语和"主权意识"话语等，现分别对这些话语进行简单概述。

---

① 庄礼伟：《多元竞争环境下的马来西亚政治生态》，《东南亚研究》，2011 年第 2 期。作者在谈及话语与政治生态的关系时主要涉及的概念是"话语动员"。话语动员是话语建构的重要内容，其功能在于通过政治社会化过程完成话语向社会渗透的过程，庄文此处所描述其实是比较典型的话语建构行为。

"主体性"话语。"主体性"话语包含了"本土性""本土化""台湾主体意识""台湾优先"等一系列概念。这些概念有的早已有之,如"主体意识"的概念自日据时代就已经出现,不过当时的内涵与现在台湾政坛上的"主体意识"内涵有根本性差异,当时这个概念主要指涉在日本殖民统治之下保持作为汉民族自主性的意涵。黄俊杰认为"主体性"话语的变异与台湾政治变迁过程密切相关,"随着战后近五十年来台湾经济的快速发展与中产阶级的茁壮,以台湾为主体的意识日益苏醒。作为'台湾主体性'觉醒的一项重要指标,就是1987年7月戒严令废除以来,在知识阶层中逐渐形成的一种以台湾为中心的世界观"。[①]这种情况被民进党利用,逐渐形成了主要包括如下两个方面言说结构的"主体性"话语:在内部强调"本土性",强调对台湾的"认同",民进党甚至将是否具有"本土性"作为其与国民党区隔的重要依据;在两岸则强调"台湾优先",同时强调台湾在决定自己前途和两岸关系走向方面的"自主性"。也就是说,"主体性"话语在不同的语境中具有不同的内涵,但是其反映的核心内涵却是相同的,就是以台湾为中心的世界观以及以台湾为中心处理与外界关系的基本原则。

社会力话语。社会力的概念出现在70年代,也就是党外势力开始快速发展的时期,这一概念系从西方泊来,其引入与当时社会运动的发展密切相关。这一时期经台湾济快速发展,中产阶级逐渐形成,民主化进程不断加快,国民党威权统治面临重大危机。国民党当局在压力下不得不做出妥协,通过"修宪"、解禁、扩大民主参与等形式,推动威权政府转型。此时,台湾的社会运动也逐渐兴起,包括消费者运动、地方性反污染自力救济运动、生态保育运动、劳工运动、妇女运动、校园民主运动、老兵福利自救运动、"原住民"人权运动、残障及福利弱势团体请愿运动等。[②]民间话语借助社会运动的力量逐渐进入主流话语谱系,社会力话语中比较典型的言说方式如"草根""人民的声音""民间社会"等,现在已经成为台湾社会耳熟能详的政治话语。从当时的具体情境看,社会力话语主要是在台湾社会反威权统治的激烈斗争语境中形成并发展起来的,所以早期台湾的社会力话语被调整了概念内涵,被赋予了强烈的对抗性色彩,

---

① 黄俊杰:《历史意识与廿一世纪海峡两岸关系的展望》,见"中国历史上的分与合学术研讨会筹备委员会"编:《中国历史上的分与合学术研讨会论文集》,(台湾)联合报系文化基金会,1995年9月,397页。

② 马长山:《当代中国的"市民社会"话语转换及其对法治进程的影响》,《求是学刊》,第34卷第2期,2007年3月。

比较强调民间社会对上层政治系统的矛盾与抗争。从历史上看，民进党及党外时期知识分子是社会力话语的主要引入及建构者，也是这一话语的主要获益者。近年来随着台湾政治变迁进程的不断推进，社会运动开始改变方向，民间社会的自主性逐步增强，民进党操控社会运动的难度加大，但显然民进党没有放弃对社会力话语的建构和利用，蔡英文等人利用"公民社会"话语展开的政治动员就是典型个案。

"民主"及"民主化"话语。"民主化"话语无疑是民进党反对国民党的一个重要武器，在自 20 世纪 50 年代以降的反对运动中，"民主"及"民主化"一直是反对势力对付执政当局及争取国际同情的重要诉求。一方面，"民主化"是党外及民进党争取民众支持的重要诉求，同时也是该党"政治合法性"的重要来源。这个问题两岸学者多有讨论，这里不再赘述。不过需要提及的是，"民主"话语在当初建构的时候显然带有理想色彩，及至 90 年代威权体制崩解以后，"民主"话语的发展出现了分流，对"民主"话语理解的歧异性也开始增加。杨照对此描述道："几位当年追求民主信念的同志伙伴们，十余年后，却对台湾的民主有了极端不同的评价。其中有人保持着对于民主的昂扬信心，有人却谈起民主就悲观叹气。而区别开这两种态度最清楚最明显的界划，就是与政治权力间的关系。"① 一般来说接近权力中心的论者会不断提及"人民""民众的选择"等话语，以此为自己追逐权力的行为寻求"合法性"，而距离权力中心较远的论者则对民主应该具有的自由、关怀更为向往。显然，民主化初期的政治斗争掩盖了因对"民主"及"民主化"不同想象所产生的分歧，不同的政治势力对这个概念各取所需进行有利于己的诠释，而当时在传统政治制度崩解而西方式民主制度尚未建立起来的阶段，大概也很难对"民主"话语的具体内涵进行深入探讨。及至西方式的民主制度运行一段时间之后，其本身的制度缺陷充分展示出来，对"民主"话语理解的歧异性逐步浮上水面。不过尽管对"民主"话语的理解存在着分歧，但目前在台湾却基本没有人敢于挑战"民主"话语的主体性地位，民进党因为在反国民党政治斗争中的经历而在"民主"话语方面占据着一定主动权。

"台湾主权"话语。这类话语存在于两岸关系及民进党与国民党进行区隔的论述场域之中，包括诸如"台湾是一个主权独立的国家""中华民国是台湾""住

---

① 杨照：《10 年后的台湾》，（台湾）INK 刻印出版有限公司，2005 年 6 月，123 页。

民自决"等话语。"台湾主权"论述在党外时期并不是该党的主流话语，盖因为此时党外势力主要任务是在国民党的强力打击下维持生存和发展，而"台独"的诉求对实现这一目标不利。及至民进党成立以后统"独"争议开始日渐明显，坚持统派立场的政治人物受到排挤先后退出了民进党，1991年"台湾前途决议文"的通过意味着"台独"诉求成为民进党主流政治话语，这一话语也一直作为民进党政治诉求的主要内容留存至今。在不同时期民进党"主权"话语表现形式有所不同，由于其"主权"话语受到两岸及国际反"台独"力量的压缩，更增加了"主权"话语的流变性特征，"主权"诉求在压力之下会改换不同的包装被拿出来贩售，诸如"中华民国是一个主权独立的国家""中华民国在台湾"等都是其变异形式。随着两岸及国际对"台独"路线及行为所施加压力的升高，民进党内一直有调整两岸政策的声音，甚至包括冻结"台独党纲"都已经成为部分共识。不过民进党内反对调整两岸政策的声音依然强大，路线调整任重道远，"由于党内声音趋于多元，意见分歧较大，没有形成共识，理性、务实主张受到压制"，"台独"与冷战思维依然当道，这些都阻碍了民进党内部关于两岸新论述的建构。[①] 蔡英文党主席第二任期以后，党内关于两岸政策调整的争论被压制下去。从蔡英文的主要诉求来看，未来"主权"话语的建构和渗透还会不断加强。

民进党费尽心力建构起来的上述话语彼此互相纠缠，内涵相通，有许多甚至可以相互替代。大陆学者王建民在谈到"台湾主体意识"等概念时曾指出，"台湾主体意识"是在特定的历史条件下，由台湾岛内分裂势力的强力鼓吹、宣传、政策推动塑造的，是人为建构的，已成为台湾社会的主流意识，是"台湾意识"的另一表达，其实也是"台湾国家意识"，其核心是强调台湾的"主权独立性"与"国家性"，是排斥与对抗中国意识的。[②] 此外诸如社会力话语与"民主化"话语有相当关联，"民主化"与"台独"话语在内涵上相互勾连等，不一而足。这些概念和话语是民进党在与国民党的斗争过程中建构起来的，分别反映了民进党当时政治诉求的特定方面，上述话语从诉求目标上说指向是一致的，即削弱国民党统治的合法性基础，所以内涵上呈现出强关联性特征自不奇怪。整体来说，经过长期建构，民进党现在已经形成了以"主体性"话语为基础，

---

① 王建民:《民进党能否跳出两岸论述的困境》,《世界知识》,2013 年 13 期。

② 王建民:《关于"台湾意识"与"台湾主体意识"的讨论》,《北京联合大学学报（人文社会科学版）》,2008 年 4 期。

以"台独"话语为核心,以"民主"话语和社会力话语为主要诉求的话语体系,这些话语的生成过程也是民进党打破国民党当局的一元话语体系、不断侵蚀国民党支持基础并实现政治版图扩张的过程。

6.3.2 民进党话语建构中的政治目标设定

对政治权力的追求是话语建构的基本诉求。有学者认为,政治话语的言说及书写方式本身就隐含着权力斗争及权力分配的内在逻辑。政治话语的言说和书写方式主要有"事实式的""意识形态式的"和"神话式的"三种形式,其中均暗含着权力欲求实现的企图。[①] 从台湾政党政治发展的过程以及民进党的话语建构过程来看,这个判断确实有较强的解释力。民进党从来不隐讳自己对于政治权力追求的企图,话语建构是民进党追求权力的重要工具。只不过通过系统的话语建构,使民进党渴求权力的冲动披上温情的外衣后不再如此露骨,追求权力的行为打上了"民主""本土"等幌子后,显得更为诱人并更具有"合法性"而已。

民进党话语建构最直接的目标在于颠覆国民党当局的意识形态。一般来说意识形态是权力结构实然状态的重要心理和文化基础,其对权力结构的重要性众所周知,而意识形态的力量则来源于话语的强大。意识形态是用语言为材料搭建的历史、现实和未来之图景,作用于人的感知、认识、理智、情感,最终促成与之相一致的行为。意识形态的传播是信仰的号召和力量的集结。作为实质上唯一拥有政治反对力量的反对党,民进党意识形态的建构过程也是颠覆国民党意识形态的过程。[②] 从党外时期到民进党成立,反对势力一直想破解掉国民党赖以生存的重要意识形态基础,其中包括以"本土化"话语消解"中华民国法统"、以"民主化"话语攻击"动员戡乱体制"的合法性、以社会力话语和社会运动消解国民党对社会的严密控制等行为,都是反对势力在这方面的尝试。在这个过程中,部分反国民党的知识分子通过对历史的选择性解读,建构出"台湾自外于中国"的所谓"历史依据",同时又利用西方的民主理论,用"住民自决"理论取代民族国家理论,从历史维度和逻辑维度两个向度上全面解构台湾社会的中国意识与中国认同,力图从意识形态方面瓦解国民党当局统治

---

① 周庆华:《中国符号学》,(台湾)扬智文化事业股份有限公司,2000 年,49 页。

② 佟文娟:《过程与分析:媒体与台湾政治民主化(1949—2007)》,厦门大学出版社,2009年,142 页。

的社会心理及文化基础。故而可以说，民进党话语建构过程其实就是其意识形态的建构过程，也是消解国民党当局意识形态及其代表性话语体系的过程。

意识形态的颠覆与社会价值的重塑是一体两面的关系，民进党话语建构的另一个重要目标就是对台湾社会进行价值系统的重新建构。民进党在与国民党争夺权力的过程中竭尽全力通过话语建构改造台湾社会的价值观念，以增加对国民党意识形态冲击的力度。民进党的价值建构是以"台湾意识"话语为中心，围绕着"本土化""民主化"等问题展开的，这些话语构成的系统被民进党称为是"民进党创造出来的价值"。林浊水当年在谈到许信良对民进党的改革以及推动民进党展开的"台独"转型时颇不以为然地说，"台湾意识"原本是民进党创造出来的价值，其成果也应该由民进党接收，但当这个价值开始昂扬成为"主流价值"，"而李登辉又成功地变成这个价值的代言人时，许信良却要把民进党带往相反的道路，这确实颇为讽刺"。[①] 林浊水认为诸如"本土化""台湾优先""民主化""国会改选""总统直选""冻省"等"主流价值"早就被民进党"创造"出来了，民进党自然没有向主流价值靠拢的问题。相反，要靠拢的应该是国民党，李登辉就是最好的例子。[②] 在林浊水等人看来，通过话语建构形成的台湾社会价值改变已经形成了民进党未来进一步发展的基础，进一步的话语建构也是民进党应该坚持的方向。

民进党话语建构的过程同时也是强化内部共识的过程。一方面，民进党的话语建构改变了台湾社会的政治文化环境，该党也是在这个过程中取得了一定的话语权；另一方面，民进党的政治动员在已经建构起来的话语体系基础上展开，政治话语通过选举动员的政治社会化作用不断强化为支持者的认同。在民进党的话语建构过程中，台湾社会的政治文化由原来的一元性逐步向多元性转化，政治文化与政治共识之间紧密联结的局面也遭到了破坏。陈秉璋认为，政治共识或政治文化的一致性，并不是一成不变的，它是客观社会学条件与人民主观意愿的结合反射物，两者随时都有改变的可能。因此，如何去洞察这种结合反射物的转化，再给予提升为新政治共识，并能配合执政者的政治理念，而设法使人民认同，则不但能够体现维护政治权力之目标，又能达到社会安定的

---

① 林浊水：《测量台湾新座标——林浊水文集》，（台湾）财团法人浊水溪文教基金会，1998年，236页。

② 林浊水：《测量台湾新座标——林浊水文集》，（台湾）财团法人浊水溪文教基金会，1998年，226页。

终极目的。① 民进党话语建构的目标所指，是在不断瓦解国民党当局的话语体系的同时，在话语建构的基础上凝聚起支持者的共识，不断扩大政治基础与政治版图，进而全面冲击台湾的政治权力结构。

在民进党的话语建构活动中，抹黑对手、将国民党及泛蓝甚至大陆污名化是其话语建构的一个重要目标。上述污名化的手段在民进党的政治行为中俯拾皆是，这里仅以 2011 年民进党"总统"选举党内初选过程中蔡英文的说辞为例，可以窥斑见豹。在 2011 年 4 月 9 日第一场党内初选辩论中，蔡英文抛出三大政策主轴第一条就是"捍卫台湾，守护主权与国家安全"，以此"导正国家走向，翻转治国轴线，创造台湾发展的蓝海"。蔡英文极力攻击马英九"丧失主权""亲中卖台""矮化台湾""以主权退让跟妥协，或以国家安全弱化来换取些许的让利"。在此前《跳脱历史，着眼未来》的演讲中，蔡英文强调所谓"和而求同"，根本内涵就是"从台湾认同出发，以台湾价值为核心"，而绝不能等同于马英九的"中国认同、中国价值"。② 在民进党的话语体系中，"本土性"和"主体性"话语的前提预设就是国民党以及大陆对台湾而言的"非本土性"和"非主体性"，也正是因为如此，民进党将国民党称为"外来政权"，并极力将大陆与国民党进行关联性处理，以强调大陆与国民党作为"同路人"对台湾的"打压"，借此激起台湾民众的悲情，以增加其政治话语对本省籍民众的吸引力。

民进党的话语建构具有较强的迷惑性。民进党在话语建构中一直将自己设计成"本土"势力的代言人，同时又利用传统文化中以亲族为中心的心理结构，以及传统社会的人情网络系统进行政治行销，极力增加其论述的"亲和感"。塔勒伯在谈到想法在人群中扩散的时候说，想法之散播是因为它们具有让载体自我满足的机制，"让载体对该想法有兴趣，并且在复制过程中，对扭曲该想法感兴趣。我们人类不是影印机，因此具传染力的心智类种必须是那些我们准备要相信，甚至我们被设计成要相信的类别。一个心智类种要具有传染力，必须和我们的天性相符"。③ 这个判断用来描述民进党所建构起来的话语系统在台湾社会的传播时也同样适用。当民进党以"本土"代言人形象出现时，在部分台湾民众中建构出"自己人"的形象，同时该党又将自己打扮成为"本土化"利益

---

① 陈秉璋：《政治社会学》，（台湾）三民书局股份有限公司，2000 年，329 页。

② 倪永杰：《蔡英文两岸论述解析》，《北京联合大学学报（人文社会科学版）》，第 9 卷第 4 期，2011 年 11 月。

③ ［美］Nassim Nicholas Taleb 著，林茂昌译：《黑天鹅效应》，（台湾）大块文化出版股份有限公司，2008 年，322 页。

而对抗国民党当局以及大陆的悲情英雄形象。同时民进党所谓的"本土""人民""自决"的言说结构，以及利用所谓西方人文关怀的普世价值结合"本土"诉求创造出来的"社会力""社会自主"等话语，不断拔高民众在价值诉求中的地位，这种话语建构与民进党以传统人情网络为主要手段的基层渗透相结合，给台湾民众带来了较大的心理满足感，因而迅速扩散，民进党的政治版图也随之扩张。

6.3.3 话语重构对台湾政治生态的影响

民进党的话语建构给台湾的话语体系带来了冲击，事实上是一次话语的重构，这种情况对岛内政治生态产生了很大影响，概而言之主要表现在以下几个方面。

政党动员模式走向草根化。台湾政治变迁中话语结构变迁的一个重要特征就是社会力话语、"本土化"和"主体性"话语的兴起，这些话语的形成本身也意味着草根阶层逐步形成了自己的自主性，对政治的影响力不断增强。作为反对势力的党外和民进党利用草根话语进行动员，广泛深入基层争取草根民众的支持，使其支持率逐步上升。受此影响，动员草根民众支持的策略已受普遍重视，即便长期高居庙堂之上的国民党，也不得不正视此一趋势，开始强化基层的社会动员。① 与此相适应，草根语汇成为政治动员的重要工具，政治话语的草根化成为必然趋势。在民进党的政治动员话语中，闽南话成为重要工具，有时甚至被拔高成为标示政治身份的象征和衡量是否能够引起民众共鸣和认同的关键性符号。在草根动员不断扩大的情况下，利用基层政党组织进行动员的传统政党运作方式受到越来越多的挑战。因为相比较利用基层党组织进行动员的方式来说，草根动员具有扁平化和多渠道的特征，这种动员方式利用了传统乡村社会中的心理资源，政治动员的效率更高。

整体社会范围内政治共识的裂解以及小范围内政治共识的强化同时存在，话语分歧与对抗性特征明显。政治共识的凝聚或裂解是政治话语建构过程中的伴生现象。如果考虑到台湾的话语多元化是在台湾政治变迁的大环境中发生的，则其共识裂解主要表现为异议性共识的出现以及扩大。包括民主理念的扩张、（省籍）族群意识的传播及"台独"意识增长等，其实是反对运动利用政治话语

---

① 陈鸿瑜：《台湾的政治民主化》，（台湾）翰芦图书出版有限公司，2000年，189—190页。

建构对潜在支持者长期进行共识动员的"结果"。事实上 20 世纪 80 年代中期以后台湾政治变迁的一个重要表现就是一般民众在话语建构的引导下异议性政治意识不断增强。这些异议性的政治意识，不一定是行为者亲身经历后形成的意识改变，而主要是民众参与反对运动的活动后逐渐产生的集体政治意识，这种政治意识主要以话语这种外化形式表现出来。[①] 在这个过程中，政治共识的裂解与整合呈现出整体上政治话语的统一性被打破、但在某一类型话语下面政治共识却又不断加强的基本样貌，例如泛绿支持者内部对于两岸政治定位等问题的共识会随着选举动员的政治社会化过程而得到强化，其共识的形成又会对泛蓝支持者形成压迫，使泛蓝支持者被迫也在一定程度上强化共识以对抗压力。可以看出，全社会范围内共识裂解得越彻底，同时某一人群共识强化的强度越大，持不同共识人群之间的对抗性也就越强。在台湾，蓝绿阵营各自内部共识的强化是这两大阵营政治上长期对立的重要社会心理基础。

　　政治发展中的民粹主义特征越来越明显。民粹主义的兴起与大范围的共识裂解及小范围的共识加强的现象密切相关，但同时民粹主义政治的发展也离不开政治操弄，其中关键在于利用政治话语营造出二元对立的话语结构和心理结构。从涂尔干式的观点来看，二元对立结构的功能在于创造出一种象征秩序。这种被创造出来的结构核心任务之一即为"区分、净化、限界与惩罚逾越者"，以及捍卫分类体系以防止模糊与异例出现。[②] 这也意味着一旦政治话语形成，在基本群众支持下就会形成自我繁殖机制，从而表现出强大的生命力和拓展能力。在社会共识裂解的情况下，群体心理的无序性与非理性为民粹主义扩张提供了广阔的空间。[③] 按照米歇尔斯的说法，大众的聚合是混乱的、短暂的、毫无秩序的，一旦自己的建议成为法律，大众往往不能容忍少数人的反对，更难容忍个

---

　　① 王昌甫:《结构限制、运动参与、与异议性意识：台湾民众政党支持的社会结构基础初探》，见张苙芸、吕玉瑕、王昌甫主编:《90 年代的台湾社会：社会变迁基本调查研究系列二（下）专书第一号》，（台湾）"中央研究院"社会学研究所筹备处，1997 年，285 页。

　　② ［美］Laura Desfor Edles 著，陈素秋译:《文化社会学的实践》，（台湾）韦伯文化国际出版有限公司，2006 年，43 页。

　　③ 这里的"群体"是指随机组织起来的人群集合，这种群体的非理性和无序性较为典型。勒庞认为，有意识人格的消失、无意识人格的得势，思想和感情因暗示和相互传染作用而转向一个共同的方向，以及立刻把暗示的观念转化为行动的倾向，是组成群体的个人所表现出来的主要特点。见［法］古斯塔夫·勒庞著，冯克利译:《乌合之众：大众心理研究》，广西师范大学出版社，2007 年，51 页。

人的反对。① 一旦一种政治话语被群众接受，他们基本上无法再接受不同的声音，甚至对这种政治话语进行理性的批评在大部分情况下都变得不可能。而政党也乐于利用这种方式加强政治话语的"硬度"，借以强化自己的支持基础。在台湾民粹主义的发展过程中，歧异性话语显然成为不同阵营进行动员的重要平台和武器。

权力争夺沿着话语分歧的边界展开，不同话语及言说方式的互动成为影响台湾政治生态发展的重要因素。一般来说，社会运动往往通过话语建构汇集反对力量，而执政当局为消解这种反对力量，在多数情况下都会选择妥协并利用分而治之的策略去弱化反对力量的强度。但是这种分而治之的策略不但不能在话语层面上消解其反抗性，相反却会在话语层面上加速执政当局正当性的消解。台湾社会的族群矛盾就是这方面的典型个案。国民党运用"分而治之"的策略试图消除台湾社会的阶级性以达到"统治安全"，却强化了台湾本土社会的省籍属性，促成台湾本土社会强烈的"族群意识"。在阶级分野模糊和阶级斗争缺失的情况下，"省籍"和"族群"意识作为"冲突替代"的结果凸显出来，成为台湾社会运动的总体话语和意识形态。② 这种局面反映了台湾政党政治发展过程中政治变迁的一个重要特征：有限的权力结构开放并不足以消解本省政治精英政治参与爆炸产生的压力，同时反对者的话语及言说方式也没有被执政当局整合进自己的叙事及言说系统，整体上来看话语结构的分裂性特征并没有完全消除，话语的对抗自然会长期存在，而这种话语的分歧在合适的条件下又会被新的政治势力所利用，经过包装改造以后重新登上政治动员的舞台。易言之，只要话语及言说方式的分歧深刻存在，台湾政治生态中的对立和对抗强度也很难降低。

台湾社会的话语冲突与竞争导致了媒体环境的恶化并使话语分歧的格局固化。媒体是实施话语冲突的重要中介，因而成为政党争夺的重要据点。在台湾社会话语重构的过程中，媒体扮演了重要角色，政党自然有利用媒体争夺话语权的冲动。因此有学者认为，"从某种意义上来说台湾的新闻自由只是朝野政党竞争的副产品"，"通过政党之间的媒体争夺战，媒体各拥其主，政党色彩日益

---

① ［德］罗伯特·米歇尔斯著，任军锋等译：《寡头统治铁律——现代民主制度中的政党社会学》，天津人民出版社，2003 年，21 页。

② 佟文娟：《过程与分析：媒体与台湾政治民主化（1949—2007）》，厦门大学出版社，2009年，48 页。

浓重。"①可以看出媒体既是话语分裂和对抗的推手,同时也是话语分裂实然结构的表现形式。影响所及,媒体的独立性自然大打折扣,"在岛内媒体制造新闻以博取利益并不是什么新闻"。②这种做法已经背离了媒体生存的基本伦理,直接导致了新闻的失真,不过在话语对抗的情境下,"信者恒信、不信者恒不信"的受众结构为这些行为提供了生存空间,违背新闻伦理的做法反倒异化成台湾的媒体生存法则。政党的对抗与恶斗在相当多的时候通过媒体对抗表现出来,两者彼此依赖并互相强化,对台湾政治生态结构产生了深刻影响。

话语建构是民进党组党以来尤其重视的问题,是该党拓展生存空间的重要手段。从一般意义上说,话语存在的重要功能在于利用符号建立秩序及确定可言说之物的界限。③民进党不断建构出与国民党传统话语相区隔的各种话语,并在此基础上推动了台湾社会的话语重构。话语重构与社会的政治认知重构是一体两面的关系,话语体系的变化对台湾社会的政治文化、政党斗争的基本样态、政党互动以及政党与媒体互动产生了深远影响。同时需要提及的是,台湾岛内话语体系的重构远未达到稳定的状态,其发展走向对未来台湾的政治生态仍会产生持续性影响。

6.4　台湾社会分歧：建构、极化与影响

社会分歧是政党政治分析的重要概念,对台湾政党政治生态及其变迁具有较强的解释力。台湾社会分歧的基本结构决定了主要政党的基本行为取向,同时台湾的社会分歧正在经历一个解构与重构的过程,整体上看社会分歧呈现出碎片化倾向,这种趋势对台湾的政党政治基本走向会产生重要影响。自李普塞特等人在 20 世纪 60 年代开始用社会分歧（cleavage）概念对政党政治进行分析以来,④社会分歧一直是政党政治分析中的重要概念,对社会分歧的政治表达被认为是政党政治存在的基础。在政党政治的语境下,社会分歧系指"一个社会

---

① 谢清果、曹艳辉:《"解严"后政党角力下台湾新闻自由的进步与迷思》,《台湾研究集刊》,2014 年第 1 期。

② 主父真真:《媒体与政党的合谋——台湾电视媒体的"制造新闻"现象分析》,《东南传播》,2009 年第 1 期。

③ ［瑞士］菲利普·萨拉森著,李红艳译,鲁路校:《福柯》,中国人民大学出版社,2010 年,116 页。

④ Lipset·S·M and Stein·Rokkan, eds. , *Parry Systems and Voter Alignments*, New York: Free Press, 1967。

的分裂相当广泛而深刻，足以自然地形成许多不同的政党表达"。[①]这个定义从静态的维度上概括了社会分歧对政党政治的影响。从政治实践来看，社会分歧的边界基本上决定了政治动员的边界。如果社会分歧是单一的而且对抗性较强，主要政党之间无法形成有效沟通，那么沿着分歧边界展开的政治动员同样也会显现出较强的对抗性特征，甚至会引起政治系统的崩溃。此外，社会分歧与政党政治的关系还有动态的一面，即社会分歧会受到来自社会及政治结构变化的影响而发生改变，进而又反过来推动政党政治生态的嬗变。在台湾的政治变迁过程中，社会分歧变化及其表达成为影响政党政治发展的重要因素。

6.4.1 台湾社会分歧的建构与极化

按照李普塞特的说法，社会分歧是社会诸多议题差异性认知的凝聚物，被借用来凝聚起仇恨以反对竞争者。不过，冲突和争论（conflicts and controversies）在许多社会结构中都可以看到，但是能成为社会分歧者则少之又少。原因在于，社会中各种差异性认知、冲突与争论等显然并不是同等重要的；同时，具体来说哪些差异性认知最终可以完成极化（polarize）[②]的过程,在不同的政治情境下路径多有不同。[③]易言之，某些冲突与争论能够成为政治动员的中心议题，是政党刻意选择与长期建构的结果。不同政治势力会选择对自己最有利的社会冲突与争论，并围绕这些争论进行进一步的建构，进而发展成选举诉求和政治论述。

台湾社会分歧的建构是在政治动员的过程中完成的，政治动员的核心是共识动员，即要让所有参与的组织成员或社会大众了解动员的意义，进而取得共识。要达到这一目的则必须透过"真实的建构"及传播的过程。[④]当然，这种"真实的建构"必须循一定的章法行事，否则可能会收到相反的效果，其中最为

---

① ［英］Frank Bealey 著，张文扬等译：《布莱克威尔政治学智典》，（台湾）韦伯文化国际出版有限公司，2007 年，79—81 页。

② 社会分歧的"极化"系指社会中某些差异性认知经过长期建构成为特定社会中"广泛而深刻"的主要社会分歧，并被有影响力的主要政党作为政治动员的边界，进而对政党政治的运作产生基础性影响的过程。

③ Lipset.S.M and Stein.Rokkan, *Cleavage Structures, Party Systems and Voter Alignments*：*An Introduction*，in Lipset.S.M and Stein.Rokkan, eds., *Parry Systems and Voter Alignments*，New York：Free Press，1967，p6.

④ 林如森：《社会运动过程中的认同、共识动员与传播策略》，（台湾）《台湾社会研究季刊》，第 64 期，2006 年 12 月，168—169 页。

重要者就是提出的具体诉求要和受众原有的集体认同能够连接，然后才能引发他们的共鸣，激起他们参与的热情与行动的愿望。民进党在 20 世纪建构出来的"族群分歧"就是以这种方式完成的，在民众对行政当局腐败以及外省人长期垄断政治和社会资源情势不满的基础上，民进党建构出了"外省人卖台集团""外来政权"等论述，在部分本省籍民众中完成了共识动员，为自己政治版图的扩大开辟了空间。

这种共识动员实际上是在扩大社会差异性认知的基础上，以凝聚"我群"内部的共识并增加对政治对手的歧视和仇恨为目标。共识动员的背后事实上是对选票的渴求，共识动员的竞争往往被简化为选举策略的竞争，进而可以简化为政治行销的技术性问题。有学者在论及台湾民主现状时说，民主被简约为选举，选举被简约为竞选，竞选被简约为推销，一系列推销手段便应运而生。在这种体制下，公民变成选举文化的消费者，选举或竞选不是为了提供资讯，反而更多地是为了误导民众，骗取他们的选票。① 这种共识动员成功与否的衡量标准是能否有效吸引选票，为达此目的，道德约束等社会规范往往被刻意忽视。更有甚者，政党通过有效地误导，甚至可以改变社会中特定群体的道德评价标准。

共识动员的完成是社会分歧极化的重要步骤。一个群体内共识动员的完成会强迫其他群体也进行相应的共识动员进行回应，否则就会丧失话语权，陷于政治上的被动局面。当主要的社会群体都完成了共识动员后，社会分歧的极化也基本完成，一般来说，共识动员越成功，社会分歧极化的程度越高。这时社会往往会分裂为不同的阵营，彼此之间的竞争常以激烈对抗的方式出现。社会分歧极化的程度越高，政党之间对抗性竞争的激烈程度会相应增加，甚至可能威胁到政治系统的存续。在社会分歧极化的情形下，竞选活动中的政治动员经常会带有民粹主义色彩，在台湾社会表现出来的特征就是"不问是非，只讲立场"以及政治道德底线的模糊不清。在台湾两个主要政党的支持者中，泛绿阵营对支持者的共识动员更为成功。2008 年和 2012 年两次台湾地区领导人选举中，民进党虽然带着陈水扁贪腐案的巨大包袱，但是仍维持了超过 40% 的支持率。在社会分歧极化的情况下，立基于社会分歧的政治动员成为影响选民投票取向的重要因素。

---

① 王绍光:《台湾民主政治困境，还是自由民主的困境》，(台湾)《台湾社会研究季刊》，第 65 期，2007 年 3 月，253 页。

从台湾政治变迁的历程来看，社会分歧的极化达到一定程度，就可以建构起民众新的社会记忆。这种社会记忆并不局限于对历史的简单保存或回溯，而是各种政治社会群体在有差别的价值观念引导下，对过去进行刻意筛选和过滤的结果。台湾社会的所谓"悲情""省籍区隔"等社会记忆在一定程度上说就是经过长期建构形成的。社会记忆建构要达到的目标是"经过各种手段的重构和刻写，再加上时间的魔力"，使受众对"消逝了的某一些人、某一些事，甚至广大到某一种文化传统，都有了无须反省的刻板认知"。[①] 一旦这种认知形成，受众在某些特定政治现象或事物认知上的分歧会趋向于减少，大范围的政治动员遂成可能。在封闭的环境下，这些社会记忆很难突破原有的框架，在较长时期内会保持相对稳定。台湾泛蓝和泛绿阵营的基本支持群众中随处可以看到这种社会记忆重构的痕迹，这些重构了的社会记忆成为支撑目前台湾政党政治结构的重要心理基础。

政党对社会分歧的建构与极化需要有一定的中介形式，这种形式会随着时间的推移和政治情势的变化以不同形式表现出来。以民进党的社会分歧建构而言，在20世纪90年代中期以前，社会运动就是其进行社会分歧建构的重要中介。研究显示从20世纪70年代到80年代台湾社会运动的膨胀与党外势力及民进党的参与和引导是分不开的。民进党成立后就有社运部的设立，透过当时急速扩张的社运网络，民进党很快就进入社会。[②] 当时社会运动表现出较强的群众性特征，给民进党反国民党的政治行为提供了助力。同时，民进党利用鼓动群众运动的机会，强化了"省籍族群"分歧和"威权－民主"分歧，并将两者结合起来展开对国民党的攻击。经过了如此操作之后，台湾社会的省籍族群分歧日益深化和固化，对台湾社会的影响既深且巨。不过对民进党而言群众只是政治的筹码，社会运动只是政治的跳板，他们对社会议题的关心，都只是希望藉由社会运动来号召民众，投入政治反对运动。及至20世纪90年代民进党达成自己的政治目标后，开始逐步撤出社会运动，台湾的社会运动进入低潮，群众性的社会运动也开始向精英型和专家型的社会运动模式转化。由此可以看出，社会分歧建构的中介就是其承载物，在相当多的时候以议题的形式表现出来，并通过政党和政治人物的操作达到强化的效果。政党往往通过这些议题争夺政

---

① 张凤阳等：《政治哲学关键词》，江苏人民出版社，2006年，373页。

② 李丁赞：《社运与民主》，《思想》，7辑，（台湾）联经出版事业股份有限公司，2007年，87页。

治话语权并极化对自己有利的社会分歧。

6.4.2 族群分歧的极化与消解

2005 年以前，族群认知的差异及区隔成为台湾社会分歧的主要表现形式，这种以族群区隔为主要表现形式并被极化的社会分歧可以称为"族群分歧"。[①] 从 20 世纪 90 年代到民进党执政时期，族群分歧一直是台湾政治动员中的主要议题，民进党借助这个议题对国民党展开攻击，而国民党则还手乏力。2005 年民进党的贪腐案出现以后，国民党才以政治道德诉求和两岸议题突破族群分歧的包围，使族群分歧在政治动员中的地位下降。同时，20 世纪 90 年代以后，统"独"议题和所谓的"阶级议题"也曾进入政治动员的视野，但是在岛内的政治动员中，却一直无法产生族群分歧曾经具有的能量。在大多数情况下，这些议题往往依附于族群分歧存在，或是以族群议题变种的形式出现，如民进党在两岸议题上鼓吹"大陆与国民党联手打击本土政权"，在阶级议题上鼓吹国民党图利财团却忽视本省籍的基层民众等。到目前为止，台湾社会还没有出现类似族群分歧那样极化严重的社会分歧。

台湾社会的族群分歧主要以"本省人"和"外省人"的省籍边界进行区隔。诸多研究证实，省籍族群问题是导致岛内长期存在政治纷争的主要因素，并且藉由情感的投射作用，产生族群认同与国家认同的争议。[②] 从逻辑上说，多族群的存在并不一定意味着冲突与对立。[③] 或者说，多族群的存在不过为冲突与对立提供了可能，而这个可能要成为现实还需要有诸多条件的配合。台湾社会长期存在的、以占人口少数的外省人为中心垄断政治权力的资源分配结构为本省政治精英建构族群分歧提供了社会基础，而族群分歧的政治社会化过程又增加了族群分歧的"硬度"。台湾社会经常出现的"本省人""外省人"区隔就是最直接的表现，族群分歧一度成为政治动员的基本单位和政治诉求的主要承载物。

---

①　学界的讨论中，"民主化"议题一直被作为台湾政治变迁中的重要议题，但是从历史史实来看，民主化议题事实上是依附于族群议题而得以展开的，故而本文认为民主化议题并没有成为当时社会分歧的主要表现形态。

②　吴重礼：《政党与选举：理论与实践》，（台湾）三民书局股份有限公司，2008 年，216 页。

③　台湾的族群问题较为特殊。对族群形成及发生影响的理论，学界的看法，大致可以分为原生说和建构说两种。原生说认为族群是客观形成的，较为强调人种的体质特征、客观的历史文化经验等，而建构说则认为族群的认知是可以不断建构的。现在学界在一般意义上讨论族群问题大都是和种族主义或民族主义联系到一起。台湾的"族群"原生意义上的差异较小（一般只存在于台湾少数民族与汉族之间的族群差别中），基本上是属于建构的结果。

在族群主义者的论述中，族群分歧被涂上各种包装，被描述成包括价值观、生活方式以及其他固有"族群天性"等成分的复杂混合体。这些包装为族群分歧和族群动员赋予了某种道德上的"正当性"。政治动员者往往要求自己所属的族群成员必须保持清楚的族群边界，驱逐非本族群的外来影响，才能维护本族群的利益并避免族群内部的危机。① 可以看出，族群冲突和族群动员本身就意味着族群边界的清晰化。族群分歧的形成既需要客观基础，同时也需要主观建构，是一个复杂的过程。

台湾政治变迁过程的推展为族群分歧的建构提供了便利。在选举为中心的西方式民主制度下，通过形塑族群分歧取得政治支持是相对来说比较有效的动员模式。台湾社会自 20 世纪 80 年代开启的民主化进程带来的政治自由化又为族群分歧建构提供了便利。一般来说在竞争性选举制度下，政治精英的基本目标就是通过政治动员取得选票，政治精英取得选票的最简单方法，就是挑动族群、部落、种族和宗教的矛盾与分歧，将自己塑造成为某一族群、宗教、种族或者部落的利益代表者，通过提升群体冲突的方式获取比较稳固的政治支持。台湾族群分歧的建构就是一个典型个案，只不过台湾的政治人物是以省籍区隔为基础建构社会分歧而已。亨廷顿认为，从客观上讲这种以挑动族群分歧为手段的政治竞争在很多情况下带来的不是社会稳定和政治发展，而是社会对立与政治衰退，然而民主化国家和地区却无法避免族群分歧建构行为的恶性发展。从经验上看，目前几乎没有民主化过程中的国家和地区能够通过制度设计成功阻止政治人物通过上述方式寻求政治支持。② 揆诸台湾自 20 世纪 80 年代以来政治变迁的历史，党外势力及民进党不遗余力建构族群区隔进而将其极化为主要的社会分歧，并以此作为政治动员的主要手段，成为台湾社会分裂与政党恶斗的策动之源。在民进党自身出现大规模的贪腐问题之前，台湾社会虽早已看出其危害性，却根本无法阻止民进党利用族群分歧进行动员的政治操作。

族群分歧在台湾的发展有其特殊性。战后台湾所形成的省籍族群问题中并不存在类似于种族与民族那样鲜明的边界，按道理讲族群分歧的消弭应该较为容易。台湾的省籍族群分歧建构的起始阶段主要以本省族群与外省族群之间不均衡的利益分配结构为中心展开。民主化过程中，本省人与外省人的政治博弈

---

① 关凯著：《族群政治》，中央民族大学出版社，2007 年，78—79 页。

② Samuel P. Huntington, Democracy for the Long Haul. *Journal of Democracy*, Vol.7, No.2(April 1996), pp3-13.

使政治资源和政治权力分配的矛盾越来越尖锐，政治斗争的烈度逐步加强。在选举动员的政治社会化作用下，族群间的边界越来越清晰。应该指出的是，在族群动员问题上国民党和反对势力的地位是不对称的，在台湾主要是反对势力利用族群分歧反对国民党当局，国民党当局则力图通过"本土化"的努力消解族群分歧带来的压力，却收效甚微。究其原因，一是国民党有限的政治改革在相当长的时间内没有改变原有的政治和社会资源分配格局，这种格局直到 20 世纪 90 年代后期才彻底改观。二是作为社会意识的社会分歧具有相对独立性和稳定性，一旦形成会有自我维持的能力。易言之，在族群分歧的物质基础消解后，依其"惯性"还有可能维持一段时间。这也是台湾在 20 世纪 90 年代和 2000 年后族群动员仍有市场的重要原因。

不过，台湾社会族群分歧的育成路径从相反的方向提示了这种社会分歧消解的可能。比起建立在文化、种族、宗教基础上的族群分歧，台湾这种建立在利益分配结构基础上的族群分歧显然"硬度"不够，一旦台湾族群分歧赖以建立起来的结构性基础消失，即政治资源分配结构发生变化，本省人已经不再是政治资源分配结构中的边缘群体，则族群分歧的边界就会逐渐变得模糊。于是，维持族群分歧的成本会大大增加，族群分歧也会变得越来越脆弱。2005 年以来台湾的族群分歧逐步经历了一个削弱的过程，具体表现为：一方面台湾社会的政治动员在短期内还难以完全清除族群分歧的影响，另一方面台湾政治逐渐向"去族群化"的方向发展。这种变化对台湾政党政治产生了重要影响，简单来说就是激进诉求日渐失去市场，而民生议题逐渐成为政治动员的中心。

6.4.3 台湾社会分歧的碎片化倾向

族群区隔作为影响台湾社会政党政治运作的社会分歧曾经盛极一时，但是自 2005 年以后，这一极化的社会分歧开始崩解，这种情况的出现一方面在于国民党威权统治时期的政治资源分配结构已经基本瓦解，本省人已经实现了"出头天"的愿望，在政治和社会资源分配结构中占据了主导地位，族群分歧已经失去了赖以存在的物质基础；另一方面在于其所带来的伤害日益为广大台湾民众所认知。台湾政治和社会资源分配结构的变化决定了族群动员将逐步退出政治动员的舞台，而以前被族群问题掩盖的社会分歧如关于所得高低、阶级、性别、职业团体等方面的差异性认知获得了更多的自主性并逐渐进入政治动员的视野。自 2005 年之后，台湾社会分歧碎片化的情况越来越明显。

　　社会分歧碎片化缘于旧有的社会分歧建构逐渐崩解，而新的社会分歧却又无法完成极化过程，或者说台湾社会已经失去了社会分歧极化的语境，未来在一段时期内社会分歧极化的现象也很难出现。2005年以来民进党内出现的重大贪腐案件群是造成族群分歧崩解的一个转折点。在旧有的族群区隔下，"我群"与"他群"的区隔夹杂着道德的赋予，成为社会分歧的组成部分，但是贪腐案的出现却将族群区隔上的道德光环剥离下来，民进党再也无法让民众相信"本土政党代表本省人利益"的说辞，从而瓦解了族群建构的心理基础。2008年马英九与国民党也正是利用这个机会将政治动员的主轴转移到了政治道德诉求上来。不过政治道德诉求显然无法极化成新的社会分歧，原因有二：一是道德对个体的约束强于群体，也就是说道德约束难以产生带有刚性特征以区分不同群体的清晰界限。民进党一直指责国民党的"黑金政治"，却无法阻止马英九以"清廉"为主要诉求代表国民党胜选，就是如此道理。二是在台湾社会这样一个传统政治文化氛围深厚的地区，道德的评判标准并不稳定，道德形象很容易在权力斗争和政治舆论的冲击下出现颠覆性的逆转。马英九自上任以来努力想推动国民党的改革，却无法得到党内支持，甚至因为用人问题招致千夫所指，加上泛绿阵营的推波助澜，形象不断下滑。易言之，政治道德方面的认知差异很难长时期成为判断"我群"和"他群"的界限，难以具备极化的社会分歧所发挥的政治动员功能。

　　后族群时代对台湾政治影响比较大的社会分歧大致有：阶级分化问题（贫富分化）；两岸统"独"问题；社会议题（诸如环保和弱势群体关怀）等，这些社会分歧走向极化的可能性都不大。一般的社会运动因为转型为精英主导型，已经逐步丧失了群众运动的特征，也基本丧失了社会运动政治化的可能，这也是民进党在2008年下台之初重提"走社会运动路线"铩羽而归的原因。① 同时，"阶级分化"议题也很难走向极化，主要原因在于台湾已经进入后工业化社会，经济发展相对平稳，台湾社会存在一个收入相对较高的中产阶层，他们比较支持稳定的生活，"阶级分化"的说辞在这批民众那里没有市场。在这样的背景下要想将阶级议题极化其实难度非常大。两岸关系方面，随着和平发展局面的不断深化，两岸关系的对抗性趋弱，在客观上压缩了统"独"议题极化的空间。

---

　　① 2014年民进党利用青年学生发动了"太阳花学运"，系利用了台湾社会和青年的"恐大陆"情绪，强行阻遏两岸关系和平发展的势头，似乎意味着两岸关系议题在台湾具备了极化空间。但民进党利用体制外手段强行干扰两岸关系发展，事实上就已经显示两岸关系议题极化不易。

　　社会分歧碎片化的倾向与台湾社会经历政治变迁过程以后逐步走向稳定的社会特征相吻合。经过近 30 年的政治变迁，台湾社会民主化初期出现的参与爆炸热潮逐步冷却，这从这一时期历次选举、特别是台湾地区领导人选举中投票率逐步降低的情况可以窥见端倪。同时，台湾政党政治发展中的政治个人化倾向日益明显。选民从以社会集团的动员或政党提名为依据进行投票决策，转向更加个人化、私人化的政治选择。越来越多的民众不再依赖政党精英和咨询组织，而是尝试自己处理复杂的政治事务，自己进行政治抉择，这意味着折中主义的和以自我为中心的公民决策模式正在发展之中。这也是世界范围内政党政治的发展趋势，民众更多地根据政治偏好、政绩评判或候选人等因素来决定投票给谁，而不是根据社会结构性的、划一的人际网络来决定投票给谁。[①] 这种结构性变化决定了台湾社会的民粹主义色彩将会逐步消退，而相对理性的政治选择会缓慢上升，社会认知差异极化成为社会分歧的难度显然比民主化初期面临的困难要多。

　　台湾社会分歧碎片化的原因在于经过长时间的政治变迁过程之后，已经没有哪一种社会认知可以取得压倒性的优势，经济议题、统"独"议题、贫富分化议题能够吸引到的注意力越来越均衡，各种社会认知分别被一定比例的人群接受，使社会认知差异呈现出离散化的态势，极化的难度自然不断增加。同时，各种社会认知差异之间的交叠与重合也使得某一社会认知差异要极化成为单一的社会分歧几乎不可能。例如，民进党的支持者并不一定反对两岸交流和推进两岸关系和平发展，这就使得民进党将统"独"分歧极化的企图遭遇到重大困难。易言之，在和平发展局面下民进党观照社会民生议题的诉求与推动"台独"路线、加强两岸对立的诉求之间存在内在的紧张。民进党固然想将贫富分化议题与两岸交流挂钩，强化两岸对抗的色彩，将台湾社会在"主权"问题上的认知分歧极化为单一的社会分歧，但是在两岸对抗性色彩渐趋缓和的时代这种企图实现的可能越来越渺茫。可以预见的是，除非出现大的结构性变化，如两岸关系重新紧张，或者是岛内政治冲突冲垮政治系统，台湾社会分歧的碎片化态势在相当长时间内将会持续存在。

---

　　① ［美］古丁·克林格曼主编，钟开斌等译：《政治科学新手册》（上册），生活·读书·新知三联书店，2006 年，491 页。

6.4.4 社会分歧嬗变对政党政治的影响

西方有关政党政治的政治社会学研究一般认为现代政党乃是社会分歧的代言人，一旦社会分歧转化为划定政党势力疆界的政治分歧时，代表不同利益的政党就会在社会分歧的基础上定型，而且，由于社会分歧的结构相对稳定，使得政党政治体系也相对稳定，不易改变。[①] 显然这里的"社会分歧"是给定变量，上述分析并没有涉及社会分歧本身的变化对政党政治的影响问题。前文提到，社会分歧有一个不断变化与边界推移的过程，这种情况在政治变迁比较激烈的台湾地区尤其明显。影响所及，台湾政党政治的基本结构也必须做出相应调整，以适应变化了的情势。

台湾社会分歧的碎片化使政治动员"去族群化"成为不得不然的趋势，台湾各个政党在动员中都尽量回避族群议题，至少表面上必须如此。需要指出的是在民进党的政治设计中并不想放弃族群动员。吴乃德认为台湾政党支持的几个重要社会基础分别是：国家认同、民主理念和族群意识。他认为"随着民主体制在台湾的逐渐巩固，民主理念的分歧将逐渐过去，不再成为政党诉求或其社会基础的主要分界。国家认同和族群认同两个议题，因此乃并列为选举政治动员最重要的基础"。[②] 不过，在 20 世纪 90 年代到 2008 年这十几年的政治变迁历程中，族群议题被操作得过了头，同时又由于民进党官箴败坏引发的道德危机，民众对这种撕裂族群和撕裂社会的做法极为反感，致使族群议题再也无法公然摆上台面成为政治动员的中心。虽然族群议题在政治动员中还若隐若现地存在，但大规模的族群动员却成绝响。

台湾两个主要政党的政治诉求也向多元化方向发展，2008 年以后两个政党都在寻找新的社会差异及差异性认知作为政治动员的支点。国民党的主要诉求是两岸稳定和台湾的发展，主要集中于经济议题和民生议题的诉求方面。国民党显然不想在两岸统"独"问题上与民进党做过多纠缠。民进党在失去主要的动员支点后进行了多种尝试，希望能找到新的政治动员支点：一是阶级议题，在 2012 年的选举中民进党极力主打阶级议题，希望将自己的支持基础锁定在中下阶层民众身上；二是统"独"议题，力图通过"主权"诉求将两岸关系

---

①　郑振清：《选举制度、社会分歧与政党政治新形态的形成——台湾第七届"立委"选举案例的政治社会学分析》，《台湾研究》，2008 年 3 期。

②　吴乃德：《自由主义和族群认同：搜寻台湾民族主义的意识形态基础》，（台湾）《政治学刊》，1996 年 7 月。

重新拉回有限紧张的状态，建构对自己最有利的政治语境；三是以公共政策为中心的社会议题，利用随时出现的社会问题凝聚支持共识。从现实的政治实践看，除了公共政策为中心的社会议题比较中性外，民进党的政治诉求并没有脱出上文吴乃德提出的框架。民进党将两岸经济交流描绘成"经济统战"、将贫富分化扩大归因于大陆在经济交流中图利财团的做法，事实上是想将两岸议题与族群议题合并及重新包装，建构起大陆与台湾的"族群区隔"边界，进而极化统"独"议题。民进党企图通过这种包装，重新找回自己熟悉的社会分歧建构模式。但是毕竟时过境迁，不管如何包装，想极化统"独"议题或族群议题显然困难重重。2016 年民进党重新上台后，显然加大了极化统"独"议题的力度，但整体看来，现实情况离其预想的效果还有相当距离。

在社会分歧重叠交错且无法极化的情况下，台湾政党的基本诉求有向中间靠拢的冲动，也具备了向中间靠拢的可能。"政党为了取得执政，必须在他们的主要支持外去吸引其他类型的选民。他们变成整合型政党，因此较无法反映出任何一个特定社会人口的需求。"[1] 从政治生态的现实来看，台湾的两个大党都在调整政策论述以争取大多数选民支持。这种情况在两岸论述调整方面表现得较为明显。国民党在两岸关系交流与两岸合作上着力甚深，在承认"九二共识"的前提下恢复了两会协商，成功地缓解了两岸的紧张局势，使两岸和平发展成为可能。民进党虽然不想放弃"台独"立场，但是也不得不表达与大陆交流与合作的意愿，以争取理性选民的支持。故而有学者认为，随着社会分歧结构的变化和两岸和平发展局面的推进，台湾主流的政治力量（无论蓝或绿）将愈来愈远离激进政治。[2] 社会分歧的碎片化和相互交叠使台湾岛内的政党政治生态暂时维持了一定程度上的平衡。

社会分歧碎片化的趋势同时推动台湾主要政党在政治动员方式上另辟蹊径。国民党展开党务改造，改变以前的选举动员模式，改变与地方派系的合作方式，力图改变"黑金政治"的形象。民进党则强调基层经营，利用传统中国人社会的网络系统，以情感为纽带，强化基层动员的力度。利用情感联结进行政治动员在世界范围内都是普遍存在的现象，韦斯滕认为，现实政治中"当理智与情

---

① ［英］Frank Bealey 著，张文扬等译：《布莱克威尔政治学智典》，（台湾）韦伯文化国际出版有限公司，2007 年，79—81 页。

② 刘世鼎、史维：《去政治化的台湾政治》，《思想》，第 20 辑，（台湾）联经出版事业股份有限公司，2012 年。

感发生冲突时，情感总是独占鳌头"。[①] 在台湾这样一个深受中国传统文化影响、人情氛围深厚的地区，情感动员在政治动员中的作用更是不容轻视。民进党自2008 年败选下台后加强对基层的经营，不断强化基层服务。民进党通过这种以情感为中心的动员模式，逐步消解了陈水扁家族弊案带来的冲击，重新建构起了"本土政党"和"爱乡土"的形象。但是这种动员方式并不是建立在极化的社会分歧基础之上，而是针对国民党动员方式调整的迟缓和无法深入基层的状况做出的自然反应。国民党在南部地区的动员模式调整现在远没有结束，依靠派系的传统动员系统已经日渐瓦解，但是深入基层的新动员模式却没有很快建立起来，其在南部的基层工作相较于民进党而言可以认为事实上处于缺失状态，近些年来国民党在南部地区的溃败与此不无关系。国民党基层的不作为给民进党提供了可乘之机。未来这种建立在情感基础之上的政治支持及其表达在政党政治生态的变化中会发挥越来越大的影响，特别是在南部的农村地区尤其如此。

政党具有极化社会差异性认知牟利的政治冲动，但是能不能成功则取决于两个方面：一是社会差异是否有清晰的界限，类似种族、语言、宗教等界限相当明显的社会差异就比较容易被政治势力操弄并极化为单一的社会分歧。其二，有社会差异未必一定会形成社会分歧，社会分歧的形成往往有具体的结构性条件。一般来说在对抗性比较强的政治结构中，反对者一方往往会通过极化差异的方式凝聚支持者。不过现在台湾强对抗的政治和社会结构已经走入历史，社会差异及认知极化的结构性条件已经消解。国民党虽然支持两岸和平发展，但是并不想极化两岸议题，其所强调者只是经济议题，而经济议题很难被极化。民进党虽然想以"台独"诉求为中心极化两岸议题，但在和平发展日益深入人心的情况下，要达成这种目标难度很大。这表明台湾社会分歧碎片化的情势短期内不会结束，社会分歧结构的这种嬗变趋势会对台湾的政党政治生态及其变化产生持续性影响。

---

① ［德］鲁·韦斯滕著，杨毅译：《政治头脑》，中国人民大学出版社，2013 年，30 页。

参考文献 ①

一、专著及论文集

1.［英］艾伦·韦尔著，谢峰译:《政党与政党制度》，北京大学出版社，2011年。

2.［美］安东尼·唐斯著，姚洋、邢予青、赖平耀译:《民主的经济理论》，世纪出版集团上海人民出版社，2005年。

3.［意］安格鲁·帕尼比昂科著，周建勇译:《政党:组织与权力》，世纪出版集团上海人民出版社，2013年。

4.卜幼凡主编:《安徽社会科学年鉴2008—2010》，时代出版传媒股份有限公司安徽人民出版社，2013年。

5.蔡明惠:《台湾乡镇派系与政治变迁:河口镇"山顶"与"街仔"的斗争》，（台湾）洪业文化事业有限公司，1998年。

6.［美］查尔斯·E. 林布隆（Charles E. Lindblom）著，朱国斌译:《政策制定过程》，华夏出版社，1988年。

7.陈秉璋:《政治社会学》，（台湾）三民书局股份有限公司，2000年。

8.陈鸿瑜:《台湾的政治民主化》，（台湾）翰芦图书出版有限公司，2000年。

9.陈孔立:《清代台湾移民社会研究》（增订本），九州出版社，2003年。

10.陈孔立:《走近两岸》，厦门大学出版社，2011年。

11.陈孔立主编:《台湾研究十年》，厦门大学出版社，1990年。

12.陈明通、郑永年:《两岸基层选举与政治社会变迁——哈佛大学东西方学者的对话》，（台湾）月旦出版社股份有限公司，1998年。

---

① 参考文献排序按照文献作者名字的首字母依英文字母表顺序排列。

13. 陈星:《民进党权力结构与变迁研究》,九州出版社,2012年。

14. 陈文茜:《只怕陈文茜》,(台湾)INK 印刻出版有限公司,2004。

15. [英]戴维·米勒、韦农·波格丹诺著,邓正来译:《布莱克维尔政治学百科全书》,中国政法大学出版社,2002年。

16. (台湾)东海大学东亚社会经济研究中心编:《地方社会》,(台湾)联经出版事业股份有限公司,1997年。

17. [英]Frank Bealey 著,张文扬、周群英、江苑新、陈立、高谊等译,《布莱克威尔政治学智典》,(台湾)韦伯文化国际出版有限公司,2007年。

18. [瑞士]菲利普·萨拉森著,李红艳译,鲁路校:《福柯》,中国人民大学出版社,2010年。

19. [意]G·萨托利著,王明进译:《政党与政党体制》,商务印书馆,2006年。

20. [美]G·萨托利著,冯克利、阎克文译:《民主新论》,世纪出版集团上海人民出版社,2009年。

21. [美]格林斯坦、波尔斯比著,竺乾威等译:《政治学手册精选(上卷)》,商务印书馆,1990年。

22. 22. 葛永光:《政党政治与民主发展》,(台湾)洪记印刷有限公司,1996年。

23. [美]古丁·克林格曼主编,钟开斌等译:《政治科学新手册(上册)》,生活·读书·新知三联书店,2006年。

24. [法]古斯塔夫·勒庞著,冯克利译:《乌合之众:大众心理研究》,广西师范大学出版社,2007年。

25. 关凯著:《族群政治》,中央民族大学出版社,2007年。

26. 郭继生编:《台湾视觉文化:艺术家二十年文集》,艺术家出版社,1995年。

27. 郭正亮:《民进党转型之痛》,(台湾)天下远见出版股份有限公司,1998年。

28. 郭正亮:《政治突围》,(台湾)时报文化出版企业股份有限公司,2001年。

29. [美]哈里森(L.E.Harrison)、[美]亨廷顿(S.P.Huntington)等编著,李振昌、林慈淑等译:《文化为什么很重要》,(台湾)联经出版事业有限公司,

2003 年。

30.［美］哈罗德·D. 拉斯韦尔著，胡勇译:《权力与人格》，中央编译出版社，2013 年。

31. 何卓恩、张斌峰、夏明:《大陆赴台知识分子研究》，九州出版社，2011 年。

32. 洪治纲著:《心灵的见证》，广东人民出版社，2009 年。

33.［英］海伍德著，吴勇译:《政治学核心概念》，天津人民出版社，2008 年。

34. 黄光国、胡先缙等著:《面子——中国人的权力游戏》，中国人民大学出版社，2004 年。

35. 江宜桦:《自由民主的理路》，新星出版社，2006 年。

36.［美］加布里埃尔·阿尔蒙德、小 G·宾厄姆·鲍威尔著，曹沛霖等译，《比较政治学——体系、过程和政策》，上海译文出版社，1987 年。

37. 金国华:《现代青年学》，中国青年出版社，1989 年。

38. 金耀基:《中国政治与文化（增订版）》，Oxford University Press(China) Limited, 2013。

39. 金泽、陈进国主编:《宗教人类学（第 2 辑）》，社会科学文献出版社，2010 年。

40.［美］拉里·戴蒙德、理查德·冈瑟主编，徐琳译:《政党与民主》，世纪出版集团上海人民出版社，2012 年。

41.［美］Laura Desfor Edles 著，陈素秋译:《文化社会学的实践》，（台湾）韦伯文化国际出版有限公司，2006 年。

42. 李敖著:《李敖大全集（21）:民进党研究》，中国友谊出版社，2010 年。

43. 李朝录:《中国政党与政党制度》，湖南人民出版社，2009 年。

44. 李振广:《当代台湾政治文化转型探源》，中国经济出版社，2010 年。

45. 梁漱溟:《中国文化要义》，（台湾）里仁书局，1982 年。

46. 廖小平:《伦理的代际之维——代际伦理研究》，人民出版社，2004 年。

47. 林震:《东亚政治发展比较研究——以台湾地区和韩国为例》，九州出版社，2011 年。

48. 林浊水:《测量台湾新座标——林浊水文集》，（台湾）财团法人浊水溪文教基金会，1998 年 10 月。

49. 林浊水：《共同体：世界图像下的台湾》，（台湾）左岸文化出版，2006年。

50. 刘国深等著：《台湾政治概论》，九州出版社，2006年。

51. 刘京希：《政治生态论——政治发展的生态学考察》，山东大学出版社，2007年。

52. 刘雪斌主编：《代际正义研究》，科学出版社，2010年。

53. ［美］鲁恂·W.派伊著，任晓、王元等译：《政治发展面面观》，天津人民出版社，2009年。

54. 53. ［德］鲁·韦斯滕著，杨毅译：《政治头脑》，中国人民大学出版社，2013年。

55. 吕元礼：《政治文化：传统与现代的会通》，人民出版社，2004年。

56. ［德］罗伯特·米歇尔斯著，任军锋等译：《寡头统治铁律——现代民主制度中的政党社会学》，天津人民出版社，2003年。

57. 马庆钰：《告别西西弗斯——中国政治文化分析与展望》，中国社会科学出版社，2002年。

58. ［美］马莎·L·科塔姆等著，胡勇、陈刚译：《政治心理学（第2版）》，中国人民大学出版社，2013年。

59. ［美］米尔斯著，王逸舟译：《权力精英》，（台湾）桂冠图书股份有限公司，2002年。

60. 《民主进步党政策白皮书（纲领篇）》，民主进步党中央党部，1993年。

61. ［英］Moshe Maor著，高千雯译：《政党制度的比较分析》，（台湾）韦伯文化出版国际出版有限公司，2005年。

62. ［美］Nassim Nicholas Taleb著，林茂昌译：《黑天鹅效应》，（台湾）大块文化出版股份有限公司，2008年。

63. 潘新洋、陈建龙主编：《台湾百问》，2009版，台海出版社。

64. ［荷］Paul Pennings等著，何景荣译：《比较政党制度变迁》，（台湾）韦伯文化出版国际出版有限公司，2006年。

65. 彭怀恩：《台湾政党政治》，（台湾）风云论坛出版社，1994。

66. ［法］让·布隆代尔、意毛里齐奥·科塔主编，曾淼、林德山译：《政党政府的性质——一种比较的欧洲视角》，北京大学出版社，2006年。

67. 荣敬本、高新军主编：《政党比较研究资料》，中央编译出版社，2002

年。

68. ［日］若林正丈著，许佩贤、洪金珠译：《台湾——分裂国家与民主化》，（台湾）新自然主义股份有限公司，2009 年。

69. 萨孟武：《宪法新论》，中国方正出版社，2006 年。

70. 桑学成：《执政条件下党的先进性建设研究》，江苏人民出版社，2009 年。

71. ［美］塞缪尔·P. 亨廷顿著，王冠华等译：《变动社会中的政治秩序》，三联书店，1989 年。

72. 沈惠平：《美国对台政策新解》，九州出版社，2010 年。

73.《尚书·泰誓第二》，见《五经四书》，中华书局，2009 年。

74. 石之瑜：《堕落与疯狂：民进党的党国文化》，（台湾）海峡学术出版社，2002 年。

75. 石之瑜：《小天下：国民党与台湾的萎缩》，（台湾）海峡学术出版社，2011 年。

76. 石之瑜：《自由的奴才：二十一世纪台湾的兽性政治》，（台湾）海峡学术出版社，2010 年。

77. ［美］史蒂芬·E·弗兰泽奇著，李秀梅译：《技术年代的政党》，商务印书馆，2010 年。

78. 孙代尧：《台湾威权体制及其转型研究》，中国社会科学出版社，2003 年。

79. 孙云主编：《台湾研究 25 年精粹·政治篇》，九州出版社，2005 年。

80. 孙哲主编：《亚太战略变局与中美新型大国关系》，时事出版社，2012 年。

81. 佟文娟：《过程与分析：媒体与台湾政治民主化（1949—2007）》，厦门大学出版社，2009 年。

82. ［美］W·理查德·斯科特著，姚伟、王黎芳译：《制度与组织－思想观念与物质利益（第三版）》，中国人民大学出版社，2010 年。

83. 王沪宁：《当代西方政治学分析》，四川人民出版社，1988 年。

84. 王建民、吴宜、郭艳：《泛绿：台湾政坛（下册）》，九州出版社，2007 年。

85. 王为：《台湾地区政治研究》，世界知识出版社，2011 年。

86. 王英津:《台湾地区政治体制分析》,九州出版社,2010 年。

87. 王瑜:《大党的兴衰》,中共中央党校出版社,2011 年。

88. 王卓祺主编:《东亚国家和地区福利制度:全球化、文化与政府角色》,中国社会出版社,2011 年。

89. 温迪雅:《温迪雅访谈》,东方出版中心,1998 年。

90. 文崇一、萧新煌主编:《中国人:观念与行为》,中国人民大学出版社,2013 年。

91.［美］沃尔特·W. 鲍威尔、保罗·J. 迪马吉奥主编,姚伟译:《组织分析的新制度主义》,上海人民出版社,2008 年。

92. 吴重礼:《政党与选举:理论与实践》,(台湾)三民书局股份有限公司,2008 年。

93. 吴文程:《政党与选举概论》,(台湾)五南图书出版有限公司,1996 年。

94. 吴玉山、林继文、冷则刚等编:《政治学的回顾与前瞻》,(台湾)五南图书出版有限公司,2013 年。

95. 吴志华主编:《政治学导论》,上海世纪出版集团上海教育出版社,2003 年。

96. 夏萱主编:《台湾研究论集》,海潮摄影艺术出版社,2003 年。

97. 谢长廷:《谢长廷新文化教室》,(台湾)月旦出版社股份有限公司,1995 年。

98. 徐博东等著:《大国格局变动中的两岸关系》,九州出版社,2009 年。

99. 徐锋:《当代台湾政党政治研究》,时事出版社,2009 年。

100. 许纪霖:《新世纪的思想地图》,天津人民出版社,2002 年。

101. 徐进玉、陈光兴编:《异议:台社思想读本(下册)》,(台湾)台湾社会研究杂志社,2008 年。

102. 许世铨等编:《台湾研究年度报告 2002》,九州出版社,2003 年。

103. 徐正光、萧新煌主编:《台湾的国家与社会》,(台湾)东大图书股份有限公司,1996 年。

104. 杨光斌:《制度的形式与国家的兴衰》,北京大学出版社,2005 年。

105. 杨宪村:《民进党执政》,(台湾)商周文化事业股份有限公司,1995 年。

106. 杨宪村、徐博东:《世纪交锋——民进党如何与共产党打交道?》,(台湾）时报文化出版企业股份有限公司，2002年。

107. 杨毅周：《民进党的组织派系研究》，九州出版社，2004年。

108. 杨早、萨支山编：《话题2011》，三联书店，2012年。

109. 杨照：《困境台湾——我们能怎么办？》，（台湾）INK印刻出版有限公司，2006年。

110. 杨照：《10年后的台湾》，（台湾）INK刻印出版有限公司，2005年。

111. 叶麒麟：《社会分裂、弱政党政治与民主巩固——以乌克兰和泰国为例》，中央编译出版社，2014年。

112. 殷海光基金会主编：《市民社会与民主的反思》，（台湾）桂冠图书股份有限公司，1998年。

113. 俞可平：《政治与政治学》，社会科学文献出版社，2003年。

114. ［美］约翰·L.坎贝尔著，姚伟译：《制度变迁与全球化》，上海人民出版社，2010年。

115. ［美］约瑟夫·熊彼特著，吴良健译：《资本主义、社会主义与民主》，商务印书馆，1999年。

116. 翟学伟：《人情、面子与权力的再生产》，北京大学出版社，2005年。

117. 张伯玉：《日本政党制度政治生态分析》，世界知识出版社，2006年11月。

118. 张凤阳：《政治哲学关键词》，江苏人民出版社，2006年。

119. 张苙芸、吕玉瑕、王昌甫主编：《90年代的台湾社会：社会变迁基本调查研究系列二（下）》专书第一号，（台湾）"中央研究院"社会学研究所筹备处，1997年。

120. 张铁志：《时代正在改变：民主、市场与想象的权力》，广西师范大学出版社，2013年。

121. 张文生主编：《台湾研究新跨越·政治思辨》，九州出版社，2010年。

122. ［美］兹比格纽·布热津斯基著，中国国际问题研究所译：《大棋局：美国的首要地位及其地缘战略》，上海人民出版社，2007年。

123. 中国社会科学院台湾研究所：《台湾机构·社团·企业大全》，中国友谊出版公司，1993年。

124. 中央社会主义学院中国政党制度研究中心编：《中国政党制度年鉴：2010》，中央文献出版社，2011年。

125. 周志怀主编：《新时期对台政策与两岸关系和平发展》，华艺出版社，2009 年。

126. 朱燕华、张维安编著：《经济与社会：两岸三地社会文化的分析》，（台湾）生智文化事业有限公司，2001 年。

127. 朱云汉等著：《台湾民主转型的经验与启示》，社会科学文献出版社，2012 年。

128. 朱云汉、陈明通、郑永年：《两岸基层选举与政治社会变迁——哈佛大学东西方学者的对话》，（台湾）月旦出版社股份有限公司，1998 年。

129. 朱松岭：《民进党政商博弈研究》，九州出版社，2011。

130. Bruce J.dickson , *Democratization in China and Taiwan*, Oxford University Press Inc., New York,1997.

131. Lipset.S.M and Stein.Rokkan, eds., *Parry Systems and Voter Alignments*, New York：Free Press，1967.

二、论文

132. 艾明江：《近年来台湾主要政党与青年选民群体的互动分析》，《世界经济与政治论坛》，2010 年 3 期。

133. 岑树海：《政党类型学研究的三种基本范式转换——从群众型政党、全方位型政党到卡特尔型政党》，《北京行政学院学报》，2014 年 2 期。

134. 陈丹丹、刘起林：《草根文化诉求的价值两面性及其民粹主义根基》，《理论与创作》，2007 年 5 期。

135. 陈孔立：《民进党"新潮流系"的政治影响力》，《台湾研究集刊》，2005 年第 1 期。

136. 陈星：《简论台湾政党政治发展及其趋势》，《台湾研究》，2010 年 6 期。

137. 陈星：《论和平发展战略对台湾政党政治的影响》，《北京联合大学学报（人文社会科学版）》，第 10 卷第 3 期（总 37 期）。

138. 陈星：《简论民进党新世代的接班困境》，《台湾研究》，2007 年 6 期。

139. 陈星：《庇护主义视角下的民进党派系问题》，《台湾研究》，2012 年第 1 期。

140. 陈素香：《八〇九〇二千及之前和之后》，《思想》，第 22 辑，（台湾）联经出版事业股份有限公司，2012 年。

141. 丁忠甫、郑林:《当代中国政治生态问题研究刍议》,《哈尔滨学院学报》,2010 年 9 月,第 31 卷第 9 期。

142. 董卫华:《冷战结束 20 年后的世界政党政治发展趋向》,《当代世界与社会主义》(双月刊),2010 年第 2 期。

143. 段志超:《政党政治危机与当代政党政治的发展形态》,《求实》,2009 年 1 期。

144. 付杰:《试析美国两大政党处理与政治生态关系的经验》,《当代世界与社会主义》,2006 年 1 期。

145. 付杰、付明喜:《政党政治进化与政府绩效》,《河北学刊》,2007 年 1 月,第 27 卷第 1 期。

146. 范磊:《新加坡政治新生态与选举政治——基于 2013 年榜鹅东选区补选》,《当代世界社会主义问题》,2013 年 2 期。

147. 范希周:《现阶段民进党两岸政策分析》,《台湾研究集刊》,2002 年第 4 期(总第 78 期)。

148. 高继文:《冷战后东欧国家政党政治的演变》,《山东师范大学学报(人文社会科学版)》,2002 年第 47 卷第 1 期(总第 180 期)。

149. 郭震远:《中美关系中的台湾问题:变化与影响》,《国际问题研究》,2007 年 2 期。

150. 郝时远:《台湾的"族群"与"族群政治"析论》,《中国社会科学》,2004 年第 2 期。

151. 胡连生:《当代西方社会政治生态的演化及其趋向》,《南京师大学报(社会科学版)》,第 5 期,2011 年 9 月。

152. 胡荣荣:《政党适应性视角下的政治变迁——基于二战后新加坡和台湾地区的分析》,《中共浙江省委党校学报》,2012 年第 1 期。

153. 胡荣荣:《自主性和适应性:政党视角下的政治变迁——以二战后的新加坡和台湾地区为例》,《国外理论动态》,2011 年第 11 期。

154. 黄俊杰:《历史意识与廿一世纪海峡两岸关系的展望》,见"中国历史上的分与合学术研讨会筹备委员会"编:《中国历史上的分与合学术研讨会论文集》,(台湾)联合报系文化基金会,1995 年 9 月。

155. 江素惠:《台湾的年轻世代》,《同舟共进》,2011 年 9 期。

156. 靳呈伟:《政党研究的生态分析视角》,《当代世界与社会主义(双月刊)》，2010年第6期。

157. 鞠海涛：《从"派系共治"到"以党辅政"——民进党决策模式分析》，《台湾研究》，2001年4期。

158. 刘京希：《国家与社会关系的政治生态理论诉求》，《文史哲》，2005年2期。

159. 刘建飞：《后冷战时代的中美关系与台湾问题——基本特征与发展态势》，《战略与管理》，2002年6期。

160. 罗云力：《西欧政党政治的危机与解析》，《欧洲研究》，2004年第5期。

161. 李鹏：《从"排蓝民调"看民进党政治生态的滑轨与嬗变—— 一种交易成本政治学的观察视角》，《台湾研究集刊》，2007年第4期。

162. 李丁赞：《社运与民主》，《思想》，第7辑，（台湾）联经出版事业股份有限公司，2007年。

163. 李秘：《台湾选民的政党认同——基于2004、2008、2012年三次"总统"选举的分析》，《台湾研究集刊》，2013年第2期（总第126期）。

164. 李微明：《民进党新世代群体研究》，《台湾研究》，2006年1期。

165. 廖益兴：《台湾威权体制及其转化的效应》，（台湾）《政治学报》，21期，1993年12月。

166. 林劲：《略析民进党的派系问题》，《世界经济与政治论坛》，2002年第5期。

167. 林劲：《民进党意识形态的基本特征分析》，《台湾研究》，2010年5期。

168. 林劲：《现阶段民进党基本态势分析》，见周志怀、杨立宪、严峻主编：《两岸关系：共同利益与和谐发展 - 全国台湾研究会2010年学术研讨会论文选编》，九州出版社，2010年。

169. 林劲、聂学林：《民进党基层经营初探》，见周志怀主编：《台湾研究优秀成果奖获奖论文汇编（2008卷）》九州出版社，2009年。

170. 林如森：《社会运动过程中的认同、共识动员与传播策略》，（台湾）《台湾社会研究季刊》，第64期，2006年12月。

171. 刘义周：《台湾的政治世代》，（台湾）《政治学报》，21期，1993年12月。

172. 刘世鼎、史维：《去政治化的台湾政治》，《思想》第20辑：《儒家与现代政治》，（台湾）联经出版事业股份有限公司，2012年。

173. 刘相平：《蔡英文主导下的民进党大陆政策探析》，《台湾研究集刊》，2012 年第 1 期。

174. 马长山：《当代中国的"市民社会"话语转换及其对法治进程的影响》，《求是学刊》，第 34 卷第 2 期，2007 年 3 月。

175. 段皎琳：《ECFA 议题下台湾政党互动分析》，《世界经济与政治论坛》，2010 年第 2 期。

176. 倪永杰：《蔡英文两岸论述解析》，《北京联合大学学报（人文社会科学版）》，第 9 卷第 4 期，2011 年 11 月。

177. 权宗田：《当代西方传媒与政党政治：互动、融合及其限度》，《华中农业大学学报（社会科学版）》，2008 年 4 期（总第 76 期）。

178. 宋哲仁：《从新加坡的政治生态变迁看人民行动党执政文化的转型》，《理论观察》，2012 年 3 期。

179. 宋玉波：《当代西方政党政治的新趋势》，《浙江工商大学学报》，2005 年第 6 期（总第 75 期）。

180. 孙莉莉：《台湾地区政党体制形成的特点及其启示》，《当代世界与社会主义（双月刊）》，2012 年第 1 期。

181. 孙升亮：《"新潮流系"缘何陷入困境》，《台声》，2007 年 6 期。

182. 唐次妹：《2010 年台湾"五都"选举民进党竞选策略——以政治营销学的基本模式解析》，《台湾研究集刊》，2011 年第 4 期。

183. 万斌、丁友文：《论和谐政治生态系统与政治宽容调节机制的构建》，《浙江社会科学》，2012 年 7 期。

184. 王军：《西方学者政党研究方法论管窥》，《社会科学论坛》，2002 年 5 期。

185. 王建民：《民进党能否跳出两岸论述的困境》，《世界知识》，2013 年 13 期。

186. 王建民：《关于"台湾意识"与"台湾主体意识"的讨论》，《北京联合大学学报（人文社会科学版）》，2008 年 4 期。

187. 王绍光：《台湾民主政治困境，还是自由民主的困境》，（台湾）《台湾社会研究季刊》，第 65 期，2007 年 3 月。

188. 王彦飞：《试析台湾政党制度的历史发展及其趋势》，《广州社会主义学院学报》，2005 年第 1 期（总第 8 期）。

189. 王伟男:《试论新形势下台湾问题在中美关系中的核心地位》,《太平洋学报》, 第 18 卷第 4 期, 2010 年 4 月。

190. 王为:《台湾社会政治文化结构变迁及其冲突性特征》,《太平洋学报》, 20 卷 2 期, 2012 年 2 月。

191. 吴亲恩、林奕孜:《经济投票与总统选举: 效度与内生问题的分析》,(台湾)《台湾政治学刊》, 第 16 卷 2 期, 2012 年 11 月。

192. 吴乃德:《自由主义和族群认同: 搜寻台湾民族主义的意识形态基础》,(台湾)《台湾政治学刊》第 1 期, 1996 年 7 月。

193. 肖永明、戴书宏:《"天人合一"与古代中国的政治生态》,《江南大学学报 (人文社会科学版)》, 第 12 卷第 1 期, 2013 年 1 月。

194. 萧新煌:《台湾社会运动的挑战与突破》, 见萧新煌、顾忠华主编:《台湾社会运动再出发》,(台湾)巨流图书股份有限公司, 2010 年。

195. 萧阿勤:《世代, 理想, 冲撞——1980 年代: 林世煜先生访谈录》,《思想》, 第 22 辑,(台湾)联经出版事业股份有限公司, 2012 年。

196. 夏美武:《政治生态建设的困境与出路——基于当代中国政治现实的生态视角分析》,《苏州大学学报 (哲学社会科学版)》, 2012 年 1 期。

197. 熊俊莉:《从政治献金视角看台湾政党的选举策略》,《两岸关系》, 2010 年第 10 期。

198. 谢清果、曹艳辉:《"解严"后政党角力下台湾新闻自由的进步与迷思》,《台湾研究集刊》, 2014 年第 1 期。

199. 徐青:《民进党"学运世代"两岸政策主张的特点及其影响》,《台湾研究集刊》, 2008 年第 3 期 (总第 101 期)。

200. 徐锋:《传统与超越: 东亚政党政治的特点及其转型》,《马克思主义与现实》(双月刊), 2006 年第 6 期。

201. 徐蕾、郭震远:《2006: 更加复杂的美台关系》,《人民日报·海外版》, 2006 年 12 月 26 日。

202. 叶麒麟:《社会整合、政党政治与民主巩固 - 基于制度可实施性的分析》,《浙江社会科学》, 2012 年第 12 期。

203. 袁征:《奥巴马政府的对台政策与美台关系》,《和平与发展》, 2013 年 6 期。

204. 余敏江:《仇和之治的政治生态逻辑及其启示》,《江苏科技大学学报

（社会科学版）》，第 10 卷第 1 期，2010 年 3 月。

205.于芹章、司光亚、胡晓峰、董忠林：《国际政治生态演化模型框架研究》，《系统仿真学报》，2005 年 11 期。

206.郑言：《政治生态论》评介，《政治学研究》，2007 年第 3 期。

207.赵健雄：《政治生态》，《读书》，1994 年 3 期。

208.赵婷、娄士强：《政党类型学研究综述》，《燕山大学学报（哲学社会科学版）》，第 13 卷第 2 期，2012 年 6 月。

209.赵永茂：《台湾地方黑道之形成背景及其与选举之关系》，（台湾）《理论与政策》，7 卷 2 期，1993 年 2 月。

210.赵炜：《传统社会政治生态之文明特质》，《学术论坛》，2006 年 1 期。

211.朱清河、张俊惠：《"草根文化"的媒介依赖及其社会效用》，《现代传播》，2013 年第 6 期（总第 203 期）。

212.朱晓阳编：《面向"法律的语言混乱"：从社会与文化人类学视角》，中央民族大学出版社，2008 年。

213.主父真真：《媒体与政党的合谋——台湾电视媒体的"制造新闻"现象分析》，《东南传播》，2009 年第 1 期。

214.庄礼伟：《多元竞争环境下的马来西亚政治生态》，《东南亚研究》，2011 年第 2 期。

215.庄礼伟：《台湾政治文化的沉沦与迷失》，《南风窗》，2001 年 12 月（下）。

216.张小劲：《关于比较政党研究基本路径的历史考察及其思考》，《当代世界与社会主义（双月刊）》，2002 年第 1 期。

217.张华：《台湾地区中间选民投票行为分析》，《台湾研究集刊》，2010 年 6 期（总第 112 期）。

218.张紧跟：《政治参与功能分析：政党研究的一种新范式》，《中山大学学报（社会科学版）》，2000 年第 4 期。

219.郑振清：《选举制度、社会分歧与政党政治新形态的形成——台湾第七届"立委"选举案例的政治社会学分析》，《台湾研究》，2008 年 3 期。

220. J. E. Brassert, 'Power Politics' Versus 'Political Ecology', *Political Science Quarterly*, Vol. 71, No. 4 (Dec., 1956).

221. John F. Copper , The Evolution of Political Parties in Taiwan, *Asian Affairs*,

Vol. 16, No. 1 (Spring, 1989).

222. John F. Copper, The Role of Minor Political Parties in Taiwan, *World Affairs*,Vol.155,No.3, Democracy in Taiwan: Part Two (Winter 1993).

223. Rudolf Heberle, On Political Ecology, *Social Forces*, Vol. 31, No. 1 (Oct., 1952).

224. Samuel P. Huntington, Democracy for the Long Haul. *Journal of Democracy,* Vol.7, No.2(April 1996).

三、报纸等媒体：

（台湾）《工商时报》，2010—2014年。

（台湾）《联合报》，2004—2014年。

（台湾）《联合晚报》，2010年—2014年。

（台湾）《苹果日报》，2008年—2014年。

（台湾）《旺报》，2012—2014年。

（台湾）《中国时报》，2004—2014年。

（台湾）《自由时报》，2008—2014年。

（台湾）"中央社"电讯稿，2008—2014年。

后 记

　　民进党起于草莽，长于江湖，终于挤到了台湾的庙堂之上。战后以来，国民党在台湾政坛长期独大，近乎垄断了台湾资源分配权。此后，党外运动出现，生长于夹缝中的反对力量开始冲击原有的政治格局。随着体制外力量的扩张，台湾的政党政治生态持续发生变化，国民党与反对势力之间进行了长期的拔河。1986年民进党成立，体制外力量进入体制内竞争，台湾的政治生态出现了第一次结构性变化。及至2000年后民进党成为执政党，台湾政治结构进入了第二个质变过程，政党政治生态似乎向着民进党一党独大的方向发展。从2016年民进党上台后追杀国民党、挤压第三势力的行为来看，消除潜在竞争者，实现永续执政，显然是最为优先的施政目标。但问题是，民进党的这种"愿望"有没有结构性支撑？只有具有结构性支持，才有实现的可能。这是学界与媒体关心的问题，也是本书关心的问题。

　　民进党长期在国民党的压力下生存，一个强大敌人的存在决定了民进党的基本运行模式，诸如派系共治、政党结盟策略等，均与国民党与民进党之间的强力对抗有关。不过，势易时移，如果国民党持续萎靡不振并且民进党政治优势进一步扩大，民进党在生存压力减轻的情况下，内部的问题会加速浮现出来，政治资源分配权的争夺会更加激烈，而"台独"意识形态也会以更加激进的方式对民进党产生影响。此外，台海局势的发展及中美关系的变化也会对民进党产生极大影响。诸多问题叠加起来，民进党和台湾政党政治发展已经到了结构变迁的十字路口，多重因素综合作用下，现在谈民进党一党独大的问题，似乎为时过早。

　　结构变化意味着需要建构新的分析框架。路径依赖决定了历史发展的连续性，"黑天鹅事件"决定了历史的转折点。在一般的学术研究中，往往更加注重于对于历史发展路径依赖的分析，这是没有办法的事情，因为"黑天鹅事件"不可预测。这也是为什么社会科学的预测许多时候难以准确的原因，因为随着系统的复杂程度增加，"黑天鹅事件"出现的频度大幅增加。直到 2016 年民进党重新上台，台湾政党政治一直还是在路径依赖的轨迹中运行，概括而言可以认为是台湾社会族群问题与政治资源分配结构之间张力消解的余绪。毫无疑问，随着政治生态结构调整的完成，上述分析框架的解释力会大幅降低，而新的解释框架则需要综合台湾政治系统内外各种因素的影响进行重新建构，而且无法排除"黑天鹅事件"出现的可能。本书从系统和互动的角度探求民进党政治生态发展及趋势的基本逻辑，期望能够初步形成对民进党政治生态发展的新解释框架。不过对于文中所讨论分析框架是否具有足够的解释力，对此我确实没有信心，只能交由时间去检验，以及由读者诸君去判断了。

这本书稿是在国家社科基金项目《民进党政治生态及趋势研究》的基础上修改而成。本课题 2012 年立项，2014 年底主要写作工作已基本完成。不过因为各种原因，结项工作一拖再拖，迁延两年多之后，2017 年 5 月才走出学校，2018年初完成结项。本书第二章由社科院台研所吴宜研究员执笔完成，其余部分由我执笔完成并进行了最后统稿。在历时两年的课题写作过程中，课题组成员孙升亮、彭维学、杨剑、刘文忠、胡文生等几位研究员认真参与课题的讨论，提供了大量宝贵意见，使课题能够顺利完成，在此深表感谢。出版之前，我又进行了较大幅度的修改，最终形成了目前的文稿。当然，所有文责均由我和吴宜承担。

王小波曾说，"每一本书都应该有趣，对于一些书来说，有趣是它存在的理由，对于另一些书，有趣是它应该达到的目标。"本书大概属于后者。民进党政治生态应该是一个比较有趣的话题，然而文稿杀青之际回首检视，这些文字确实难以和"有趣"联系起来。在向黄嘉树老师索序时，老师也很认真地给我指出了这个问题。一个很有趣的题目被写得诘屈聱牙，委实让人汗颜，至此更知为文之难，因此造成的不便，还望读者谅解。

本书写作和出版过程中，很多师长和朋友提供了大量帮助。厦门大学台湾研究院林劲教授、张文生教授，人民大学王英津教授、林红教授，社科院台研所王建民研究员等学者均为本书的写作提供过宝贵意见，黄嘉树教授慨然应允为本书作序。九州出版社第一分社王守兵社长和习欣编辑为本书出版做了大量工作。在此对这些师长和朋友一并致谢。

陈星

2018 年 5 月 11 日夜